臨場感あふれる解説で、楽しみながら歴史を"体感"できる

世界史劇場

河合塾講師 神野正史【著】

第二次世界大戦
熾烈なるヨーロッパ戦線

ベレ出版

はじめに

　歴史には"節目"というものがありますが、「第二次世界大戦」は人類史上でも指折りの大きな"節目"と言ってよいでしょう。

　1956年発表の年次経済報告に「もはや戦後ではない」と記されましたが、それは「戦後復興期の終了」を意味するものであって、今現在我々の目の前にある"世界"が第二次世界大戦の影響下に存在している ── という意味では、"戦後"は今日までつづいていると言えます。

　したがって、現代世界の枠組を決定づけた「第二次世界大戦」の理解なくして、「現代」の理解などあり得ません。

　しかし、これほどの大テーマとなると、「第二次世界大戦だけ」を学んでもそれは歪な換骨奪胎に終わってしまいます。

　喩えるなら、「絵心のない者が『モナリザ』を模写」しているようなもので、出来上がった"それ"が元絵とは似ても似つかぬものとなるのと同じです。

　しかし、これが「絵」なら自分の模写したものがヘタクソだとすぐに自覚できるのですが、「歴史」の場合は自分の歴史理解が歪で的外れなものとなっていることにまったく気づけないのが厄介です。

　そのため自分の歴史理解が正しいと信じてしまい、自分の歴史理解と異なる見解を見聞きすると、自分の方が歪んでいるとは思いもよらず、「この人の歴史認識は偏っている！」と噛みつくのです。

　それは、本物の『モナリザ』を見て「これは贋物だ！　なぜなら私が模写した絵とぜんぜん違うからな！」と叫ぶほどに滑稽な姿で、もはやかける言葉も見つからないほどですが、本人は得意満面。

　『モナリザ』を正確に模写したければ、まず絵の技術を基礎から叩き込まなければなければならないように、歴史は全地域・全時代の歴史を総体的・有機的・立体的に理解したとき、初めて「部分」の本質が見えてくるようになるものなのです。

　したがって、「第二次世界大戦」を理解するためには、それを形づくった「戦間期」の理解が必須ですが、その戦間期の理解のためにはそれを形づくった

「第一次世界大戦」の理解が必須になります。

　さらにいえば、戦後世界を牽引した「米・ソ」という超大国の本質的な理解も絶対的に必須となりますが、国の本質を理解するためには、その国が生まれた歴史背景を理解しなければなりません。

　本当はもっともっと遡り、究極的には全地域・全時代を学ばなければならないのですが、キリがないのでとりあえず「最低限の基礎知識」として上記のあたりまでは知っておきたい。

　じつは、本『世界史劇場』シリーズは「第二次世界大戦を書いてほしい」というご要望を各方面からいただいていたのですが、このような理由によって敢えて『第二次世界大戦』を書くことは避けておりました。

　「微分積分」を学ぶ前にまず"四則計算"を学ばなければいけないように、「第二次世界大戦」という大テーマを学ぶ前に"最低限の基礎知識"を揃えておきたかったからです。

　幸い、本『世界史劇場』シリーズは読者の皆様から幅広いご支持いただく僥倖に与り、巻を重ねた結果 ──
・「第一次世界大戦」については、『第一次世界大戦の衝撃』にて、
・「戦間期」については、『ナチスはこうして政権を奪取した』にて、
・「アメリカ建国史」については、『アメリカ合衆国の誕生』にて、
・「ソ連建国史」については、『ロシア革命の激震』にてそれぞれ取り上げてまいりました。

　いよいよ機は熟したようです。

　それでは、世界史劇場「第二次世界大戦」──── 開幕です。

２０１９年　７月

本書の読み方

　本書は、初学者の方にも、たのしく歴史に慣れ親しんでもらえるよう、従来からの歴史教養書にはない工夫が随所に凝らされています。

　そのため、読み方にもちょっとしたコツがあります。

　まず、各単元の扉絵を開きますと、その単元で扱う範囲の「パネル(下図参照)」が見開き表示されています。

　本書はすべて、このパネルに沿って解説されますので、つねにこのパネルを参照しながら本文を読み進めていくようにしてください。

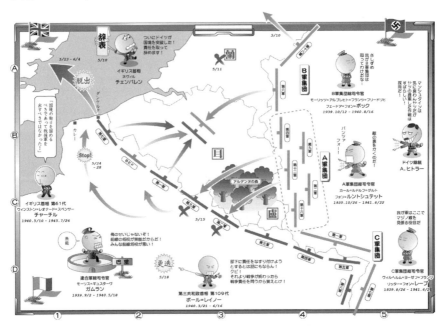

　そうしていただくことによって、いままでワケがわからなかった歴史が、頭の中でアニメーションのようにスラスラと展開するようになります。

　ぜひ、この読み方をお守りくださいますよう、よろしくお願いします。

　また、その一助となりますよう、本文中にはその随所に(A-2)などの「パネル位置情報」を表示しておきました。

　これは、「パネルの枠左の英字と枠下の数字の交差するところを参照のこ

と」という意味で、たとえば (A-2) と書いてあったら、「A段第2列のあたり」すなわち、前ページパネルでは「チェンバレン」を示しています。

なお、本パネルの中の「人物キャラ」は、てるてる坊主みたいなので、便宜上「てるてる君」と呼んでいますが、このてるてる君の中には、その下に「肩書・氏名・年号」が書いてあるものがあります。

ドイツ総統
アドルフ=ヒトラー
'34.8/2 - '45.4/30

この「年号」について、注意点が2つほど。

まず、この年号はすべて「グレゴリウス暦」で統一されています。

したがいまして、イスラームを解説したパネルであっても「ヒジュラ暦」ではありませんし、日本の歴史が描かれたパネルであっても「旧暦」ではありません。

また、この「年号」は、そのすぐ上の「肩書」であった期間を表しています。

したがいまして、同じ人物でも肩書が違えば「年号」も変わってきますのでご注意ください。

たとえば、同じ「A．ヒトラー」でも、その肩書が、
「ナチス党首」とあるときには、彼が党首であった期間（1921〜45）が、
「ドイツ首相」のときは、首相在任期間（1933〜45）が、
「ドイツ総統」のときは、総統在任期間（1934〜45）が記されています。

また、本文下段には「註欄」を設けました。

この「註」は、本文だけではカバーしきれない、でも歴史理解のためにはどうしても割愛したくない、たいへん重要な知識をしたためてありますので、歴史をより深く理解していただくために、本文だけでなく「註」の説明文の方にも目を通していただくことをお勧めいたします。

それでは、「まるで劇場を観覧しているかの如く、スラスラ歴史が頭に入ってくる！」と各方面から絶賛の「世界史劇場」をご堪能ください。

CONTENTS

CONTENTS

はじめに　　　　　　　　　　　　　　　　　　　　　3

本書の読み方　　　　　　　　　　　　　　　　　　　5

第1章　　ヒトラー野心沸騰

第1幕　アメとムチ
ヒトラーの政治手腕　　　　　　　　　　　　　　　11

第2幕　孤立への道
ナチスドイツ、国連脱退　　　　　　　　　　　　　19

第3幕　狼の囁き
ヒトラー版 "連衡策"　　　　　　　　　　　　　　27

第4幕　禁断の一歩
再軍備宣言　　　　　　　　　　　　　　　　　　　35

第5幕　2つ目の穴
英独海軍協定　　　　　　　　　　　　　　　　　　45

第6幕　雪辱を晴らす賭け
第2次エチオピア侵掠　　　　　　　　　　　　　　53

第7幕　東西からの危機
人民戦線内閣の成立　　　　　　　　　　　　　　　61

第8幕　独裁を決定づけた奇蹟
ラインラント進駐　　　　　　　　　　　　　　　　67

第9幕　第二次世界大戦の前哨戦
スペイン動乱　　　　　　　　　　　　　　　　　　79

7

第2章　大戦前夜

第1幕 破滅の入口
アンシュルス（オーストリア併合）　　89

第2幕 平和への生贄
ミュンヘン会談　　99

第3幕 ヒトラーの確信
ミュンヘン会談直後の各国情勢　　109

第4幕 故国滅亡の署名
チェコスロヴァキアの解体　　117

第5幕 飽くなき野望
ポーランド回廊の要求　　123

第6幕 国際均衡崩壊
鋼鉄同盟の結成　　129

第7幕 "欧州情勢は複雑怪奇なり"
独ソ不可侵条約　　135

第3章　ドイツ快進撃

第1幕 第二次世界大戦の幕開け
ポーランド進撃　　147

第2幕 望まぬ戦い
第1次蘇芬戦争　　159

第3幕 アルデンヌの森を抜けて
ベルギー戦線崩壊　　167

第4幕 我々の敗北は最終的か!?
パリ陥落　　179

第5幕 史上最大の空中戦
バトル・オブ・ブリテン　　189

CONTENTS

第4章　形勢逆転

第1幕　ローマ帝国の復興を我が手で！
ムッソリーニの暴走　　197

第2幕　ムッソリーニの尻拭い
バルカン制圧　　205

第3幕　積水なきバルバロッサ
独ソ開戦　　217

第4幕　チャーチルの思惑
大西洋会談　　233

第5幕　－42℃の紅蓮地獄
冬将軍襲来　　241

第6幕　史上最大の市街戦
スターリングラード攻防戦　　249

第5章　枢軸軍崩壊

第1幕　ロンメルの奮闘と失望
トブルク攻防戦　　259

第2幕　唐突な"無条件降伏"発言
カサブランカ会談　　267

第3幕　署名なき宣言
カイロ会談　　277

第4幕　終局への約束
テヘラン会談　　283

第5幕　パリは燃えているか？
ノルマンディー上陸作戦　　295

第6幕　密談の末に
ヤルタ会談　　305

最終幕　"奇蹟"は起きず
ベルリン陥落　　315

Column コラム

腐敗していった五輪（オリンピック）	44
宥和政策の"落とし穴"	52
ヒトラーの日本人観	60
ヒトラー暗殺計画・42	78
ヒトラーの片想い	88
作戦名は「色」	146
工夫をやめた者の末路	158
苦しいときこそ！	178
イタリア軍、弱さの理由	188
餅は餅屋	232
誰も期待せず	258
歴史は勝者が紡ぐ	266
戦争に正義も悪もない	314
ヒトラー、意外な側面	330

第1章 ヒトラー野心沸騰

第1幕

アメとムチ
ヒトラーの政治手腕

1934年、ヒトラーにとって"目の上のたんこぶ"だったヒンデンブルク大統領がついに死んだ。これにより彼は本格的に「総裁（フューラー）」として活動し始める。まずは「四ヶ年計画」で経済復興を成し遂げ、ますます国民の支持を高めたヒトラーだったが、その強引なやり方は徐々に歪みを生んでいくことになる。

〈ヒトラーの政治手腕〉

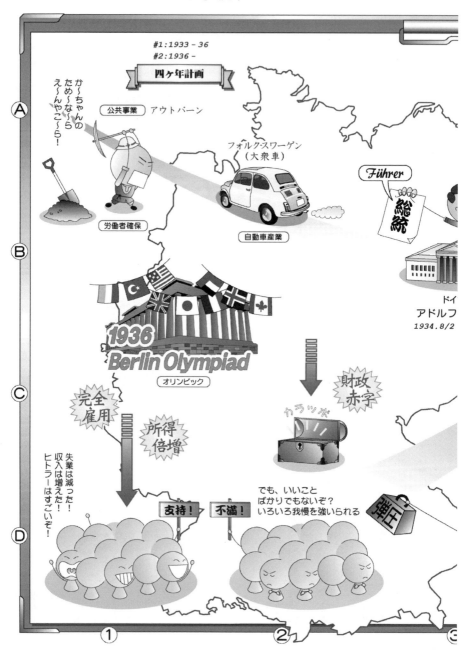

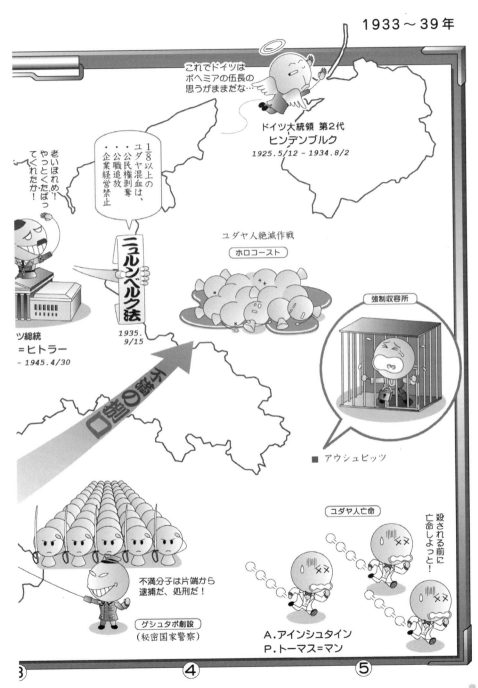

本『世界史劇場』シリーズはここまで、20世紀鯨波の一声となった「日露戦争」、その10年後に起こった「第一次世界大戦」、そしてその戦中に起こった「ロシア革命」と俯瞰していき、「戦間期の欧州」までを見てまいりました。

「戦間期」というのは、第一次世界大戦の終結から第二次世界大戦の勃発までの20年間^(＊01)を言いますが、興味深いことに、この20年間は節目節目が5年ごと5年ごとに訪れ、4期で展開します。

第1期（19～24年）：ヴェルサイユ体制への反発が混乱を呼ぶ5年間

第2期（24～29年）：米英仏独各国の努力により緊張緩和した5年間

第3期（29～34年）：世界的な経済破綻が国際的緊張を招いた5年間

第4期（34～39年）：ヒトラー暴走により世界大戦へと向かう5年間

これをさらに大きく分けると、「第1～3期」は第一次大戦の余波の中にある"戦後"時代であり、ここまでで次代への"役者"と条件が出揃います。

そして「第4期」は、"第二次大戦への序章"ともいうべき時代で、第3期までに出揃った"役者"が次の大戦に向かって暴走する時代であり、1934年が大きな 転機 となります。

したがって、前巻『世界史劇場 ナチスはこうして政権を奪取した』では、その区切りとなる戦間期の「第1～3期」までを扱い、本書では「第4期」以降を扱うことになります。

Ａ.ヒトラーは1933年1月に夢にまで見た首相に就任したものの、この時点ではまだヒンデンブルク大統領が"目の上のたんこぶ"でした。

しかし、その"たんこぶ"が翌34年に死去（A-4/5）したことでその地位も

（＊01）第一次世界大戦の終結は1918年11月11日、第二次世界大戦の勃発が1939年9月1日でほぼ20年です。

（＊02）1933年3月の全権委任法で首相は立法権を有し（第1条）、憲法無視（第2条）、大統領無視（第3条）、議会無視（第4条）することができる強大な権限を与えたもの。一応、4年間の時限立法（第5条）の体裁ではあったものの、独裁国家がそれを守るわけもなく。

兼位し、ついに彼(ヒトラー)は、一党独裁国家における党首であると同時に、議会にも憲法に縛られない首相(＊02)であり、かつこれを統括する大統領となったのです。

このような「ナチ党首」「首相」「大統領」を兼位した地位を「Führer(総統)」と言います(B-3)。

こうしてドイツはヒトラーの思うがままとなったわけですが、逆にいえばそれは、今後ドイツにおいて起こった政治的・経済的・社会的・外交的、その他すべての問題が一切ヒトラーの責任に帰する——という意味でもあります。

ヒトラーは「専制君主」ではなく、あくまでも「独裁者」(＊03)ですから、万一ここで政治無能をさらけ出すならば、政権はたちまち崩壊することになります(＊04)。

したがって、ヒトラーも独裁権を握ったからとてうかうかしておられず、ここからが"正念場"といってもよいものです。

(＊03) 専制体制の場合、統治者は「支持基盤」を必要とせず、己が思い通りの政治を行うことができ、失政を犯しても失脚することはありませんが、独裁体制の場合、独裁者はつねに「支持基盤」を必要とし、失政を犯してこれにそっぽを向かれるとたちまち失脚します。

(＊04) あれほどの権勢を誇った独裁者ムッソリーニが、戦争に敗れた途端、民衆に襲撃されて袋叩きに遭い、愛人とともに"逆さ吊りの刑"にされたことを想起されたい。

そこで、まず彼の前に立ちはだかったのが経済問題。

そもそもヒトラーが急速に勢力を伸ばすことができたのは、1929年に起こった世界大恐慌のおかげです。

大戦後の破綻したドイツ経済はさらに悪化の一途をたどり、失業者を600万人も抱え、工業生産は30年前の水準にまで落ちてしまい、悶絶した民衆は藁をも摑む思いでヒトラーに期待したのです。

つまり、この経済問題の解決に失敗すれば、それだけ彼(ヒトラー)に対する失望も大きくなることを意味します。

そこでヒトラーは、政権を獲ったわずか10日後には、さっそく国民に訴えかけています。

——ドイツ国民よ！ 我に4年の歳月を与えよ！

　さすれば、その4年後には失業者は600万から100万に減り、

　自動車生産は今の5倍の25万台へと拡大し、

（＊05）ヒトラーは「一家に一台」を掲げ、当時「高級品」だった自動車を誰でも買えるように大衆車の開発を命じます。このとき開発されたのが「フォルクスワーゲン（A/B-2）」で、「大衆車」という意味です。

（＊06）完全雇用は「失業者がいない」状態ではありません。概ね5％前後の失業率で「完全雇用」とされます。ヒトラーが政権を獲ったときの失業率が30％でしたから大成果でした。

第1幕　ヒトラーの政治手腕

国民所得は4倍となっているであろう！

これが世に言う「四ヶ年計画（A-1/2）」です。

彼は公約（マニフェスト）を実現するために、自動車産業（＊05）（A/B-2）を中心に助成や免税などで保護し、高速道路（アウトバーン）の建設（A-1）やベルリン五輪（オリンピック）（B/C-1/2）への公共事業を拡充し、さらには国防軍を拡充することで失業者を吸収していきました。

その結果、ほんとうに完全雇用（＊06）（C-1）が達成され、自動車生産は30万台を超えて所得は倍増（C-1/2）、期待以上の成果を挙げてヒトラーの人気は絶大（D-1）となります。

しかし、これだけの成果を挙げるためにヒトラーはいろいろと強引な政策を強行してきました。

無理をすれば、どこかで"歪み"が生まれるもの。

大規模な公共事業に湯水のごとく国費を投入したことで、莫大な赤字を垂れ流し、第1次四ヶ年計画が終わった時点で国家債務は100億マルクを軽く超えていました（C-2）が、ヒトラーは公約（マニフェスト）で増税を否定していたため、その財源を増税に求めることもできません。

となれば、国民生活の切り下げで対応せざるを得なくなり、国民の不満とストレスは募ります。

これをヒトラーは"アメとムチ（＊07）"で対処しました。

まずはゲシュタポ（＊08）を拡充し、監視国家体制を敷く一方で、ユダヤ人を「国家と民族の敵」とし、これに敵意を向けさせることで大衆のストレス発散の捌口（はけ）（C-3/4）とします。

まずは「敵」を明確化するため、1935年の「ニュルンベルク法」（B-3/4）で、「曾祖父母8人の中にひとりでもユダヤ人がいれば、その者は法的にユダヤ人」と認定され、公民権を剥奪し、公職から追放し、企業経営を禁止（A-

---

（＊07）ドイツ第二帝国の宰相ビスマルクが取った社会政策につけられた名称。以来、為政者が行う緩急を心得た巧妙な施策に用いられるようになりました。

（＊08）ドイツ語では「Geheime Staatspolizei（秘密国家警察）」。「ゲシュタポ」はその頭文字を取ったもの。ゲハイメ（秘密）シュターツ（国家）ポリツァイ（警察）。

3/4）されました。

　さらには、アウシュビッツ（C-5）をはじめとして各地に強制収容所（B/C-5）が建設され、何百万ものユダヤ人を強制労働に従事させ、殺させました。
　これこそ、ヒトラーの悪名を不朽のものとさせた「ホロコースト（B-4/5）」で、その"捌口（はけ）"とされたユダヤ人はたまったものではありませんが、このように「"外敵"を作って国内問題の不満をこれに向けさせ、ガス抜きさせる」というやり口自体は、いつの時代もどこの国でもやっていること（＊09）で、特別ヒトラーに限ったことではありません。
　しかし、そうしたやり方は"諸刃の剣"であり、往々にして自分の首を絞める結果になることもあります。
　このときも、ドイツ国内の法的ユダヤ人（または配偶者が法的ユダヤ人）がぞくぞくと亡命をはじめたため、文豪P．トーマス＝マン、ヘルマン．K．ヘッセ、物理学者A．アインシュタイン、心理学者S．フロイトといった貴重な人材の流出を引き起こす（D-5）結果にもなったのでした。

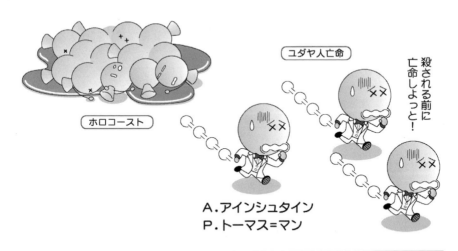

A．アインシュタイン
P．トーマス＝マン

（＊09）身近な例を挙げれば、現在の中国・韓国がそうです。彼らが"親の仇"のように反日教育に邁進するのは、国民の政治・経済に対する不満が政府に向かないようにするためであり、その鬱憤を日本に向けさせてガス抜きをさせるためです。したがって、やっていることは本質的にヒトラーのユダヤ人迫害と同じであるため、"諸刃の剣"であることも同じですから、今後、反日政策が自分の首を絞める結果になる可能性は高い。

第1章 ヒトラー野心沸騰

第2幕

孤立への道
ナチスドイツ、国連脱退

戦後に巻き起こった反戦世論(よろん)は軍縮の動きを加速させることになったが、それはヒトラーに国連脱退の口実を与えてしまう。
しかし、これに危機感を抱いたフランスは小協商(プチアンタント)を抱き込み、国連の弱体化を憂う合衆国(アメリカ)はソ連(USSR)を抱き込んだため、ドイツは急速に孤立化していくことになる。

よし！
我がドイツも
日本につづくぞ！

ドイツ総統
アドルフ＝ヒトラー

〈 ナチスドイツ、国連脱退 〉

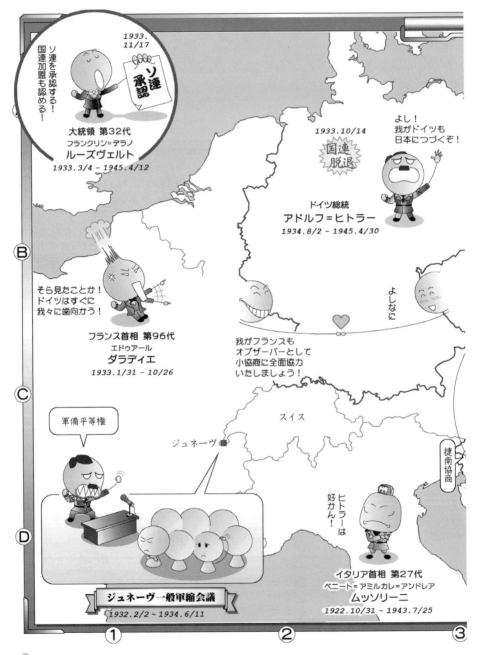

第2幕 ナチスドイツ、国連脱退

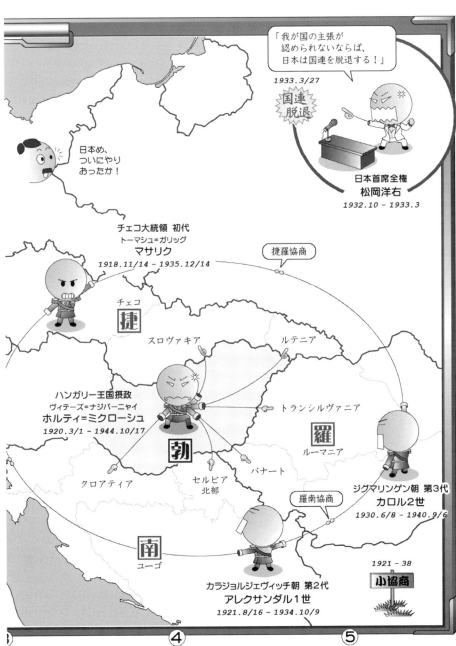

と ころで、「第一次世界大戦」は人類が初めて経験した「総力戦（＊01）」であり、そのあまりにすさまじい戦禍を目の当たりにして、人々は自らの行為に戦慄します。

── このような悲惨な戦争は 2 度と起こしてはならない！

そこで「ヴェルサイユ条約」第 1 篇（国際連盟規約）の第 8 条に「国連加盟国は最低限度まで軍備を縮小する義務がある」という項目が加えられ、民間でもあちこちで反戦が叫ばれ、そうした風潮が社会の隅々にまで蔓延していくことになりました（＊02）。

とはいえ、欧州人にとって「終戦」とは "来たるべき次なる戦争への準備の開始（＊03）" を意味しましたから、各国政府は終戦直後から、国連規約も輿論も無視して軍拡に走ります。

その反動としてこれを抑える動きも起こり、それは「軍縮会議」という形となって現れました。

初めはアメリカが主導し、大国の海軍の軍縮を目的としたものが 3 回。

- 1921〜22 年「ワシントン　会議」（主力艦制限）　米・英・日・仏・伊
- 1927　　　　年「ジュネーヴ軍縮会議」（決裂）　　　米・英・日・仏・伊
- 1930　　　　年「ロンドン　軍縮会議」（補助艦制限）　米・英・日

つぎに国連が主導し、国連加盟国における陸・海・空全般の軍縮を目的としたもの。

- 1932〜34 年「ジュネーヴ軍縮会議」（決裂）（D-1）64 ヶ国参加

したがいまして、「ジュネーヴ軍縮会議」といっても 1927 年の「アメリカ主導、大国の海軍軍縮」と 1932〜34 年の「国連主導、国連加盟国全体の一般軍縮」があり（＊04）、このうち高校の世界史教科書に載っているのは「海軍軍縮」の方なのですが、じつのところ、歴史的に重要な意味を持つのは「一般軍

（＊01）歴史を理解する上で「総力戦」の理解はたいへん重要なのですが、これについては前著『第一次世界大戦の衝撃』で詳説しているためここでは触れません。

（＊02）口を開けば「戦争反対！」「戦争は絶対悪！」と叫ぶ、まさに太平洋戦争後の日本のような社会風潮が蔓延していました。この事実は、このあとたいへん重要な "意味" を持つようになりますので、しっかりと心に留めておいてください。

縮」の方です。

　どちらも「決裂した」という点においては同じなのですが、国連（リーグ）主導の軍縮会議は重大な事件を引き起こす"引金"となっているためです。

　じつは、まさにこの「ジュネーヴ一般軍縮会議」の会期中というのは、戦間期の「第3期」末期にあたり、ドイツではヒトラー内閣が生まれ、ナチス革命が遂行されていたころで、日本では満洲問題に揺れに揺れていたころ —— すなわちまさに世界が「第4期」の"激動の時代"へと真っ逆さまに転げ落ちゆくころでした。

　まずは1932年10月、リットン調査団の最終報告が発表され、「満洲事変は侵掠（しんりゃく）行為」と断ぜられると、その半年後の1933年3月、日本の首席全権・松岡洋右（ようすけ）は席を蹴って国連（リーグ）を脱退！（A-5）

　するとヒトラーも、軍縮会議で「軍備平等権(*05)」の主張（C-1）が認められないことを理由として、日本を追うようにして国連を脱退（1933年10月）

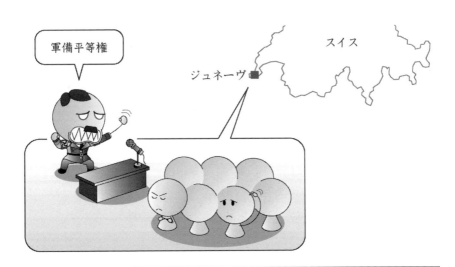

（*03）たとえば「peace」という単語も、辞書的には「平和」という訳語が与えられていますが、厳密には「来たるべき戦争への準備をする期間」という意味です。

（*04）この2つは、アメリカ主導の方を「海軍軍縮会議」、国連主導の方を「一般軍縮会議（or 世界軍縮会議）」と呼んで区別することがあります。

（*05）「軍備平等権」自体は、ヒトラーが政権を獲る前（1925年）から主張されていました。

してしまいます（A-2/3）。

　戦後のドイツは、ヴェルサイユ条約によって厳しい軍備制限を受けていましたが、そもそもドイツは「植民地」でも「属国」でもない、れっきとした「独立国」なのですから、それが他国から軍備制限を受けるなど、国際法規上おかしな話です。

　しかも、1926年からはドイツも晴れて「国連加盟国」となり、立場的には“敗戦国”の汚名を返上して“対等の国”となったはずなのに、いつまでも「ドイツだけが軍備制限を受けつづけるのはおかしい」「ドイツが軍備制限を受けるなら、他の国もドイツと同等の軍備制限を受けるべきだ」という主張は、たいへん筋の通ったもので、それを認めない国連の方が理不尽です。

　こうして風雲は急を告げることになりましたが、これに動揺したのがフランス（B/C-1）。

　フランスはドイツと地つづきにあって、その国境沿いにあるアルザス・ロレーヌ地方は石炭・鉄鉱石の地下資源豊富な独仏係争の地であり、他のどの国よりドイツを怖れていたためです。

　そこでフランスは「小協商（D-5）」に接近しました。

　小協商というのは、「捷南羅三国協商」のこと（＊06）ですが、これを理解するためには少し時間を遡ってハンガリーの歴史を見ていく必要があります。

　じつは、理不尽極まりない「ヴェルサイユ体制」に悶絶していたのはドイツだけではなくハンガリーもまたそうでした。

　ハンガリーは敗戦の混乱の中、「王国」が倒れて「共和国」になっていましたが半年と保たず、1919年3月、A.K.クン=ベーラが政変（ハンガリー革命）を起こして、一気に政権を奪取してしまいます（＊07）。

（＊06）戦前の「英仏露三国協商」になぞらえて、これの「小国版」ということで、若干の揶揄を含みつつ一般的に「小協商」と呼ばれています。

（＊07）このころ、ヨーロッパで社会主義革命が成功したのは唯一ハンガリーだけ。
　　　　それほどハンガリーの混乱が激しかったことを物語っています。
　　　　クン=ベーラは国号を「ハンガリー社会主義連邦ソヴィエト共和国」としました。

しかし、彼(クン=ベーラ)もまたこの混乱を収拾することができず、まだ政権発足から半年と経っていない８月、当時海軍提督だったＶ．Ｎ．ホルティ=ミクローシュ(ヴィテーズ ナジバーニャイ)（C-4）に反革命を起こされてあっけなく滅亡。

ホルティは、ハンガリーを戦前の「王国(キラーイシャーグ)」に戻そうと思いましたが、誰を「我らが王(ホモ・レジウス)」に推戴するかでどうしても調整がつかず、結果的に王位は空位のまま「ホルティが執政に着く」という形に落ち着きます(*08)。

しかし。

ただでさえ内陸の国にあって"海"を持たないのに、"敗戦国"として地下資源豊かなトランシルヴァニア地方を剥ぎ取られてしまった(*09)ため、この

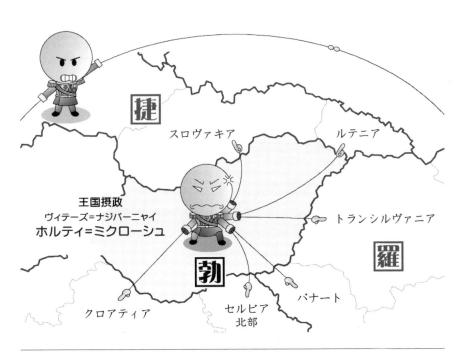

(*08) 彼自身は「私は一介の軍人にすぎず、政治は門外漢だ」と執政に着くことを固辞したといわれますが、ローマのオクタヴィアヌス、魏の曹丕同様、"ポーズ"かもしれません。

(*09) トリアノン条約。このときハンガリーから剥ぎ取ったトランシルヴァニア地方はルーマニアに与えられましたが、以来今日に至るまでルーマニア領です。

"混迷の国"を牽引していくためには、好むと好まざるとにかかわらず「独裁」しかありません。

ホルティはヴェルサイユ体制を非難し、「大ハンガリー」を掲げて捷領スロヴァキア（B/C-4）・ルテニア（B/C-5）、南領クロアティア（C/D-3/4）・セルビア北部（C/D-4）、羅領バナート（C/D-4/5）・トランシルヴァニア（C-5）の失地恢復を叫び、その実現のために独・伊に接近していきましたから、つけ狙われることになった捷・南・羅の三国が、1921年、その対抗措置として結んだ軍事同盟が「小協商」です。

"ドイツの暴走（国連脱退）"に対して、危機感を募らせたフランスはこの小協商に接近することでドイツを挟撃しようと思い立ちます。

こうしておけば、一朝事あるときには仏軍が西から、小協商軍が南からドイツを挟撃することができます。

"ドイツの暴走"に危機感を覚えていたのは、海の向こうの合衆国も同じでした。

日本・ドイツと立てつづけに国連を脱退されたことは、国連の弱体化を意味し、それは、国連を"自らの世界支配のための道具（＊10）"と考えていた合衆国にとってはなはだ不都合だったためです。

そこで合衆国は、国連の補完としてソ連を抱き込むことを考えました。

しかし、この時点でまだ合衆国はソ連を国として承認していませんでしたから、このままではソ連を国連に加盟させることができません。

そこで合衆国は、ドイツが国連を脱退した翌月にはソ連を承認。

こうしてドイツは、急速に孤立化していくことになりました。

（＊10）学校教育では「国連とは、国際平和を守るための機関」などと教えるため、巷間、それをマに受けている人がたいへん多い。しかしそれは、常任理事国が用意した"建前"または"方便"であって、国連の本質を表してはいません。
国連とは、常任理事国が世界を自分たちの都合のよいように動かし、その富を吸収し、覇権国家として君臨しつづけるための大義名分と権力を与える"道具"にすぎません。

第1章 ヒトラー野心沸騰

第3幕

狼の囁き
ヒトラー版"連衡策"

「ドイツ大包囲網」を前にして、ヒトラーは"連衡策"を採って、その切り崩しに成功。こうした外交勝利に加え、国内ではレーム、ヒンデンブルクという2人の政敵を排除することに成功し、ヒトラーはこの勢いのまま一気にオーストリアの併合を企図。しかしこれはムッソリーニの反発を受けて失敗してしまう。

〈ヒトラー版"連衡策"〉

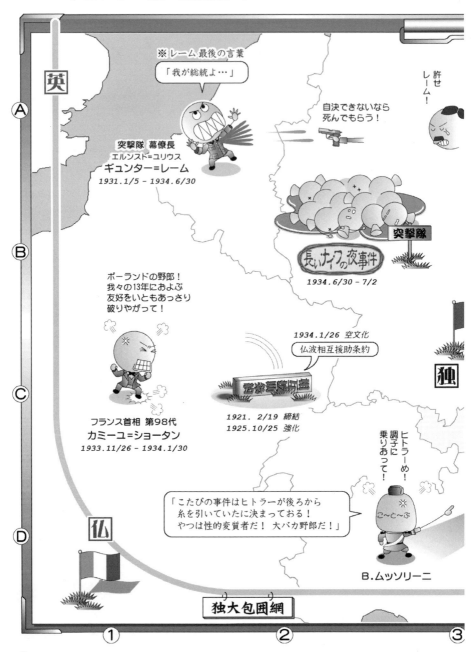

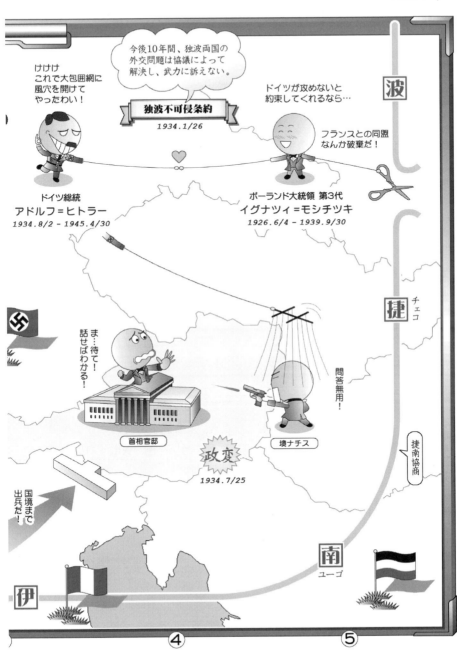

こうして、ドイツが国連（リーグ）を脱退したことは戦後の国際秩序を揺るがせ、ドイツを孤立化させることになりました。

過ぐる1925年の「ロカルノ会議（＊01）」でラインラント条約・2つの相互援助条約・4つの仲裁裁判条約が締結・強化されていましたから、これも併せれば、ドイツは西から左回りに米（アメリカ）・英（イギリス）・仏（フランス）・伊（イタリア）・捷（チェコ）・南（ユーゴ）・羅（ルーマニア）・波（ポーランド）・蘇（ソヴィエト）と東まで、周りの国々をぐるりと片端から敵に回したことになります。

まさに"董卓（とうたく）大包囲網"か"信長大包囲網"を思い起こさせるような「ドイツ大包囲網（D-2）」の完成です。

このような大包囲網を打破する策は「連衡（れんこう）（＊02）」以外にありません。

「連衡」の語源は、紀元前4世紀の中国にまで遡ります。

当時の中国は「戦国の七雄」が並び立っていましたが、その中でも頭ひとつ抜きん出ていたのが「秦」。

六国（りっこく）（＊03）がこれに対抗し、生き残りを図るためには「合従（がっしょう）（＊04）」しかなく、蘇秦が東奔西走・粉骨砕身、諸国を遊説してまわって六国（りっこく）の合従（がっしょう）（包囲網）を成立させます。

こうなると多勢に無勢、さしもの秦もタジタジ。

この劣勢を打破するためには、六国（りっこく）を仲間割れさせて合従（がっしょう）にヒビを入れ、ひとつまたひとつと敵を味方に取り込む以外にありませんが、これが「連衡策」です。

実際に秦はこの連衡で合従（がっしょう）を潰し、天下統一に成功しました。

時代が違おうとも洋の東西は違おうとも、「合従」に対抗できる策は「連衡」のみで、これに成功すれば包囲網を破ることができ、失敗すれば亡びるのみです。

（＊01）ラインラント非武装を再確認するとともに、すでに締結されていた仏波・仏捷間の相互援助条約を強化し、イギリス・イタリアがこれを保障するというもの。詳しくは、前著『ナチスはこうして政権を奪取した』（ベレ出版）をご参照下さい。

（＊02）「横に連ねる」の意で、「一強」が「多弱」の結束を破り、各個撃破していくこと。

（＊03）「戦国の七雄」の中で、秦を除いた韓・魏・趙・燕・斉・楚の6ヶ国のこと。

先の例でいえば、董卓は包囲軍の中でももっとも勢い盛んだった孫堅に官位をチラつかせて「連衡」を図りましたが失敗。

　そのために帝都(雒陽)を棄てるハメに陥りましたし、信長は御自ら頭を下げてまで浅井・朝倉の切り崩しに成功したことで危機を脱しています。

　周辺諸国の大包囲網(合従)に立たされたヒトラーもやはり「連衡」を使いました。

　彼がまず目をつけたのがポーランド。

　ポーランドはドイツとの間に領土問題を抱え(＊05)、いつドイツに侵攻されるかと怯えていたためにフランスと軍事同盟を結んでいるだけ。

　いわば"狼に狙われている羊が群をなして身を守っているだけ"なので、そのうちの1匹が狼から「お前だけは食べないから仲良くしようぜ？」と囁かれたら？

　そこでヒトラー(狼)はポーランド(羊)に囁きます(A-3/4)。

　――何をそんなにも我が国(ドイツ)を怯えることがあろうか。

　　ドイツはポーランドを攻めはせぬ。

　　信用できぬと申すのなら、不可侵条約を結ぼうではないか。

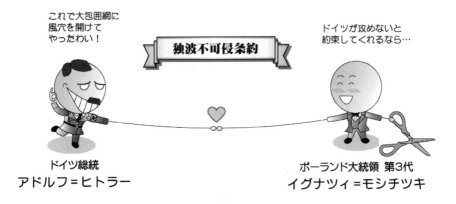

(＊04)「縦に合わせる」の意で、「一強」に対抗するため「多弱」が手を結ぶこと。
(＊05)ポーランド回廊およびダンツィヒは戦前までドイツ領でしたから、ここが係争の地となりました。

ポーランドにしてみれば、ドイツが攻めてきたときの"備え"として仏波(フランス)(ポーランド)相互援助条約を結んだのであって、ドイツが攻めてこないと保障してくれるなら、それに越したことはありません。

　ポーランドはこの"狼の囁き"に飛びつき（A/B-5）、1934年、「独波(ドイツ)(ポーランド)不可侵条約（A-4）」が成立しました。

　これに怒り心頭だったのがフランス。

　「独波(ドイツ)(ポーランド)不可侵条約」の成立は自動的に「仏波(フランス)(ポーランド)相互援助条約」の空文化（C-2）を意味し、フランスが苦労して築きあげた「ドイツ大包囲網（合従(がっしょう)策）」に穴が空く（A/B-5）ことを意味したためです。

　大きな外交成果を挙げて勢いづいたヒトラーは、徐々に統制が効かなくなっていたＳＡ(エスアー)（突撃隊）を幕僚長レーム（A-1/2）もろとも粛清することを決意

（＊06）「長いナイフの夜」事件（B-2/3）。ＳＡは数だけは多かったものの単なる無頼集団にすぎず、ナチがまだミニ政党であったころにはそれでもよかったのですが、ヒトラーが一国を率いるようになると、統制の効かぬ邪魔な存在となっていました。ＳＡの創設者であり幕僚長でありヒトラーの盟友でもあったＥ．レームにＳＡ解体を要請したものの受け容れられず、ヒトラーは彼をＳＡ幹部もろとも粛清せざるを得なくなります。

（6月30〜7月2日）（＊06）、これによりナチは完全にヒトラーの統制下に入ることになりました。

　ヒンデンブルク大統領が亡くなったのはこの翌月のことで、この「1934年」という年はヒトラーにとって、外には「対独大包囲網」に風穴を開け、内にはヒトラー"悩みのタネ"だったレームとヒンデンブルクがいっぺんにいなくなり、ヒトラーはこう豪語しています。

――これで、今後ドイツで革命が起こることはなくなった！

　しかし、これはオーストリアから起こった政変（クーデタ）で水を差されることになりました。

　じつは、ＳＡ（エスアー）粛清が行われたわずか3週間後、オーストリア・ナチスによって首相官邸が襲撃され、首相は殺され、親ナチ内閣の組閣が要求されるという、まるで日本の「五・一五」か「二・二六」（＊07）が思い起こされるような政変（クーデタ）が勃発したのです。

　まだこのころはヒトラーとムッソリーニは信頼関係になかった（＊08）ため、ムッソリーニはただちに4個師団をオーストリア国境まで派兵（C/D-3/4）し

（＊07）「五・一五」は1932年に海軍の青年将校が首相官邸を急襲して首相（犬飼毅）を暗殺した事件。「話せばわかる！」「問答無用！」は有名。「二・二六」はその4年後、今度は陸軍の青年将校が首相官邸を襲撃して蔵相（高橋是清）らを暗殺した事件。

（＊08）ヒトラーはムッソリーニに憧憬の念を抱き、尊敬していましたが、ムッソリーニはヒトラーを嫌っており、彼のヒトラー評は「オツムの巡りの悪い男」「いけ好かない野郎」。

て一触即発の情勢となってしまいました。
　今回の政変(クーデタ)がヒトラーの指示だったのか、オーストリア・ナチスの暴走だったのかは当時はわかっていませんでしたが、ムッソリーニはヒトラーの仕業と決めつけ、これを口汚く罵倒します。
──こたびの事件はヒトラー(やつ)が後ろから糸を引いていたに決まっておる！
　やつは性的変質者だ！　大バカ野郎だ！（D-2）
　ムッソリーニと事を構えたくなかったヒトラーは事態の収拾に奔走させられることとなり、四面楚歌となった政変(クーデタ)も失敗に終わってしまいました。
　オーストリア国内で盛り上がっていた「ドイツとの併合」の輿論も吹っ飛び、ヒトラーが若いころから熱望していた「オーストリア併合」は頓挫し、憧れのムッソリーニからボロクソにこき下ろされ、さしものヒトラーも意気消沈……かと思いきや。
　天はヒトラーに味方し、またしても彼に幸運が舞い込みます。

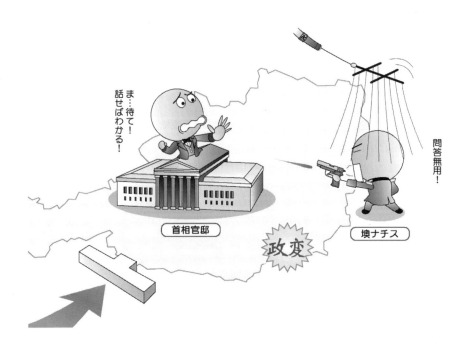

第1章 ヒトラー野心沸騰

第4幕

禁断の一歩
再軍備宣言

15年越しにザールが返還されたことは、ヒトラーの人気を証明することになった。ドイツ国民の絶対的支持を確信したヒトラーはさらなる手を打つ。それが「再軍備宣言」であり、これに驚いた連合国側は「ストレーザ戦線(フロント)」で対抗するも足並揃わず、わずか2ヶ月で崩壊することになった。

……

なんだったらドイツの再軍備を認めちゃっても…

イギリス首相 第58代
ジェームズ=ラムゼイ
マクドナルド

〈再軍備宣言〉

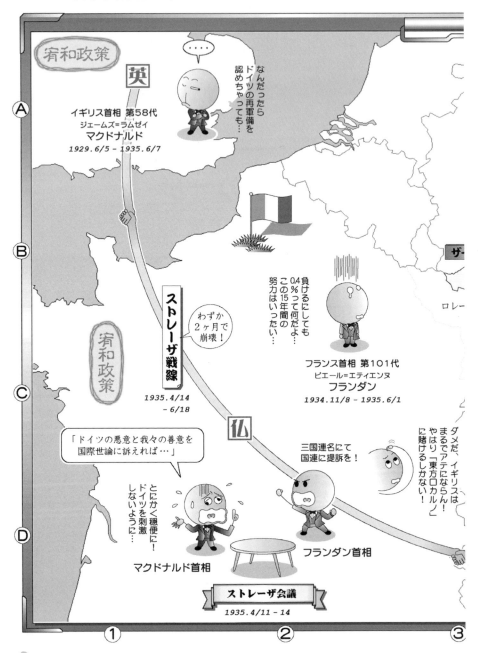

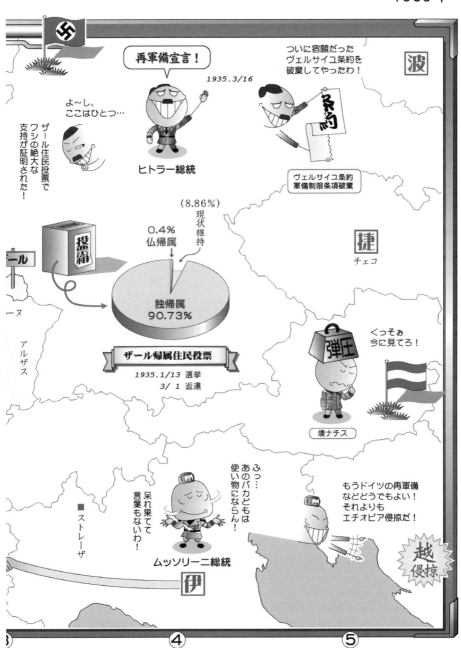

10年ほど前にヒトラーが著した『我が闘争』の「第1巻」「第1章」「第1節」の「第1段落」で彼はこう言っています。

―― この2つの国家(ドイツとオーストリア)は、
凡ゆる力と方法とを盡くして合併されなければならぬ。

自分の思想をまとめた書において、その開口一番にこれを持ってくるほど、彼にとって「オーストリア併合」は若いころからの宿願。

それを憧憬の眼差しを向けていたムッソリーニに潰された(C-5)のは痛恨でしたが、すぐに彼を立ち直らせる出来事が起こります。

そのことを理解するためには、このころドイツが抱えていた「ザール問題」について知らなければなりません。

15年前のパリ講和会議において、フランスの全権 G.クレマンソーは有望な工業地帯だったザール盆地(B-3)の割譲を要求していました。

しかしながら、これはいただけない。

パリ講和会議では、戦勝国が自らの正当性をアピールするため、さかんに「民族自決」を謳っていたためです。

ザールはほぼドイツ人しか住んでいない地域でしたから、これをフランスに割譲して、そこを突かれれば戦勝国の偽善が曝かれてしまいます。

そこで米英も必死にフランスを説得したのですが、"19世紀的戦争観"からどうしても抜け出せないクレマンソー(＊01)は頑として首を縦に振らず、仕方なく妥協案が生まれました。

・やはり「フランスへの割譲」だけはどうしても認められないので、あくまで期間限定(1920～35年)の「国連管理」という体裁とすること。

・ただし、その15年間のザールの統治はフランスに委任されるものとする。

・そして、期限が切れる1935年にはザールで「住民投票」を実施し、ザールの住民自身にフランスとドイツ、どちらに帰属したいかを決めさせる。

(＊01) 20世紀の幕開けとともに時代は「新時代」へと移り変わり、「19世紀的な古いやり方」がまったく通用しなくなっていたのですが、19世紀の世界観の中を生き抜いてきた彼にはそれがまったく見えていませんでした。
彼は「旧時代の政策」しか知りませんでしたし、またそれしかできない、典型的"老害"となり下がっていたのですが、本人は死ぬまでそれを自覚できませんでした。

こうしたまどろっこしい手続きを経させることで「民族自決」の"建前"を守ろう、というわけです。
　そして、このタイミングで「1935年」がやってきたのでした。
　この15年間、フランスはザール炭田を永久に我が物とせんがため、フランス語学校を作り、フランス文化の普及に努め、ザールの政治・経済がフランスに依存する仕組みを作り、反ナチ勢力を"駆け込み寺"のように受け入れ、着々と"選挙活動"を行ってきました。
　これにより、来たるべき住民投票では「フランスに帰属」、最悪でも「現状維持」となるはずでした。
　ところが、いざフタを開けてみれば、
・ドイツ帰属　　：90.73％
・現状維持　　　：　8.86％
・フランス帰属：　0.4 ％（B-4）
…と、フランスの"15年間に及ぶ選挙活動"の甲斐もなく（B/C-2）、ザール住民は「我らはドイツに帰属することを望む！」と宣言したのです。
　通常、まともな選挙で90％以上の得票率になることなどなく、そうした数字が出る場合はたいてい選挙違反が行われているものです。

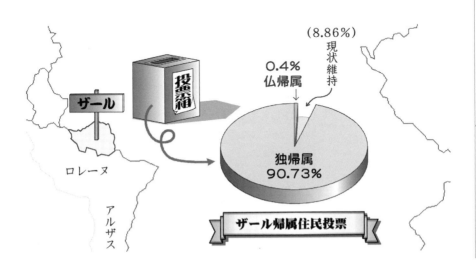

ところが今回は、ドイツが手の出せないフランスの監督下において実施されたのですからそうしたこともなく、真の民意が反映された結果となり、如何に当時のヒトラー人気が凄まじかったかを示しています。
　ザールの返還にふたたび自信を得たヒトラーはそのわずか半月後(＊02)、ついに"禁断の一歩"を踏み出してしまいます。
　それが「再軍備宣言（A-4）」です。
　この"一歩"は、「第二次世界大戦」まで一直線に連なる"ドミノ"が倒れ始めたことを意味しました。
　これまでのドイツは「国連（リーグ）加盟国はすべて平等の軍備権を保有しているはず

だ！」と主張していたものの、実際に再軍備したわけではありません(＊03)でしたが、今回は堂々と「再軍備」を再開するのですから、英仏はこれを理由としてただちに宣戦布告してもおかしくないほどの破壊力（インパクト）でしたが、そうはなりませんでした。

（＊02）ザールの住民投票が1月13日、返還が3月1日、再軍備宣言が3月16日。
（＊03）あくまで"表向き"は。実際には、ヴェルサイユ条約の抜け道をあらゆる角度から試みていましたし、特に「ラパッロ条約（1922年）」以降、ドイツはソ連領内で秘密裡に再軍備に取りかかっていました。

もしこのとき、英仏が宣戦布告していたら。

いえ、実際に宣戦布告しなくても、それをチラつかせて恫喝しただけでヒトラーは「再軍備宣言」を撤回せざるを得なかったでしょう。

そうなれば、ヒトラーの国民人気はガタ落ちとなり、ヘタをすれば失脚していたかもしれません。

そういう事態になることを懼れ、万一、身の程もわきまえずヒトラーがトチ狂って開戦となったとしたら、当時の弱体ドイツ軍など瞬殺され、どちらに転んでも「第二次世界大戦」など起こり得なかったことでしょう。

ではなぜ、英仏はそうしなかったのか。

じつは、したくてもできなかったのです。

なんとなれば、当時の英仏は「宥和政策(＊04)(A-1/C-1)」という"底なし沼"にどっぷり肩まで浸かり、身動きが取れなくなっていたためです。

人類初の"総力戦"となった第一次世界大戦は、ヨーロッパ人をして戦争に対する拒絶反応(アナフィラキシーショック)を引き起こさせ、戦後の政治家は「反戦！」を公約(マニフェスト)に組み込まないと選挙に勝てない、という政治状況が生まれていました。

しかし、戦争というものは「念仏のように"戦争反対"と唱えていれば避けられる」という代物ではなく、現実はその逆、「戦争から背を向ければ向けるほど、戦争は雪だるまのように巨大化しながらこちらに突進してくる(＊05)」ものです。

ほんとうに戦争を回避したければ、敢えて「戦争」を叫ばなければならないこともあるのが"外交"というもの。

しかし、一般大衆にそうした外交理論を万言尽くして説明してやっても理解されることはありません。

「今、戦争を叫ばなければ、避けられる戦争も避けられなくなる」とわかり

(＊04) ときどき「融和政策」と表記されている本がありますが誤り。

(＊05) 人生訓でもよく「試練や困難から逃げれば、その時は逃れられても、逃げるたびに困難はどんどん膨らみながらその人を追尾してくるため、いつかは八方塞がりとなって追い詰められるが、そのときには困難はもはや手に負えないほど数を増やし、巨大になっているため、人生が詰んでしまう」といわれますが、戦争もこれに似ています。

きっていても、ただただ感情的に「戦争反対！」と叫ぶことしかできない大衆の"声"に応えなければならないのが「民主主義」です。

したがって、英仏はまだヒトラーの力が弱い今のうちに「戦争」をチラつかせてやれば、一発でヒトラーを黙らせることができ、それが戦争を避けることに繋がるとわかっていながらこれを実行に移すことができません。

しかし手はまだあります。

それこそ、先ほども触れた「合従策」です。

英・仏・伊が"従に合わさって（軍事同盟を結んで）"、暴走するドイツに睨みを利かせる。

そこで、ヒトラーが「再軍備宣言」した翌月には英・仏・伊の全権（＊06）が北イタリアのストレーザ（C/D-3/4）に集まって、ドイツ対策が協議されました。

これが「ストレーザ戦線（B/C-1/2）」です。

ところが、ここでもイギリスの「弱腰」が頭をもたげ、すべては水の泡に。

こたびの「ドイツ再軍備宣言」について、フランスが「三国連名で国連への提訴」を訴え（D-2）、イタリアもこれに同調するとともに、さらなる強硬な態度を以て望むべきと主張したのに対し、イギリスは仏案・伊案ともに反対したうえで、マクドナルド首相（D-1/2）はこうした主張を繰り返したのでした。

―― ドイツの悪意と我々の善意を"礼節正しい国際世論"に認識させ、

　　ヒトラーを"世界の道徳"の前に平伏せさせればよい。（C/D-1）

この"幼稚で空虚な発言（＊07）"を前にして、ムッソリーニは呆れ果て、ただ苦笑するしかなかった（D-4）といいます。

こうして、イギリスのせいで合従（三国協調）は乱され、「平和を脅かす動きに対して、我々３国は適切な手段を以て反対することについて完全に合意する」と"空文"だけが虚しく響く決議に終わりました。

（＊06）イギリス全権がＪ．Ｒ．マクドナルド首相（A-1/2）、フランス全権がＰ．Ｅ．フランダン首相（B/C-2/3）、イタリア全権がＢ．ムッソリーニ総統（D-4）。

（＊07）当時のフランスの内閣官房長官ノエルの言葉。

見せかけだけは大仰に「完全に合意する」などと謳っていますが、こたびの「再軍備宣言」に対する措置（仏案）もなく、今後の対策（伊案）も決められず、さらには「平和を脅かす動き」とは何なのか、「適切な手段」とは何なのかについてなんら定義もない、タレーランの言葉を借りればまさに「曖昧で神秘的契約(＊08)」にすぎませんでした。

反戦世論のために「戦争」もできず、今ここに「合従」も破れ、英・仏・伊は、ストレーザ戦線が生まれた瞬間から早くも次の手を打ちはじめます。

イギリスはドイツとの妥協を模索し、フランスはソ連に、イタリアはドイツに接近を図り(＊09)、それぞれがてんでバラバラに動きはじめたため、ストレーザ戦線は何の成果もないまま、わずか2ヶ月で消滅することになったのでした。

(＊08) 1815年、露帝アレクサンドル1世が提唱した「神聖同盟」があまりにも空虚で実体のないものであったため、当時のフランス外相タレーランがそれを皮肉って述べた言葉。

(＊09) ノエルは「あれが3国協調の最初で最後のチャンスだった。イギリスは、何としてもムッソリーニの意向を聞き入れ、イタリアがドイツ側に付くのを阻止することの重要性を理解するべきであった」と語っています。

Column 腐敗していった五輪（オリンピック）

　世界恐慌の真っただ中の1931年、5年後の五輪（オリンピック）の開催予定地がベルリンに決まったとき、ドイツ国民からは歓喜の声は上がらず、一般大衆からは「そんな金があるなら経済と福祉に回せ！」、資本家（ブルジョワ）からは「この不景気に協賛金（カネ）など出せん！」、そしてヒトラーも「五輪（オリンピック）などユダヤ人の陰謀にすぎぬ！」といった反応で、たいへん冷ややかなものでした。

　しかし、政権を獲ったヒトラーは一転、開催に積極的になります。

　わずか600万マルクの予算しかなかった五輪（オリンピック）委員会に6000万マルクの補助金を与えて世界初の10万人が収容できる巨大競技場を建設させ、世界中から集まった人々をアッと驚かせましたし、国際世論に配慮してユダヤ人弾圧の事実を隠蔽し、五輪（オリンピック）発祥の地・オリンピアからベルリンまで「聖火」をリレーするという演出（パフォーマンス）や全世界にテレビ中継するといった世界初の試みを行いました。

　それもこれも、大会中に「ハーケンクロイツ」をここかしこに掲げ、これでもかとばかりにナチスの喧伝と国威発揚を行うためです。

　そもそも近代五輪（オリンピック）というのは19世紀末、フランスのクーベルタン男爵の提唱によって「平和の祭典」として再開されたものです。

　しかしこのベルリン大会以降、各国は一様に"ヒトラー式五輪（オリンピック）"を模倣（マネ）するようになり、五輪（オリンピック）は単なる国家による政治喧伝（プロパガンダ）の場と化し、各国の政治利害に振り回され、欧米諸国ばかりが有利になる恣意的ルール改正が繰り返され、拝金主義・不正が蔓延するようになります。

　こうした事実から観衆の目を逸らすため、運営はＴＶ（テレビ）を使って必死に感動の「演出」「押し売り」を行うようになり、大衆も初めはそうした"造られた感動"に無邪気に歓んだものでしたが、"化けの皮"はいつしか剥（は）がれるものです。

　近年急速に五輪（オリンピック）人気が衰えを見せているのもこのためです。

　こうした状況は「古代オリンピア」末期に似ており、近代五輪（オリンピック）もこれとおなじ末路を辿ることになりそうです。

第1章 ヒトラー野心沸騰

第5幕

２つ目の穴

英独海軍協定

ストレーザ戦線が不調に終わるや、フランスはただちに「東方ロカルノ構想」実現に向けて動いたが、これがヒトラーの反発を生む。宥和主義のイギリスはドイツの強硬姿勢に狼狽し、ドイツの要求のままに「英独海軍協定」を結んでしまうが、今度はこれがフランスの反発とイタリアの離反を招くことになった。

なにぃ！？
イギリスがドイツの
再軍備を認めただとぉ！？

不実なる国イギリス

聞いて
ないよぉ？

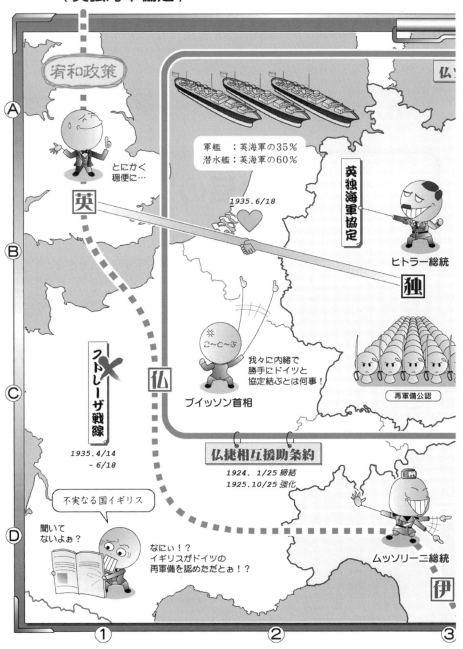

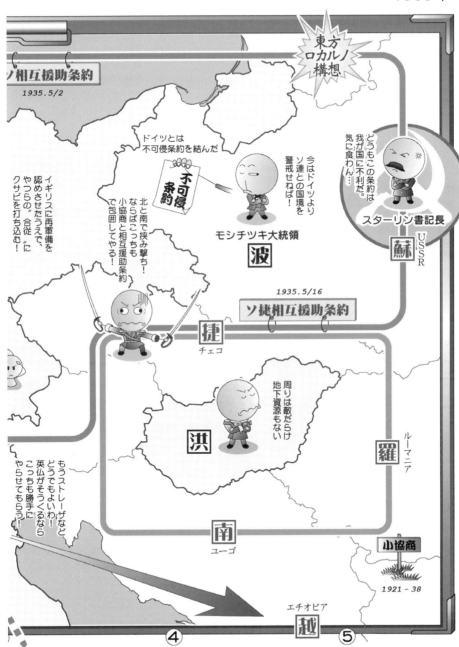

じつは、フランスはストレーザ会議で話し合っている一方で、これとは別に「東方ロカルノ（＊01）（A-5）」を構想していました。

ポーランドに裏切られた（＊02）フランスは、ポーランドのさらに東のソ連（USSR）に接近し、そのソ連に「ロカルノ体制」を保障してもらう代わりに、新たに「東方ロカルノ」を構築してソ連（USSR）の国境をフランスが保障してあげることで、相互保障体制を構築しようというものです。

イギリスの弱腰政策のせいで「ストレーザ戦線（フロント）」が不調に終わり、これが頼りにならないと悟ったフランスはいよいよ「東方ロカルノ」に力を注ぎ、それが翌1935年5月の「仏ソ相互援助条約（A-3）」「ソ捷（チェコ）相互援助条約（B-5）」へと発展します。

これと1924年の「仏（フランス）捷（チェコ）相互援助条約（C/D-2）」と合わせて仏（フランス）・捷（チェコ）・ソがドイツの西・南・東で包囲する態勢が整いました。

これは「東方ロカルノ構想」の"はじめの一歩"となり、フランスも一安心といったところでしたが、その完成には、これにドイツをはじめ、東欧諸国（＊03）を加えた集団保障体制にしなければなりません。

ところが、こうした動きに対し、さっそく独（ドイツ）・波（ポーランド）が反対しましたから前途は多難でした。

たとえばポーランドは、不可侵条約を結んだドイツよりもむしろソ連（USSR）に警戒心を剥き出しにしていました（＊04）（A/B-4/5）し、ヒトラー（B-3）はただちに（5月21日）「平和攻勢演説」を行って敵意を露わにしています。

―― 我がドイツの再軍備は正当なる"軍備平等権"行使にすぎない。

―― したがって、ヴェルサイユ条約の軍備制限事項以外の規定に関しては平和的に解決していくつもりだし、ロカルノ条約も遵守する。

―― にもかかわらず、仏（フランス）・ソ連（USSR）は我がドイツを仮想敵国とする軍事同盟（仏ソ

（＊01）1925年の「ロカルノ体制」が"ドイツ西方における安全保障"だったのに対し、新たに"ドイツ東方の安全保障"を構築しようということで「東方ロカルノ」と呼ばれました。

（＊02）前幕の「独波不可侵条約」のこと。

（＊03）ポーランド・エストニア・ラトヴィア・リトアニア・フィンランドなど。

（＊04）ポーランドは、ベラルーシ西部・ウクライナ西部でソ連と国境問題を抱えていました。

相互援助条約）を結んで我が国を挑発している。

平和を乱さんとしているのはどちらか。

こうしてヒトラーはただちに2隻の巡洋艦(*05)建造に入りましたが、これに狼狽したのがイギリス。

海軍はイギリスの生命線です。

つい先日、ストレーザでは他人事のように「世論」だの「道徳」だの持ち出して"幼稚で空虚な発言"を繰り返したイギリスでしたが、「海軍」となれば話は別。

最悪、ドイツ軍が"世界最強の陸軍"を持とうとも、海軍さえ圧倒していればイギリス本土は安泰です。

しかしイギリスは、先の「ワシントン軍縮条約」で主力艦(*06)の、「ロンドン軍縮条約」で補助艦(*07)の縛りを受けてこれ以上海軍の増強ができませ

(*05) 公式には「巡洋艦」を称していましたが、その排水量2万6000tは「超弩級戦艦」に匹敵し、実質的には「戦艦」でした。すでに1930年に起工されていましたが、その後頓挫していたものをヒトラーがこの「平和攻勢演説」の直後から建造を再開しました。

(*06) 空母・戦艦など。

(*07) 巡洋艦・駆逐艦・潜水艦など。

んでしたから、このままドイツにだけ海軍を増強されたのではイギリスの安全保障体制が破綻してしまいます。

　かといって、「宥和政策（A-1）」にどっぷり肩まで浸かっていたイギリスは強い態度に出ることもできず、とりあえずロンドンで外相レベルの会談が行われることになりました。

　ところが、イギリスの腰抜けを看破していた独外相リッベントロップは、開口一番こう言い放ちます。

「あなたがたが我がドイツの要求を完全な形で呑むつもりがないのであれば、
　我々はこのまま帰国する！」

　これでは〝交渉〟ではなく、まるで敗戦国に対する〝要求〟です。

　16年前の「ヴェルサイユ」が主客が逆転した形で再現したようなものです。

　これには英外相サイモンも怒りを露わにして席を蹴ったものの、翌日現れたサイモンは、態度を豹変して（＊08）福面顔でドイツの要求を全面的に呑んでしまいました。

　こうして「英独海軍協定（A/B-2/3）」はほとんど審議なく、イギリスの全面降伏に近い形で〝記録的短期間（＊09）〟のうちに成立してしまいます。

・イギリスは陸軍におけるドイツの再軍備を全面的に認める。

・その代わり、軍艦はイギリス海軍の35％以下、
　潜水艦は60％以下に止めること。（A/B-2）

　英首相ボールドウィンは「どうせドイツの再軍備を止められないなら、いっそこちらから認めてやる代わりに新たな制限を認めさせよう」と思ったのでした。

（＊08）席を蹴ったあと、ボールドウィン首相に諭されたのかもしれません。

（＊09）フランスのフランダン首相の言葉。

（＊10）「ロンドン共同宣言（1935年2月3日）」および「ストレーザ戦線（4月11日）」にて。

第5幕　英独海軍協定

　しかも、英・仏・伊3国には「重要事項についてお互いに事前協議すること」という約定（＊10）があったにもかかわらず、イギリスはこたびの対独交渉を隠密裡に行い、フランスがこの協定を初めて知ったのは新聞発表だった（D-1）という有様。

　激怒したフランスはイギリスを「不実なる国イギリス（D-1）」と名指しで非難し、ここにストレーザ戦線は結成からわずか2ヶ月にして崩壊（C-1）することになりました。

　こうなることを予見して、ヒトラーは敢えてイギリスと秘密交渉を希望したともいわれ（＊11）、こうして"対独合従策"はポーランドにつづいて"2つ目の穴"が空いてしまいます。

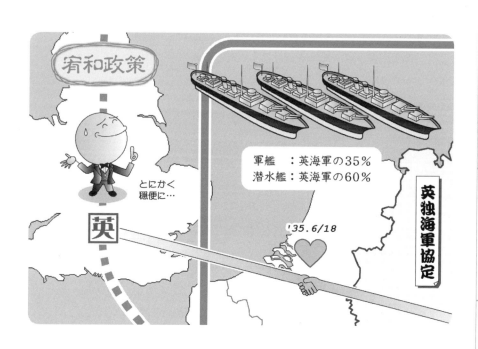

（＊11）当時イギリスの無任所相だったR．A．イーデンは「ヒトラーは英仏の間に楔を打ち込む目的で、あえて秘密交渉にしたのかもしれない」と述懐していますし、W．チャーチルも「英独海軍協定の締結は、ドイツが再軍備を公認されたという直接的成果のみならず、英仏の不和を醸成したという意味において、ドイツの外交勝利であった」と述べています。

Column 宥和政策の"落とし穴"

「英独海軍協定」を知ったとき、当時のフランス首相 P .ラヴァルは
こう怒りを露わにしています。

──イギリスは「これでドイツは満足し、再軍備が抑制できる」と
　　考えているようだが考えが甘すぎる。

　　これでドイツは堂々と軍拡できるようになったし、軍拡が協定制限
　　まで届いたら、さらなる拡大要求をしてくるに決まっている。

　史実は彼の言葉通りとなりました。

　「争いを避けたい」と願う者が、好戦的な相手に対して下手に出ること
でことで穏便に済ませようとすることがありますが、これは 禍 を大きく
することはあっても目的通りに事が運ぶことはほとんどありません。

　歴史に学べば、戦争を避けるもっとも有効な策は「いざとなれば戦争
をも辞さぬ！」という強い姿勢で外交に臨むことです。

　もちろん、一歩間違えば本当に戦争になってしまう可能性はあります。

　しかし、そうした"ダモクレスの剣"の下に身を置く覚悟がない者は、
そもそも政治に携わる資格がありません。

　危険はありますが、それでもこれがもっとも戦争を避ける可能性が高
い手段なのです。

　しかし、歴史に疎い人は「（国家間の）戦争」と「（個人間の）喧嘩」の
区別がつかず、「双方がケンカ腰になったら喧嘩になりやすいではない
か」と思ってしまいます。

　しかしながら、「感情と感情がぶつかって起こる喧嘩」とは違って、戦
争は純粋に利害・損得で動くものですから、こちらが戦争の覚悟をチラ
つかせれば、敵も損得勘定が働いてたちまち鎮静化するものです。

　もし敵にそれ相当な覚悟があるならば戦争になりますが、その場合は
何をどうしても開戦は避けられませんから、どうせ避けられないならで
きるだけ早いうちに開戦に持ち込んだ方が被害は小さくなる可能性が高
く、歴史的に見ても、宥和政策がろくな結果を生んだ例はありません。

第1章 ヒトラー野心沸騰

第6幕

雪辱を晴らす賭け
第2次 エチオピア侵掠

英独海軍協定はイギリスの腑抜けぶりを露呈し、これに反発した仏伊は急接近。ムッソリーニはこれを機に永年の懸案であったエチオピア侵掠を決意する。開戦後、国連（リーグ）が経済制裁を「石油禁輸」に引き上げるのが先か、イタリアがエチオピアを制圧してしまうのが先か、時間との勝負になったその時、歴史は動いた！

〈第2次 エチオピア侵掠〉

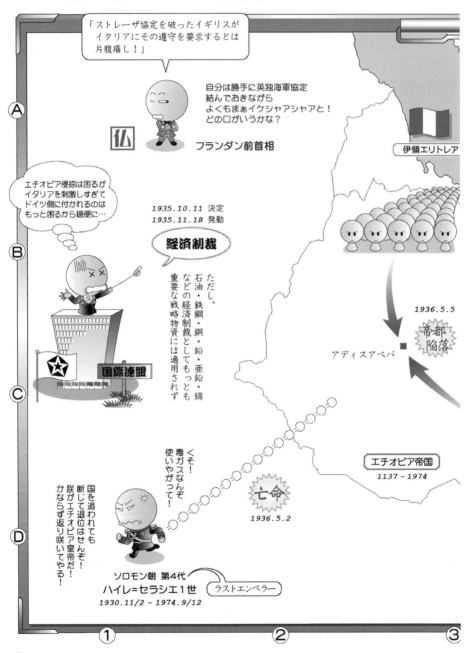

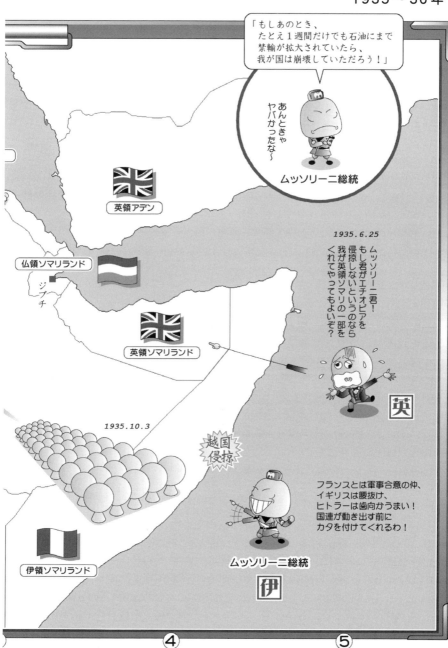

ところで、19世紀は「アフリカ分割」が行われた世紀ですが、そのわずか100年強(＊01)で、欧州はあの広大なアフリカ大陸のほとんどを植民地とし、そこに住む人々を隷従させてしまいました。

このとき、ご多分に漏れずイタリアもアフリカ分割に邁進し、その際、エリトレア(A/B-3)とソマリランド(D-3/4)を手に入れることに成功したため、そのちょうど間にあるエチオピア(C/D-3)を南北から挟撃して征服しようと目論んだことがありました(第1次エチオピア侵掠)。

しかしこのときは、同じくエチオピアを狙っていたフランスの横槍が入って失敗(＊02)してしまいます。

以来、「エチオピア征服」はイタリアの"宿願"となりましたが、なかなかその機会が訪れないまま40年が経過していました。

ところがここにきて、イギリスの"裏切り行為(英独海軍協定)"によってイタリアはフランスと急接近することになり、それからまだ10日と経たない6月27日には、仏伊両国は「ドイツを仮想敵国とした軍事協力の合意(＊03)」に至ります。

そのうえイギリスはイギリスで、「もし、イタリアがエチオピア侵掠を断念してくれるなら、我が英領ソマリランドの一部を差しあげてもよい」などと言い出す始末(B/C-5)。

── よし、今ならエチオピアに侵攻してもフランスは邪魔立てしまい。

　　イギリスは腰抜けで問題にならんし、

　　ヒトラーもわしに牙を剥くこともあるまい。(D-5)

ムッソリーニは独裁者です。

独裁者はつねに民衆からの喝采を渇望しています。

そして、この時代のイタリア国民は「第1次エチオピア侵掠」の雪辱を求め

(＊01) 正確には、1787〜1914年の127年間。

(＊02) 1896年、アドワの戦い。フランスがエチオピアを後方支援していました。

(＊03) 「もしドイツが仏伊のどちらかに侵攻してきた場合、仏は2個師団、伊は9個師団と空軍の援軍を出す」というもの。ムッソリーニは「軍事同盟」を望みましたが、フランスはドイツを刺激することを懼れ、あくまで「合意」としました。

56

ていました。
　この好条件が揃った今、民の声に応えない独裁者はいないでしょう。
　こうして彼(ムッソリーニ)はエチオピア出兵を決意、1935年10月3日、ついに「第2次エチオピア侵掠」が勃発（C/D-4）することになりました。
　──ひょっとしたら国連(リーグ)が動くかもしれんが、なぁに、エチオピアごとき！
　　国連(リーグ)がうだうだ話し合っているうちに一気にカタを付けてしまえばよい！
　当時のエチオピア軍は兵数こそ80万を数えたものの、そのフタを開けてみれば新兵ばかりで、武器は鎗・弓矢が主体で、近代兵器は数も少ないうえに旧式ばかり(＊04)。
　そんな軍隊が相手でしたから、ムッソリーニは開戦後は破竹の勢いで進撃し、国連(リーグ)が騒ぎ出す前 ── 最低でもその年のクリスマスまでには終わらせるつもりでした。
　ところが。
　国連(リーグ)（B/C-1）の動きはムッソリーニの予想をはるかに超えて早く、イタリアが軍を動員して10日も経たぬうちに経済制裁を決議し、翌月にはこれを発動（B-1/2）するという素早さを示したのに対し、振り返ってイタリア軍を見れ

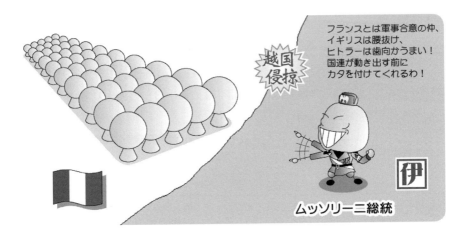

(＊04) 小銃は19世紀の骨董品（マスケット銃）、戦車といっても軽戦車、戦闘機は旧式複葉機がごく少数という有様。

ば、開戦当初の勢いはぴたりと止まり、戦線が膠着してしまいます。

　日々刻々とクリスマスが近づく中、ムッソリーニはひどい苛立ちを覚えました。

　とはいえ、フランスのフランダン前首相は「ストレーザ協定を破ったイギリスがイタリアにのみその遵守を要求するとは片腹痛し（A-1/2）」とイタリアを擁護していましたし、イギリスもまた、あまりイタリアを追い詰めすぎてドイツに接近されることを懼れ、このときの経済制裁は「石油等の戦略物資（＊05）が禁輸項目から除外（B/C-1/2）」されていました。

　しかし、万が一にも「禁輸項目が石油にまで拡大されたら！」と思うとムッソリーニは気が気ではありません。

　このときの心情を、ムッソリーニはのちにこう述懐しています。

「もしあのとき、たとえ1週間だけでも石油にまで禁輸が拡大していたら、

　我が国は崩壊していただろう！」（A-5）

　焦ったムッソリーニは、「ハーグ陸戦条約（＊06）」で禁止されていた毒ガスを使用してでも進撃を早めるよう総司令官　E．ボーノ元帥に促します。

　しかし彼はこれに難色を示したため、業を煮やしたムッソリーニは彼を更迭し、新たな総司令官として　P．バドリオ元帥（＊07）を据えて、毒ガス・ダムダム弾（＊08）・焼夷弾による絨毯爆撃など、国際禁止兵器をフル活用させ、兵士・民間人の区別なく無差別殺戮を始めたことでようやく戦線が動きはじめました。

　ムッソリーニにすれば、石油禁輸が発動されるのが先か、エチオピアを陥とすのが先か、「右に転べば栄光、左に転べば破滅」の二者択一の瀬戸際にあって、なりふり構っていられなかったのでしょう。

　しかし、これによりイタリアはさらなる国際的非難を浴び、年が明け、

（＊05）石油のほか、鉄鋼・銅・鉛・亜鉛・綿など。その他、国連非加盟国（米・独・日など）からの輸入も認められていたため、抜け穴だらけで実効性のないものでした。

（＊06）ロシア主催の「ハーグ平和会議（1899・1907年）」で取り決められた“戦争のルールブック”。その中では、空爆、毒ガス・ダムダム弾などの使用が禁じられました。もっともその直後に起こった日露戦争でロシアは平然と毒ガス・ダムダム弾を使用しましたが。

1936年1月には国連も経済制裁を「石油禁輸」に引き上げる動きが起こり、まだまだ帝都(アディスアベバ)が陥落するには時間がかかると思われる中、ムッソリーニはいよいよ窮地に追い詰められていきました。

しかし。

このとき、ムッソリーニとは関係のないところで降って湧いたように起こった"ある事件"によって、彼はこの窮地から救われることになります。

そのため、国連(リーグ)は機能停止に陥り、その間にイタリア軍はついに帝都アディスアベバ（C-3）を制圧することに成功したのでした。

このとき、エチオピア皇帝(ネグサナガスト)ハイレ＝セラシエ1世（D-1）自身はその3日前に帝都(アディスアベバ)を脱出、仏領ソマリランドのジブチ（B-3）経由でロンドンに亡命（C/D-2）していたため虜(とりこ)とならず、捲土重来、大戦後にエチオピア皇帝に返り咲くことになります。

それはさておき、そのことを理解するためには、少し時間を巻き戻してこのころの"左"の動きを見ておかなければなりません。

そこで次幕では、このころの共産党の動きを俯瞰(ふかん)していくことにしましょう。

（＊07）1922年のローマ進軍に反対して左遷され、その後復権してエチオピア侵掠で奮戦するも、第二次世界大戦の参戦に反対して更迭され、戦局が傾くとムッソリーニに対して痛烈な批判を展開した。このようにムッソリーニとは一定の距離を置いていた人物であったため、ムッソリーニ失脚後、国王から首相に任ぜられている。

（＊08）人体に命中すると体の中で弾が破裂して内臓をグチャグチャに破壊する弾。

Column ヒトラーの日本人観

　日本が真珠湾を攻撃したとの報に触れ、「3000年間一度も負けたことのない国が我々の味方についた！」と持ち上げたヒトラー。

　しかし、ヒトラーといえばすさまじい人種差別主義者だったはず。

　それでは、ヒトラーの日本人評はもともとどのようなものだったのでしょうか。

　まだ日本との関係もなかったころに書かれた『我が闘争』では、アーリア人種のドイツ人は「一等種」、ユダヤ人を「三等種」と位置づけ、日本人はその間の「二等種」としています。

　その後、日本との関係性が高まるにつれ、日本に関心を示すようになり、開戦半年前の1939年3月にベルリンで開かれた「日本古美術展」では、彼ももともとは芸術家を志した者として、日本の古美術に熱心に見入っていたといいます。

　しかし、そうした精巧な日本古美術を見てもなお、ヒトラーは

「だが、日本人が如何に努めようと、我が国を凌駕する工作機械は造れまい」と嘯きつつ、

「しかし、我が国がどうしても追いつけないものが日本にはある。

　それは万世一系の皇統である。

　こればかりはドイツが100年500年間頑張っても出来ない…」

…と皇室には一定の敬意を払うようになりました。

　大戦中は、日本軍が米・英・仏軍を駆逐していく強さに歓び、日本に倣おうと、すべての高校で日本語を必修科目とし、兵糧に豆腐を加えようとした（いづれも未遂）ほどでした。

　しかし、二等種（日本人）が一等種（アーリア人種）を駆逐している事実は彼の持論を根底から覆すものであったため、お抱え学者に「じつは日本人はアーリア人種だった！」と立証するよう命じています。

　客観的事実に合わせて持論を修正するのではなく、あくまで事実の方を持論に合わせようとしたのでした。

第1章 ヒトラー野心沸騰

第7幕

東西からの危機
人民戦線内閣の成立

35年の「再軍備宣言」は西側だけではなく、東側をも震撼させた。モスクワでコミンテルン第7回大会が開催され、「人民戦線(ポピュラーフロント)」戦術が決議されることになる。これに呼応して、フランスでは「ブルム人民戦線内閣」が、スペインでは「アサーニャ人民戦線内閣」が成立したが、このことが歴史を動かすことになった。

〈人民戦線内閣の成立〉

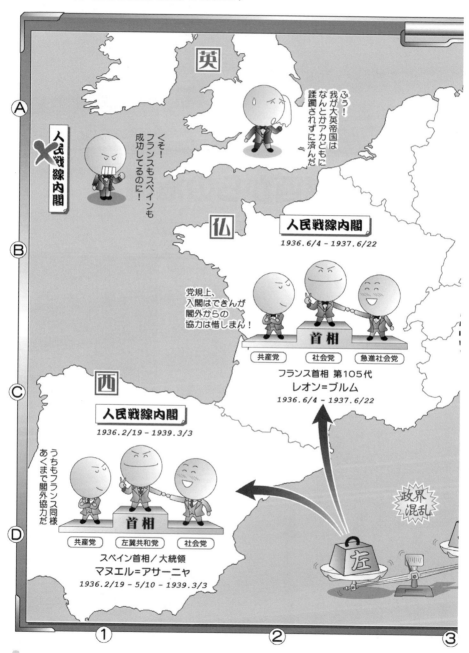

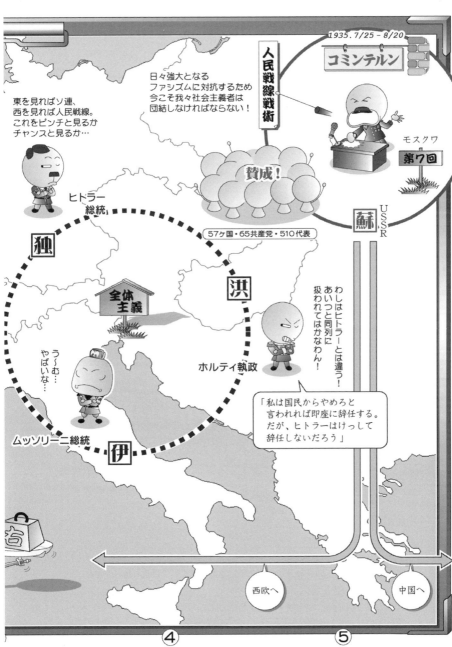

と**ころで、ヒトラーの「再軍備宣言」は西側だけでなく東側をも震撼させました。**

3月に「再軍備宣言」がされるや、翌4月には「ストレーザ戦線（フロント）」、翌5月には「仏ソ相互援助条約」、翌6月には「英独海軍協定」とつぎつぎ対応に追われたことはすでに述べましたが、この間、ソ連（USSR）も指をこまねいていたわけではありません。

こうした "右（＊01）" の勢力拡大の動きに対処するべく、ソ連（USSR）主宰の「コミンテルン第7回大会（A-5）」がモスクワで開催されたのは、その翌7月のことです。

「コミンテルン（＊02）と」いうのは、第一次世界大戦が終わった直後の1919年、ソ連（USSR）を指導国（リーダー）として「世界革命（＊03）」の実現を目指すために生まれた国際組織です。

結果的にこのときの「第7回大会」がコミンテルン最後の大会となりましたが、ここに57ヶ国の共産党代表（A/B-4/5）が集まり、「全体主義反対（ファシズム）」「戦争反対」が叫ばれ、その具体的対抗措置として「人民戦線（ポピュラーフロント）（A-4/5）」という戦術で戦っていくことが決議されました。

社会主義者というのはその目的（ゴール）（社会主義社会の実現）は同じでも、そこに至るまでの方法（ノウハウ）に意見の相違があり、それぞれ「共産党」「社会民主党」「社会党」「労働党」など細かく枝分かれしていました。

同じ目的を共有する者同士がそのような些細（ささい）な方針の違いでいがみ合っていたのでは、日々強大となりつつある右翼勢力（ファシズム）と戦っていくことはできないと、左翼勢力の大同団結を謳（うた）ったものが「人民戦線（ポピュラーフロント）」です。

ところで、ちょうどこのころのフランスは、ナチスの抬頭に刺激を受けた右翼政党が政変騒ぎ（クーデタ）（2月6日危機）を起こし、これに反発した左翼政党がゼネス

（＊01）ナチズムを「右」と見るか「左」と見るかは微妙な問題を孕みますが、この点については前著『ナチスはこうして〜』で詳説しているため、ここでは深く触れません。

（＊02）正式名称は「共産主義インターナショナル」。
「国家と民族を超えて労働者や社会主義者の団結と復権を図る組織」として生まれた「第一インター」「第二インター」を前身としたものなので「第三インター」とも呼ばれます。

トを敢行するなど、「第三共和政の危機」が叫ばれるほどの難局（D-3）にあって、与党・急進社会党（*04）はその場凌ぎで時に右に媚びを売り、時に左に阿って右顧左眄 ―― という状況にありました。

　このような政界混乱の中、先に述べたコミンテルン大会で「人民戦線戦術（ポピュラーフロント）」が決議されたのを受け、急進社会党はワラにもすがる想いで翌36年の総選挙で社会党・共産党と大同団結することを決意します。

　こうしてフランスでは、L.ブルム（レオン）（C-2）を首班とする人民戦線内閣（ポピュラーフロント）（*05）（B-2）が成立したのでした。

　ところでちょうどそのころ、お隣スペインでもフランス同様、「右と左の熾烈な対立（D-3）」と「その板挟みで苦悶する中道与党」という政治混乱の中に身を置いていました。

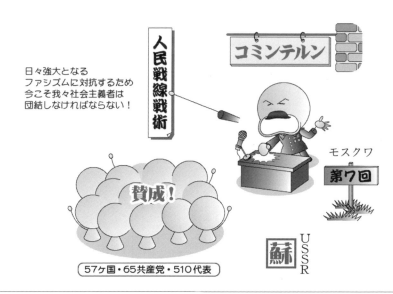

（*03）世界中のすべての国で「社会主義革命」が成功しなければ社会主義の理想は達成されないという考え方。詳しくは本シリーズ『ロシア革命の激震』（ベレ出版）をご参照下さい。

（*04）その党名のイメージから「急進的なイデオロギーを持つ社会主義政党」と勘違いした説明をした書が散見されますが、実際には「共和主義・反共産主義を標榜する中道資本主義政党」です。

そうした混迷の中、一時は中道アサーニャ政権が右翼政党(ファシスト)に敗れ、左翼が危機感を抱く事態になります。
　そこでスペインもまたコミンテルン大会の決議に触発され、アサーニャは翌36年の総選挙で左派政党と手を結んで戦い、ここにアサーニャを首相とする人民戦線内閣(ポピュラーフロント)(＊05)(D-1)が生まれました。
　こうして、突如として「人民戦線内閣(ポピュラーフロント)」が現れたことによって、独(ドイツ)・伊(イタリア)・洪(ハンガリー)の極右政権(ファシズム)(B-4)は、東(ソ連)(USSR)と西(仏(フランス)・西(スペイン))から挟撃される形となります。
　突如として出現したこの"危機"にヒトラーはどう対処したのでしょうか。
　じつは「危機(ピンチ)」と「好機(チャンス)」は同じ姿をしています(＊06)。
　同じものを見て、ある者は「危機(ピンチ)」と見て腰が引けてこれに対処できず、ある者は「好機(チャンス)」と捉えてむしろこれを利用して発展していきます。
　ヒトラーはこの危機的な情勢を「好機(チャンス)」と見ました。
　いったい彼はこの状態のどこに"好機(チャンス)"を見いだしたのでしょうか。

（＊05）仏・西ともに、共産党はイデオロギー上の理由から「閣外協力」に止まりましたが。

（＊06）これについての詳細はここでは本旨とずれてしまうため触れません。
　　　　詳しくは『最強の教訓！世界史』（ＰＨＰ文庫）をご覧ください。

第1章 ヒトラー野心沸騰

第8幕

独裁を決定づけた奇蹟
ラインラント進駐

独裁者はつねに民の熱烈な支持に飢えている。そのためなら危ない橋も渡るし、戦も厭わぬ！今、国連（リーグ）はエチオピア問題に忙殺され、イギリスは腑抜け、フランスは政争で身動きできぬ！この千載一遇の好機（チャンス）をモノにせんと、ついにヒトラーは「ラインラント進駐」を決意する！

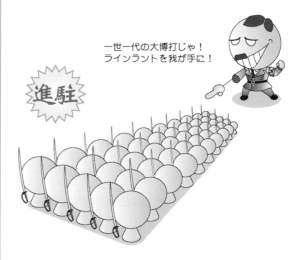

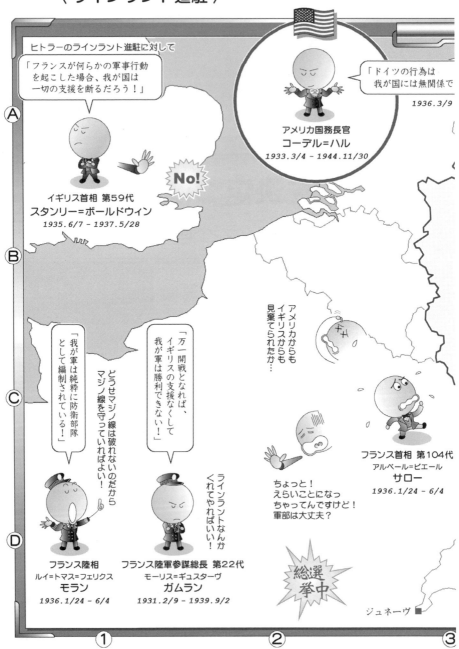

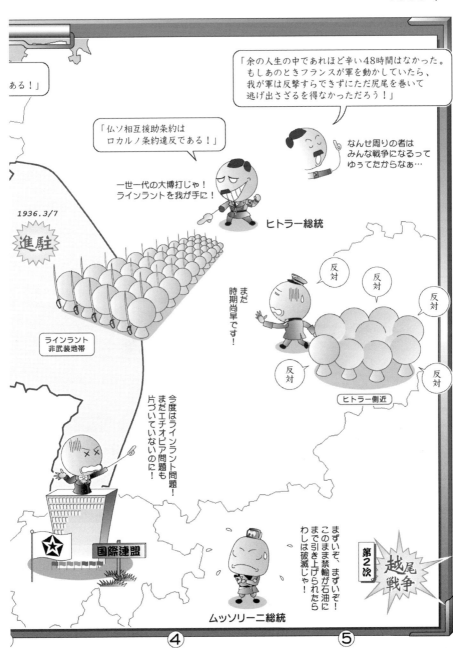

独裁者というと、とかく「国民の意向を無視して絶大な権勢を振るい、わがまま放題に政治を行う悪い政治家」というイメージが先行していますが、現実の独裁者というのはつねに国民の顔色を窺い、これに媚び、その支持を得ることに腐心する、きわめて不安定な立場です。

　そうした悪いイメージが先行してしまうのは、そのあまりのストレスに精神が崩壊して「虐殺と粛清を繰り返す暴君」となってしまうことがままあるからです。

　ムッソリーニが危険を犯してまでエチオピア出兵を決意したのも国民の熱望に応えるためでしたし、ヒトラーが政権を獲得したのちもせっせと足繁く全国を遊説してまわったのも、ヒトラーへの熱烈な支持の大きな要因のひとつが彼の"弁舌"だったからです。

　しかしながら、独裁者というものは国民から絶大な支持を得る一方で、一部からは親の仇のように憎まれるものですから、独裁者が大衆の前に身をさらす演説はたいへん危険な行為です。

　どれほど幾万の聴衆を魅了しようとも、地を揺るがす喝采を浴びようとも、

（＊01）わかっているだけでも「42回」もの暗殺事件または暗殺未遂が確認されています。
　　　世に知られることなく失敗に終わった暗殺もあったでしょうから、実際にはそれ以上。
　　　そのすべてが失敗に終わったのですから、ヒトラーの強運はただごとではありません。
　　　詳しくは、本幕コラム「ヒトラー暗殺計画・42」を参照のこと。

たったひとりの反逆者（テロリスト）が彼に銃口を向けて人差指を軽く引くだけで一巻の終わりなのですから。

実際、ヒトラー暗殺を目論む者は後を断ちませんでした（＊01）が、それでもヒトラーは国民の支持を維持するためにこれをやめるわけにはいきません。

もちろん特殊警察（ゲシュタポ）も血眼になって反逆者（テロリスト）を捜し回りますが、おいそれと見つかるものではなく（＊02）、彼らを黙らせるためには、昨日までヒトラー暗殺を目論んで爆弾を作っていた人物が、今日は「ハイル・ヒトラー！」と叫びなるほどの「奇蹟（ミラクル）」のような政治成果を挙げるしかありません。

これについては、ひとこと解説が必要かもしれませんので、少し話が逸れますが「奇蹟（ミラクル）」について敷衍（ふえん）いたしましょう。

キリスト教徒というのは、我々日本人にはない特殊な価値観を多く持っていますが、そのうちのひとつに「奇蹟（ミラクル）」という観念があります。

『聖書』では神様が"全能（オールマイティ）"（ヤハヴェ）であることが殊更に強調されていますが、不思議なことにこの神様は自らの声を直接信者に伝えることができないため、神様（ヤハヴェ）が自らの意志を信者に伝えたいと思ったとき、その使者（メッセンジャー）として「預言者（プロペータ）」を人間（じんかん）に遣（と）わせるというまどろっこしい手法を採ります。

ところが、人々は「預言者（プロペータ）」を自称する者が現れても、それが"本物"なのか"詐欺師（ペテン）"なのか区別が付きません。

そこで神は預言者（プロペータ）に"身分証明書"として奇蹟（ミラクル）の力を与えておくのです。

もしその者が奇蹟（ミラクル）を起こすことができたら「預言者（プロペータ）」に間違いなしというわけです。

しかし、それでも詐欺師（ペテン）が「手品（マジック）」を使って奇蹟（ミラクル）を"演出"している可能性が否めません。

そこで奇蹟（ミラクル）とは「どんなに人間が浅知恵（しぼ）を搾ろうが絶対に再現も演出も不可能なもの」に限定されることになりました。

（＊02）どこにでもいるようなごく普通の家具職人が、ごく普通の生活をしながら、誰にも相談することなく単独でヒトラーの立つ壇上付近に時限爆弾を仕掛けたことすらあります。
こうなると、ゲシュタポがどんなに血眼になって調べようが、テロリストを見つけ出すことはほぼ不可能です。

たとえそれがほんとうに奇蹟(ミラクル)の力によって発現したものであったとしても、それが「手品(マジック)で再現・演出（そう見せかけるだけ）可能」なものは奇蹟(ミラクル)とは認められません。

　たとえば、「湖の上を歩く」とか「水瓶の水をワインに変える」とか、その程度のものはチャチな手品(マジック)で簡単に"演出する"ことができてしまうので、本来、奇蹟(ミラクル)とは認められません(＊03)。

　本当の奇蹟(ミラクル)というのは、たとえば「山を宙に浮かせて海に放り投げる(＊04)」とか、どんな天才手品師(マジシャン)がどんな奇想天外な仕掛(トリック)を使おうとも絶対に再現不可能なものを指します。

　閑話休題(さて)。

　このように、キリスト教世界では「奇蹟(ミラクル)」を起こすことができる者は「神の御使(み)い」という価値観がありますから、ヒトラーも「人間の業では決して再現できない奇蹟(ミラクル)」を起こせば、国民の喝采の声は天を揺るがし、反逆者(テロリスト)どもを黙らせることができるでしょう。

　ここで、当時のドイツが置かれた状況にあって"奇蹟(ミラクル)に相応(ふさわ)しい偉業"といったら「ラインラント非武装地帯（B/C-3/4）への進駐」しかありません。

　ドイツを目の仇にするフランスがもっとも執着したのが「ラインラント非武装」であり、これまでドイツが「軍備平等権」を主張しようが「国連(リーグ)脱退」しようが「独波不可侵条約」を結ぼうが「再軍備宣言」しようが「英独海軍協定」を結ぼうが、ことごとくこれを看過(み)ごしてきたフランスも、万一ヒトラーが「ラインラント進駐」を決行したならば、堪忍袋の緒など鉈(ナタ)でぶった斬って、怒髪は天を衝(つ)きつつ切歯扼腕、目を血走らせながらドイツに殴りかかってくること、疑ごうべくもなし。

　そして、いざ戦(いくさ)となってしまえば、まだ本格的な再軍備を始めたばかりの当

（＊03）もっともキリスト教会はこれらを「奇蹟」と強弁しています。

（＊04）イエスはこれを「できる」と言ってはばかりませんでした（『新約聖書』マタイ伝17章20節／21章21節）。それなら、一度でもこの奇蹟を見せつけてやったならば、パリサイ派だろうがユダヤ総督だろうが、果てはローマ皇帝だろうが彼の前に平伏し、処刑されることもなく、布教もスムーズに進んだだろうに、彼はなぜか一度もやっていません。

72

時のドイツでは到底勝ち目などありませんでしたから、ヒトラーの腹心たちもこぞって反対しました（B/C-5）。
「総統閣下(マインフューラー)！
　ラインラントだけはフランスの逆鱗（＊05）、けっして触れてはなりません！
　あれだけは我がドイツにとって鬼門、まだ時期尚早です！」
　これまで数々の苦境をはねのけ、大口を叩いてきたさしものヒトラーも、こればっかりは"指令不可能(ミッション・インポッシブル)"、これまでずっと手が出せないでいました。
　しかし。
　だからこそ、もしこれを成し遂げることができれば「奇蹟(ミラクル)」です。
　国民は右から左まで上から下まで一斉に「ハイル・ヒトラー！」を叫ぶようになるでしょう。
　そこでヒトラーはついに決断します。
　── 今こそ、ラインラントに進駐せよ！（＊06）（B-4）

（＊05）龍の喉元に一枚だけ逆さに生えている長さ一尺（23cm）ほどの鱗。
　　　普段は滝壺の深淵でおとなしくしている龍も、この"逆鱗"に触れられると怒り狂うという故事（出典：『韓非子』説難）があります。

（＊06）このときドイツ進駐軍の兵力は歩兵19個大隊と砲兵13部隊のわずか3万。

理由など、あとからどうとでも取って付ければよい。

── 仏ソ相互援助条約はロカルノ条約違反である！（A-4）

　フランス自らロカルノ体制を否定したのであり、

　これ以上ドイツだけがロカルノに拘束される謂われはない！

　これは、ヒトラーにとっても人生最大の〝賭〟でしたが、ヒトラーとて何の勝算もなく闇雲に〝イチかバチかのサイコロを振った〟わけではありません。

── 国連（リーグ）はエチオピア問題（＊07）に忙殺され（D-3/4）、その解決に苦慮し喘（あえ）いでいる。

　今、ラインラント問題を起こされても対処する余力はあるまい。

── イギリスは宥和政策で小胆惰弱、「英独海軍協定」で胸をなでおろしているような腰抜けが、これを破棄してまで我々と事を構えようとはすまい。

── 一番の懸案はフランスだが、フランスは今、総選挙の真っただ中（D-2）、政界も財界も国民も　右（ファシスト）　と　左（ポピュラーフロント）　に真っ二つに分かれて（＊08）揺れに揺れておる。

　今まさに選挙で「あなたの父や子を戦場に送らない！」と叫んでいるやつらが事を構えるとは思えん。

── 国連（リーグ）・イギリス・フランスが同時に身動きできぬこんな千載一遇の好機（チャンス）、今を逃せば二度とは来まい！

　勝負は進駐発動から48時間。

　48時間以内にフランスが動かなければ、この賭はヒトラーの勝ち。

　動けば、ヒトラーの負け。

　そこでヒトラーが狙ったのは、フランスが選挙を直前に控えていた３月の７日、土曜日。

　政治家は選挙活動に忙殺され、選挙区を駆けずりまわっている中、土曜から日曜にかけては省庁が休みに入って政治が機能停止する、その間隙を突くためでした。

───────────────────────────────

（＊07）エチオピア問題については本章 第6幕を参照のこと。

（＊08）「ブルム人民戦線内閣」が生まれたときの選挙戦のこと。前幕を参照のこと。

実際、ラインラント進駐の報に、仏首相Ａ.サロー（C-3）はただちに閣僚に招集をかけましたが、閣僚の多くが選挙区に奔走していて連絡が付かなかったために流会、ヒトラーの思惑通りとなっています。
　それでもヒトラーは、今にもその扉を蹴破って伝令が駆け込んできて、「フランス、宣戦布告！」との報が来るのではないかと眠れぬ夜を過ごし、不安のあまり神経衰弱に陥ったほど。
　しかしじつのころ、英仏の腰抜けぶりはヒトラーの想像以上でした。
　サロー首相が陸相Ｌ.Ｔ.Ｆ.モラン（D-1）に意見を求めると「我が軍は純粋な"防衛部隊"として編制されている（＊09）（C-1）」と答えられ、参謀総長Ｍ.Ｇ.ガムラン（D-1/2）に至っては「万一開戦となれば、イギリスの支援なくして我が軍は勝利できない（C-1/2）」「ラインラント進駐など認めてやればよい」などと言い出す始末。

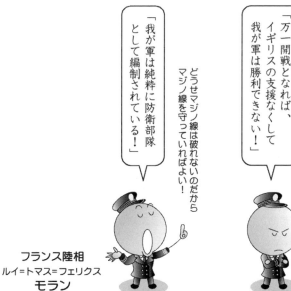

フランス陸相
ルイ＝トマス＝フェリクス
モラン
「我が軍は純粋に防衛部隊として編制されている！」
どうせマジノ線は破れないのだからマジノ線を守っていればよい！

フランス参謀総長
モーリス＝ギュスターヴ
ガムラン
「万一開戦となれば、イギリスの支援なくして我が軍は勝利できない！」
ラインラントなんかくれてやればいい！

（＊09）言い換えれば「フランス本国が侵されない限り、こちらから戦争を仕掛けることはない」という意味です。

ヒトラーのラインラント進駐に対して

「フランスが何らかの軍事行動を起こした場合、我が国は一切の支援を断るだろう！」

イギリス首相 第59代
スタンリー＝ボールドウィン

「ドイツの行為は我が国には無関係である！」

アメリカ国務長官
コーデル＝ハル

　ならばとサロー首相がイギリスに相談すると、英大使からは「我が国（イギリス）の了解なく勝手な行動は慎むように(＊10)」と釘を刺され、英（イギリス）首相 S（スタンリー）．ボールドウィン（A/B-1）には「フランスが何らかの軍事行動を起こした場合、イギリスは一切の支援を断るだろう（A-1）」と突っぱねられます。
　そのうえ合衆国（アメリカ）からも(＊11)「こたびのドイツの行動は我が国に無関係である」とけんもほろろ。
　軍部はまるっきり「やる気なし(＊12)」、米英には見棄てられ、さらにダメ押しに、国内は総選挙の真っただ中にあって国民は「平和！」「平和！」の大合唱。
　こんな状態で軍事行動を起こせば、政府は一瞬で崩壊してしまいます。
　こうして進駐発動から48時間、フランスはただ狼狽するのみでついに動かなかったのでした。
　のちにヒトラーはこの時のことをこう述懐しています。

(＊10) 宥和政策中のイギリスの立場としてはそうかもしれませんが、ついこの間フランスに何の相談もなく「英独海軍協定」を結んでおいて「どの口が言う？」とツッコみたいところ。
(＊11) ラインラント進駐の2日後、アメリカ国務長官コーデル＝ハルが言った言葉。
つまり、アメリカ合衆国政府としては、今回の事件に介入するつもりはないという意思表示です。

――余の人生の中であれほど辛い48時間はなかった。

もしあのときフランスが軍を動かしていたら、我が軍は反撃すらできずにただ尻尾を巻いて逃げ出さざるを得なかっただろう。

もしそんなことにでもなれば、ヒトラーの威信は地に落ち、国民の不満は膨らみ、反逆者(テロリスト)たちは活気づき、ヒトラー政権は早晩崩壊し、第二次世界大戦は起こらなかったことでしょう(＊13)。

"奇蹟"(ミラクル)が現実となったことで国民は万雷の喝采を彼に浴びせ(＊14)、昨日までヒトラーの命を狙っていた反逆者(テロリスト)たちが、今日から「ハイル・ヒトラー！」を叫びはじめる、「ラインラント進駐」とはそれほどのインパクトある事件だったのです。

「余の人生の中であれほど辛い48時間はなかった。もしあのときフランスが軍を動かしていたら、我が軍は反撃すらできずにただ尻尾を巻いて逃げ出さざるを得なかっただろう！」

なんせ周りの者はみんな戦争になるってゆうてたからなぁ…

(＊12)ラインラント進駐翌日の仏外相フランダンの言葉。

(＊13)これは筆者の見解というだけでなく、当時のドイツの内情に詳しかった独上級大将ハインツ.W.グデーリアン将軍も、戦後「もしあのとき、フランスがラインラントに進軍していたら、ヒトラーはたちまち失脚していただろう」と述懐しています。

(＊14)その直後の選挙でナチスは99％（4441万/4495万人）の支持を得ています。

Column ヒトラー暗殺計画・42

　よく勘違いされていますが、あらゆる時代あらゆる分野でその頂点に君臨する人の共通点は「才ある人」ではありません。

　「運の強い人」です。

　才覚はあればそれに越したことはありませんが、才なき人が頂点に君臨することは珍しくなく、逆にどんなに才能豊かな人でも運がなければけっして頂点の座に君臨することはできません。

　例えばヒトラーなどは浮浪者の身の上から国の頂点にまで上り詰めた、その運の強さは別格です。

　彼は総統地下壕で自殺するまでに、幾度となく暗殺されかけていますが、ことごとくこれを免れています。

　それが１度や２度ならいざ知らず、現在わかっているものだけ挙げても、その数なんと「４２回」！（以下、丸数字は暗殺計画番号）

⑳パレード中のヒトラーを射殺しようと、ほんの数ｍ先まで接近したものの、狙撃の直前に興奮した群衆にもみくちゃにされて失敗。

㉑ヒトラーの演説時間に合わせて演壇付近に時限爆弾を仕掛けたが、その日に限って演説が早々に切り上げられてしまったため、彼が壇から降りた１３分後に爆発、失敗。

㉒ヒトラーの通る道路の下に５００ｋｇもの爆弾を仕掛けたものの不発。

㉓ヒトラーの乗る総統専用機に爆弾を仕掛けたものの不発。

㉔ヒトラーを接待する役を担った大佐が時限爆弾を抱えて総統もろとも自爆しようと試みるも、この日に限ってヒトラーは接待を切り上げて帰ってしまったため失敗。

㉕ヒトラーと幹部２０名が作戦会議中の会議室に爆弾を仕込んで成功！かと思いきや、幹部に多くの死傷者を出す中、ヒトラーだけは軽傷。

　ドイツ国内だけでなく、ソ連・英・仏・波のスパイ機関による暗殺計画も加えた、計４２の暗殺計画がことごとく失敗に終わっているのは、彼の神がかり的な運の強さを表しています。

第1章 ヒトラー野心沸騰

第9幕

第二次世界大戦の前哨戦

スペイン動乱

「ラインラント進駐」が成功裡に終わった直後、スペインでは右派反動として内乱が勃発。すると、独伊がただちに叛乱軍を支援したばかりか、隣国ポルトガルも叛乱側に付き、英仏は大戦の火種となることを懼れて不干渉を貫き、ソ連までもが政府の軍資金（ゴールドリザーブ）をかすめ取る始末。アサーニャ政権の崩壊は必然だった。

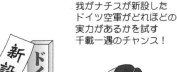

我がナチスが新設したドイツ空軍がどれほどの実力があるかを試す千載一遇のチャンス！

ヒトラー総統

〈スペイン動乱〉

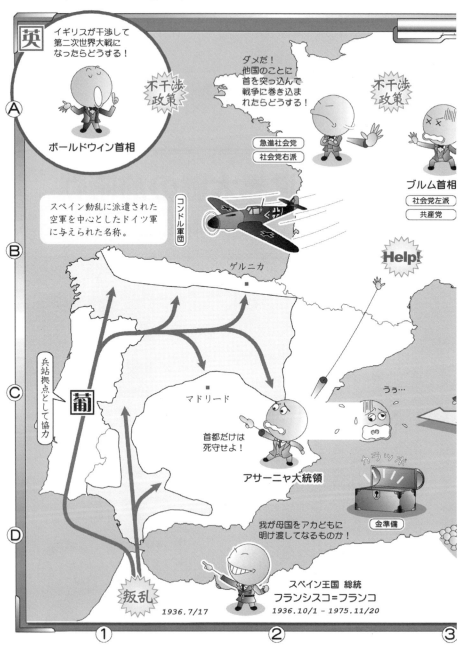

ラインラント進駐の成功に、欧州中に激震が走ります。

このころのイタリアはエチオピア侵掠に手こずり、国連の経済制裁が明日にも「石油禁輸」にまで引き上げられるのではないかと戦々恐々だったのことはすでに述べましたが、そのムッソリーニの耳に「ヒトラー、ラインラント進駐！」の報が届きます。

これにムッソリーニは愁眉を開いて胸をなでおろしました（C-4/5）。

ただでさえ「エチオピア問題」に揺れていた国連の前に、今また「ラインラント問題」が持ち上がったことで、国連機能は完全に機能停止に陥ってしまったためです。

もしここで独伊に強硬な態度で臨んで、窮鼠猫を嚙む、両国に結束されてしまっては事態はさらに悪化してしまう。

そうなるくらいなら、エチオピアもラインラントもくれてやってもよい。

こうして国連が沈黙してしまっている間に伊軍は帝都を陥落させ、ついに夢にまで見たエチオピア征服に成功（D-5）できたのでした。

これによりイタリア国民はムッソリーニに喝采を浴びせかけ、ムッソリーニは今回のことで急速にヒトラーに接近、エチオピアを制圧してから半年と経たないうちに独伊は「ベルリン＝ローマ枢軸（A/B-4）」を締結します。

――今後の欧州情勢はローマとベルリンを結ぶ線を "枢軸（回転軸）" として動いていくことになるであろう！（B/C-5）

それは歴史のうねりが大きく「第二次世界大戦」へと舵を切ったことを意味すると同時に、国連の無力さを世界に認識させることにもなりました。

そもそも「国際連盟」とは何のための組織だったか（＊01）。

こういうときに国際平和を守るための組織ではなかったか。

しかし、結成時に「アメリカ不参加」でミソが付いたことに始まり、表面的

（＊01）国際連盟の詳細については前著『ナチスはこうして政権を奪取した』（ベレ出版）をご参照下さい。

（＊02）日独以外にも1925年にコスタリカ、1926年にブラジル、1935〜37年に中央アメリカ諸国、1937年にイタリア、1938年にベネズエラ・チリなど、大戦勃発（1939年9月1日）までに多くの国が脱退していきました。

第９幕　スペイン動乱

には「国際平和の希求」を叫びながらその実体は「常任理事国(特に英仏)の利害でしか動かない」もので、これに日独をはじめとして相次ぐ国連脱退(*02)で権威は揺らぎ、さらにドイツの「再軍備宣言」「ラインラント進駐」、イタリアの「エチオピア侵掠」に何ら対処できなかったことでその存在意義すら危ぶまれていきました。

　国連(リーグ)自体は終戦直後まで存続しますが、この時点で"死に体"となったといってよいでしょう(*03)。

　ところで、こうした独伊の動きの中、スペインでは左翼連合が勝利して「アサーニャ人民戦線(ポピュラーフロント)内閣」が生まれていたことはすでに触れました。

　とはいえ、総選挙では人民戦線(ポピュラーフロント)が一応議席数で過半数を取ったものの、得票数ではきわめて僅差だったため保守派の反発は大きく、そこにきて保守派の領袖(りょうしゅう) Ｊ.Ｃ.キローガ(ホセ カルボ)が暗殺(７月13日)されたことが契機(きっかけ)となって西領(スペイン)モロッコから保守派の叛乱(プロヌンシアミエント)が勃発(Ｄ－１)します。

　これこそが「スペイン動乱」です。

　すでに見てまいりましたように1936年、仏(フランス)・西(スペイン)に人民戦線(ポピュラーフロント)政府が生まれ

(*03) 現在の「国際連合」もこのころの「連盟」と同様、なんら国際問題の解決できずに今や"死に体"にあります。しかし、"死に体"となった組織も"きっかけ"がなければずるずると存続するもの。逆に"きっかけ"さえあれば、人間の想像をはるかに超えてアッという間に解体します。「連盟」は第二次世界大戦をきっかけとして解体しましたが、「連合」も"きっかけ"さえ生まれれば明日にも解体するでしょう。

たことによって、独・伊は蘇・仏・西によって東西から挟撃される形になっていましたが、ここで叛乱軍が勝利してくれれば一気に形勢逆転、今度は逆に独・伊・西でフランスを包囲することができるうえ、スペインの豊富な地下資源（＊04）も魅力的であったため、独・伊はただちにフランコを支援しはじめます（7月25日）。

　加えて、スペインの隣国ポルトガルも叛乱軍を支援。

　当時のポルトガルは、独伊を模範とする独裁政権（Ａ．Ｏ．サラザール総統）（＊05）で人民戦線を嫌悪していたためですが、政府側としてはポルトガルが叛乱軍に加担したことはたいへん不利になりました。

　なんとなれば、初め叛乱が勃発したのは海の向こうのモロッコだったため、政府軍はジブラルタルさえ押さえておけば容易に叛乱軍の上陸を阻止できたところ、ポルトガルが兵站拠点を買って出てくれた（C-1）おかげで、叛乱軍はポル

（＊04）鉄・水銀・マンガンなど、スペインはドイツでは産出できない地下資源が豊富でした。

（＊05）サラザールは1932年に実権を握るや、ドイツ・イタリアから顧問を招聘、首相のみならず外相・蔵相・陸相・海相などを兼任して独裁体制を強化しました。

（＊06）陸軍と海軍は以前からありましたから「再建」ですが、空軍はヒトラーから始まりますので「新設」となります。

第9幕　スペイン動乱

トガル経由でスペイン本土に侵寇することが容易となったためです。

　最大の支援国はイタリア（C-3/4）でしたが、ヒトラーも「再軍備宣言」により新設(＊06)していた空軍（A-3/4）の"腕試し"とばかり、義勇軍の名目で空軍を中心に編制した「コンドル軍団（B-1/2）」を派兵、ドイツが世界に誇る名機「メッサーシュミット Bf 109（B-2）」が初めて実戦投入されたのもこのときです。

　この「コンドル軍団」は各地で無差別爆撃を行いましたから、さながらスペインは"ドイツ空軍の実験場"はたまた"第二次世界大戦の前哨戦"(＊07)と化しました。

　こうした無差別爆撃はドイツに限らず、政府軍・叛乱軍ともに行っていたのですが、立体派(キュビズム)画家 P.ピカソ(パブロ)(＊08)がコンドル軍団のゲルニカ（B-2）爆撃を主題として『ゲルニカ』という作品を上げたため、さもドイツだけが空爆を

（＊07）軍隊というものは、どんな厳しい「練兵」より「実戦」の方がはるかに強くなります。
　　　　ここで経験を積んだ熟練パイロットが第二次世界大戦で大活躍することになりました。

（＊08）ピカソが政府側を支持したのに対し、彼と双璧を成す超現実主義（シュールレアリスム）
　　　　画家サルバドール＝ダリは反乱軍を支持しました。彼の代表作『内乱の予感』は、このと
　　　　きのスペイン動乱を表したものです。

行っていたかのような印象を残してしまうことになります。

　ところでヒトラーは、スペイン動乱に派兵する一方で、国内では冒頭でも触れたベルリン五輪を開催（8月1〜16日）してナチスを全世界に喧伝し、さらにこれと並行して日本とも交渉を重ね、11月25日、ソ連を仮想敵国とした「日独防共協定（＊09）」を成立させることに成功、着々と「ドイツ包囲網」の切り崩しを図りました。

　こうしたヒトラーの精力的な動きとは対照的に、まったく無為無策だったのが英仏。

　宥和政策にどっぷり浸かっていたイギリスは火の粉が自分に振りかかることに怯えるあまり黙んまりを決め込み（A-1）、フランスは同じ人民戦線の誼にあってアサーニャ政権から救援を求められた（B-3）にもかかわらず、ここでも社会に蔓延る「宥和主義」のために結局スペインを見殺し（A-2/3）にしてしまった（＊10）どころか、このことが原因でブルム内閣自体が分裂・崩壊してしまう惨状となります。

　さすがに「言い出しっぺ」のソ連は武器を送ってくれた（A/B-5）ものの、それも"厚意（無償）"ではなくあくまで"商売（有償）"。

　いえ、それだけならまだマシで、ソ連はこの内乱のドサクサに紛れてスペイン政府の虎の子・金準備（C/D-2/3）をまるごとごっそり騙し取る（＊11）という蛮行を働く始末（A-5）。

　これは譬えるなら、敵に囲まれて窮地に陥ったところに、「助太刀に来たぞ！」とばかりに親友が駆けつけてくれたので背中を預けたら、背中から斬りつけられて身ぐるみ剥がされたようなもの。

　何よりも怖いのは「正面の敵」ではなく「味方のふりした敵」だということを思い知らされることになりました。

　こうして「味方」と信じたソ連に煮え湯を呑まされたアサーニャ政府は軍資金のショートを起こしてしまい、以降、満足に戦えなくなっていきます。

（＊09）「反コミンテルン協定」とも。これが雛形となって「三国同盟」へとつながっていきます。

（＊10）ブルム首相および政権左派（共産党・社会党左派）は救援を主張しましたが、政権右派（社会党右派・急進社会党）は中立を主張しました（A-2/3）。

こうした"生き馬の目を抜く"世知辛い国際外交とは対照的に、民間レベルでは世界50余ヶ国から6万人もの人々が駆けつけ、スペイン政府を支援して戦う「国際義勇兵(D-3/4)」が現れます。

この中には仏文豪A.マルロー・米文豪A.M.ヘミングウェーといった有名人をはじめ、日本人(ジャック白井)までもが名を連ねました(D-4/5)から、これだけ聞けば、国家レベルはいざ知らず、「民間レベルでは世界規模でアサーニャ政権が支持された」ように聞こえますが、じつはその構成員はほとんど共産党員であり、実態は「コミンテルン軍」にすぎませんでした。

こうして、政敵(フランコ将軍)に謀反を起こされたことに端を発し、敵国(独・伊)から攻め立てられて窮地に陥ったアサーニャ政権は、助けを求めた盟友(仏)には黙殺され、盟主(ソ連)に身ぐるみ剝がされて、絶望的状況の中で崩壊していくことになったのでした。

こうして、第二次世界大戦勃発直前の1939年4月までにフランコが全土を制圧し、スペインにもフランコを"総統(カウディーリョ)"とする独裁(ファシズム)政権が生まれることになります。

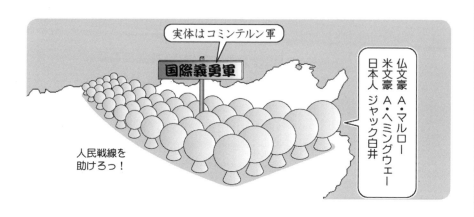

(＊11)「金準備」というのは、政府が対外的決済と信用のために準備している金(ゴールド)。
戦時においては重要な軍資金となりますが、ソ連はこれを騙し取ってしまったわけですから、"千万の敵よりもおそろしい敵"はソ連だったわけです。
もっともソ連は「あくまで支援武器の代金として受け取っただけ」と強弁し、「むしろ足らないくらいだ」「もっと払え」といけしゃあしゃあでしたが。

Column ヒトラーの片想い

　ヒトラーは若いころからムッソリーニを尊敬し、またこれを公言して憚らず、ナチスの敬礼にムッソリーニ式の敬礼を取り入れ、ムッソリーニが「ローマ進軍（1922年）」で政権を獲得すれば、すぐにこれをマネして「ベルリン進軍」しようとして失敗（ミュンヘン一揆）しています（1923年）。

　ムッソリーニの肩書「総統」に倣って自らも「総統」と名乗るようになり、政権獲得（1933年）後は、その最初の外遊先にイタリアを選んだ（1934年）ほど。

　このとき、初めて"あこがれの人"と会うことができたヒトラーは感激で目に涙を浮かべ、何度も何度も握手をねだっています。

　しかし、そうしたヒトラーの想いとは裏腹に、当のムッソリーニはヒトラーを生理的に嫌っており、「学のない成り上がり者」と蔑み、会談後、初めてヒトラーと会ってみた感想を聞かれて「あの野郎、この俺の前で『我が闘争』を諳んじつづけやがった。滑稽なヤツめ、まるで道化師だな！」と酷評しています。

　会談の直後、ヒトラーがオーストリアを併合しようとする（1934年）と、ムッソリーニはただちに軍を動員してこれを圧殺しましたし、このころまでの2人の関係はお世辞にも「良好」とは言える代物ではありませんでした。

　こうした2人の関係に変化が現れたのが1936年です。

　その前年から始まったエチオピア侵掠に苦しんでいたムッソリーニは、このタイミングでヒトラーが「ラインラント進駐」してくれたおかげで難を逃れることができたため急接近。

　同年に起こったスペイン動乱で共同戦線を張るに至り、ついに「ベルリン＝ローマ枢軸」が結ばれ、晴れて"相思相愛"となります。

　しかし、そこから立場は逆転、以降はムッソリーニの方がヒトラーの"お荷物"になっていくことになりますが、詳しくはこの先の本文にて。

第2章　大戦前夜

第1幕

破滅の入口
アンシュルス（オーストリア併合）

ラインラント進駐の成功で自信を深めたヒトラーは、つぎに「生存圏（レーベンスラウム）」の獲得に乗り出す。その第一手こそ「オーストリア併合」。34年に挑戦したときにはムッソリーニの邪魔が入って失敗したが、今やムッソリーニとは蜜月の仲。機は熟した！　反対する側近を更迭し、ついにヒトラーは行動に出た！

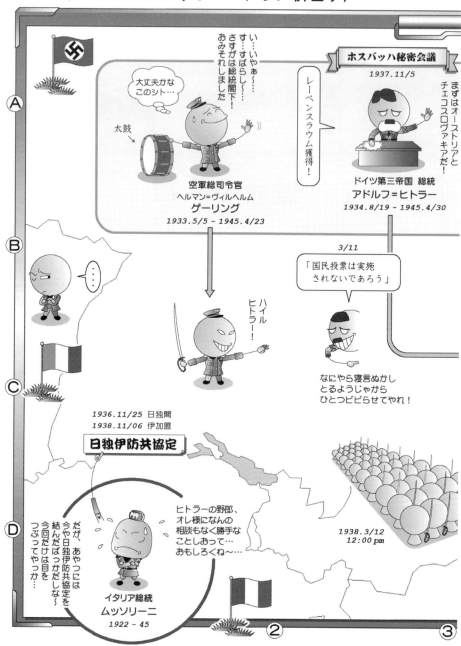

第1幕 アンシュルス（オーストリア併合）

1938年

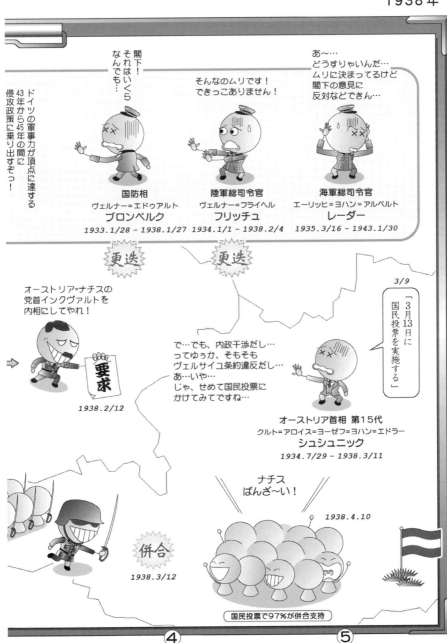

かのナポレオンはロディ会戦のとき、自分が「凡人どもとは一線を画した"卓越した人間"だとの自覚を得た」と述べています[＊01]。

　ナポレオンにとってロディ会戦こそが人生の転機（ターニングポイント）となったわけですが、よくナポレオンと比較されるヒトラーにとっては、このときの「ラインラント進駐」こそが、人生の転機（ターニングポイント）となったといってよいでしょう。

　なんとなれば、この"奇蹟（ミラクル）"を成し遂げたことによってヒトラーは、ナポレオン同様、これを境として自分を「神によって選ばれた特別な人間」と思い込んでしまったためです。

　もっとも、偉大な業績を上げる人というのは多かれ少なかれ自分を「特別な人間」と思っているものですし、逆に自分に自信のない人というのはたとえすぐれた才を持っていたとしてもそれを発揮できないものです。

　たとえば、一介の生員（科挙受験生）にすぎなかった洪秀全（ホンシウチェン）[＊02]が「太平天国」という独立国家を造ることができたのも自らを「イエスの弟」と思い込んだからですし、イスマーイール１世[＊03]が10年におよぶ連戦連勝の「不敗神話」を築くことができたのも自らを「救世主（マフディー）」だと思い込んだからであって、その意味では「自分は特別な存在」と思うこと自体は、成功のための一要素ですらあります。

　しかし、その制御（コントロール）はたいへん難しく、うまく制御（コントロール）できれば偉大なる成果をもたらすとはいえ、その制御（コントロール）に失敗するやたちまち「偏執病（パラノイア）」という精神病を患って破滅へと転げ落ちていく、まさに"諸刃の剣"です。

　果たせる哉（かな）。

　洪秀全（ホンシウチェン）もイスマーイール１世も、そしてナポレオンも結局はこれを制御（コントロール）することができず破滅していくことになりました。

　そしてヒトラーもまた「進駐」を境として、「奇蹟（ミラクル）すら起こせる余に不可能はない」という偏執病（パラノイア）を患うようになり、以降、自分の暴走を自分で制御（コントロール）できな

（＊01）詳しくは、本シリーズ『駆け抜けるナポレオン』（ベレ出版）に譲ります。

（＊02）清朝中期（19世紀半ば）、「状元（科挙トップ合格）」を目指していたもの、現実は状元どころか「科挙を受験するための予備試験（院試）」にすら何度受けても落第し、ついに精神を病んで偏執病を患い、「我こそはキリストの弟！」と叫んで叛乱を起こした人物。

くなっていきます。

こうして彼は、宿願であった「オーストリア併合(アンシュルス)」を目論みました。

翌1937年、ヒトラーは「ホスバッハ秘密会議(A-3)」を開催し、ここでヒトラーは「生存圏(レーベンスラウム)の獲得!(A-2)」を叫びます。

生存圏(レーベンスラウム)とは「ひとつの国家が生存(自給自足)していくために必要最低限の範囲」のことで、その"範囲"をドイツの政治的支配下に置かねばならないとヒトラーは考えました。

その当面の目標は「オーストリア」と「チェコスロヴァキア」の併合。

巷間、「このような膨張主義的・侵掠(しんりゃく)主義的なヒトラーの考え方が第二次世界大戦を引き起こした元凶」であるかのように語られることが多いですが、きわめて短絡浅慮な考えです。

ヒトラーの危険思想や悪行ばかりに目を奪われて、ではなぜそもそも「彼がそのような思想を持ち、行動を取るに至った」のか、その歴史的・政治的・経済的・社会的な背景と原因を知らないならば、それは鹿を追いながら山が見えておらず、大河の流れを予想するのに目の前の"雫(しずく)のひと撥(は)ね"を論じているようなもので、枝葉末節に囚われてまるで大局が観えていません。

そこでそのことを理解するため、いったん時を9年ほど遡(さかのぼ)って「世界大恐慌」勃発以降の世界情勢を簡単に振り返ってみましょう。

世界大恐慌というと、「1929年」という年があまりに強調されすぎるため、この年がもっとも経済が悪化した年だと勘違いしている人もいますが、これはあくまで「恐慌が始まった年」であって、世界経済は「1929年」から始まり、以降悪化の一途をたどっていきます。

一向に恢復(かいふく)の兆しを見せない情勢に善後策を練るべく、1933年「世界経済会議」が開催されることになりました。

主催者はイギリスでしたが合衆国(アメリカ)の協力なくして会議の成功はあり得ず、世

(＊03)近世イランのサファヴィー朝の初代皇帝。幼くして(7歳)サファヴィー教団の教主となり、側近から「あなた様は救世主(マフディー)なのですぞ!」と言われつづけたため、自らを「救世主」であると本気で信じてしまいました。詳しくは本シリーズ『イスラーム三國志』をご参照ください。

界の耳目は F̲.D̲.ルーズヴェルト大統領の動向に集まりましたが、いざフタを開けてみれば彼はきわめて非協力的だったため会議はあっさり流会。

こうした合衆国(アメリカ)の態度に世界は落胆しましたが、合衆国(アメリカ)はこの直後に「ドル・ブロック(*04)」を宣言、「非協力的」どころか「世界を見棄てる！」と表明します。

これには英仏も呆れと怒りの感情が入り交じり、「合衆国(アメリカ)がそのつもりならば！」とイギリスは「スターリング・ブロック」、フランスは「フラン・ブロック」を宣言して、それぞれ自国の経済圏のみの独善的存続を図ります。

しかし、すでに"生存圏"を抱えている「持てる国」米・英・仏はそれで恐慌を切り抜けられるかもしれませんが、ここから弾き出された「（生存圏を）持たざる国」は、ただ「持てる国」の喰いモノにされて飢え死にするしかないことになります。

（＊04）「ドル経済圏（アメリカ生存圏）内で特恵関税を設定する一方で、それ以外の国には高関税をかける」というもので、噛み砕いていえば「他国の富を吸い上げ、自分だけが助かる道を探る。他国の民が餓死しようが知ったことか！」というもの。

国防相
ヴェルナー＝エドゥアルト
ブロンベルク

陸軍総司令官
ヴェルナー＝フライヘル
フリッチュ

海軍総司令官
エーリッヒ＝ヨハン＝アルベルト
レーダー

「持たざる国」の民にももちろん"生存権（生きる権利）"があり、「持てる国」が生存圏を武器に生き残りを図ることが許されるのなら、「持たざる国」も好むと好まざるとにかかわらず、新たに生存圏を獲得して生存権を守らざるを得ません。

そのことに誰が「悪い」といえるでしょうか(＊05)。

つまり、ドイツをここまで追い込み、ヒトラーを育てた張本人こそが合衆国(アメリカ)なのであって、どうしても誰かを「悪」に祀りあげたいならば、諸悪の根源は合衆国(アメリカ)ということになります。

しかし、「歴史は勝者が紡ぐ」もの。

大戦に勝利した合衆国(アメリカ)はこの"真実"から衆目を逸らせるため、戦後「ヒトラーの悪事」を殊更に強調して繰り返し繰り返し垂れ流します。

こうした合衆国(アメリカ)の思想誘導はモノの見事に成功し、戦後、ヒトラーこそが

(＊05) これを「悪」と断じる人は、「『持たざる国（日・独・伊）』の国民は『持てる国（米・英・仏）』に喰いモノにされ、飢えて死ね！」と言っているのと同じだということに気がつかなければなりません。ヒトラーの「生存圏獲得」の主張を非難できるのは、自分が貧しい立場に置かれたとき「金持ちが腹いっぱい食べ、贅沢三昧をするために、私のわずかな給金もすべて金持ちに差し出して、悦んで飢え死にします！」といえる人だけです。

「諸悪の根源」「史上最悪の独裁者」という固定観念(ステレオタイプ)は世界に広く蔓延し、現在に至っています。

　ヒトラーは合衆国(アメリカ)の悪業を隠すための「目眩まし」「生贄(スケープゴート)」にされたにすぎないのであって、それが"事実"だからではない――ということを理解できている人が哀しいほどに少ないのは、合衆国(アメリカ)の洗脳政策が如何にうまくいったかを如実に表しています。

　閑話休題(ところで)。

「生存圏獲得(レーベンスラウム)！」を叫ぶヒトラーに、腹心たちは一同狼狽。

　真摯にヒトラーへの忠誠を尽くしてきた国防相 W．E．F．ブロンベルク(A-4)(ヴェルナー エドゥアルト フリッツ)も、陸軍総司令官 W．F．フリッチュ(A/B-4)(ヴェルナー フライヘル)も口を揃えて反対。

「総統閣下(マインフューラー)！

　我が国には生存圏(レーベンスラウム)が必要だということは充分に理解できます。

　しかし今はまだ時が早すぎます！

　今、英仏軍と戦争になったら勝てません！　ご再考を！」

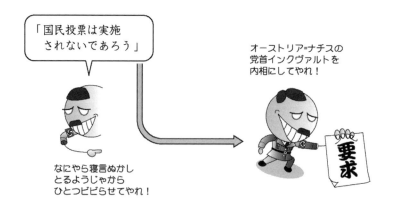

――――――――――――――――――――――――

（＊06）すでに1936年に成立していた「日独防共協定」にイタリアが加盟したもの。

（＊07）前回（1934年）のオーストリア併合計画はイタリアの反対で失敗していましたので。

（＊08）2人のスキャンダルを調べあげ、ブロンベルクは「妻が元娼婦」だったこと、フリッチュは何も出てこなかったので「彼はホモ」というデマをでっちあげて更迭に追い込んでいます。

――案ずるな。
　英仏は腰抜け、どうせ戦にはならぬ！
　しかし、ブロンベルク元帥もフリッチュ大将もどうしても戦争にならないというヒトラーの言葉が信じられず食い下がります。
　海軍総司令官 E．J．A．レーダー（A/B-5）も内心は反対でしたが、彼はヒトラーに反論できず押し黙ったまま、ただひとり空相 H．W．ゲーリング（A/B-1/2）だけが"太鼓持ち"の役割を担いました。
　この会議の翌日には「日独伊防共協定（＊06）（C/D-1）」が成立し、さらに1937年の年末までにイタリアもドイツに倣って国連を脱退、本格的にイタリアを味方に取り込んだことで、ヒトラーはいよいよオーストリア併合が現実的になったと考え（＊07）、この計画に邪魔となるブロンベルク元帥とフリッチュ大将を口実を設けて更迭（＊08）（B-4）したあと、1938年2月12日、ヒトラーはついに行動に出ます。
　オーストリア（K．A．シュシュニック首相）にこう要求したのです。
――オーストリア・ナチス党首のインクヴァルトを内相にせよ。（B/C-3/4）
　紛うことなき内政干渉ですが、フランスは宥和政策にどっぷりと肩まで浸かっていて動く気配もない（B/C-1）。

で…でも、内政干渉だし…
ってゆうか、そもそも
ヴェルサイユ条約違反だし…
あ…いや…
じゃ、せめて国民投票に
かけてみてですね…

「3月13日に国民投票を実施する」

オーストリア首相 第15代
クルト＝アロイス＝ヨーゼフ＝ヨハン＝エドラー
シュシュニック

イギリス（Ｎ.チェンバレン首相）は「我が国は妨げるつもりはない」などと言い出す始末で、イタリアはすでにドイツの虜（D-1）。

　シュシュニック首相は「３月13日に国民に信を問う！（C-5）」と抵抗を試みましたが、ヒトラーは「そうはさせじ！」（B/C-2/3）と、その前日（12日）に軍を動員（D-3）。

　ここまでやりたい放題されてもフランスは黙んまり、イギリスは黙殺、ムッソリーニは傍観。

　英仏はドイツと事を構える覚悟なく、しかも国際社会は「見て見ぬふり」となれば、もはやオーストリアは為す術なく併合（D-4）されてしまうことになりました。

　翌月、ナチスの監視下に行われた"国民投票"では97％が併合に賛成票を投じ（D-4/5）、「民族自決」の体裁も整えます。

　こうして、ラインラントにつづいて今回もまた大方の予想を覆して、ヒトラーの言ったとおりになり、事の前に反対していた側近たちのメンツは丸潰れ、徐々にヒトラーに意見しにくい雰囲気が醸成されていくことになりました。

　それは"破滅への入口"ともなったのでした。

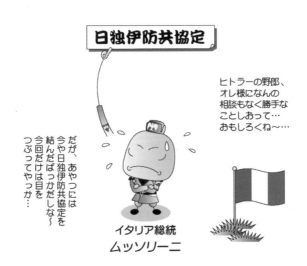

第2章 大戦前夜

第2幕

平和への生贄
ミュンヘン会談

ヒトラーが次に目を付けたのがズデーテン地方。彼の「戦争も辞さない」態度に狼狽したチェンバレンは話し合いを要請。そうして開かれたミュンヘン会談では、チェンバレンは翻弄され、チェコは見棄てられ、ソ連は英仏に不信感を抱く惨憺たるもので、これを見たチャーチルは「第二次世界大戦」を予言したのだった。

ミュンヘン会談

「これが余が成さねばならぬ最後の領土的要求である！」

ま、先のことはど〜なるか誰にもわからんけどね〜

ドイツ第三帝国 総統
アドルフ＝ヒトラー

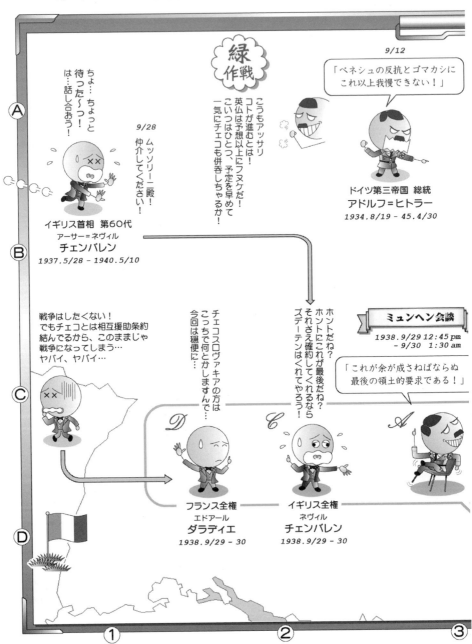

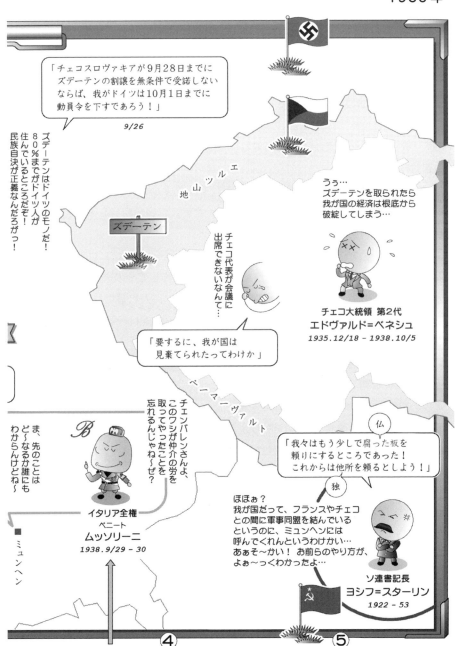

もはややること為すこと、すべてがヒトラーの意のまま思うがまま！

しかしながら、すべてが順調に進んでいるときこそ、むしろ殆うい。

「失敗は成功の元」というのはよく人口に膾炙していますが、その逆もまた然り、「成功は失敗の元」でもあります。

—— 勝って兜の緒を締めよ。

成功の真っただ中にあるときこそ、気を引き締めていかなければ足を掬われることになる —— という先人の戒めを "知識" としては知っていても、絶好調の真っただ中にあって、それを自覚し、自制できる人は滅多にいるものではありません。

ヒトラーもまたこの轍を踏み、彼もまた「自信」が「過信」へ、「過信」が「尊大傲慢」へと膨らんでいき、徐々に箍がはずれ、自分自身を統制（コントロール）できなくなっていきます。

ヒトラーは、オーストリアを併合した直後から早くもチェコスロヴァキアに照準を合わせ、コードネーム「緑作戦（ファル・グリュン）（A-2）」と称してその軍事制圧を軍部に立案させようとしましたが、今回も軍部が尻込みし、入れ替わり立ち替わり口を揃えてヒトラーを諫めたため、さしものヒトラーも折れ、いったん作戦延期を決定（5月20日）します。

ところが、よせばいいのにこのタイミングでチェコが予備役（＊01）を動員してドイツを牽制、それをまたマスコミが煽って「小国チェコスロヴァキアがドイツの野望を挫いた！」と鬼の首でも取ったかのごとく騒ぎ立てます。

いつの時代も "愚者" というものは、愚かゆえに自分が何をしでかしているかすら理解できず、事が取り返しがつかなくなって初めて「どうしてこうなった！？」と狼狽するもの。

そんなことをすれば「寝た子を起こす」ことになることも想像できなかったの

（＊01）現役を退いたあと、一定期間民間で一般の人と同じ生活を送っている軍人のこと。
この間に何もなければそのまま退役、非常事態が起こって兵力が不足したときに招集される立場で、野球でたとえれば「二軍」のようなもの。
チェコがこのタイミングで予備役を動員したということは、ドイツに対して「こっちの準備は万端だ、いつでもかかってこい！」と挑発しているようなものです。

か、案の定、誇りを傷つけられたヒトラーは激怒！

せっかく鞘に収めかけていた「緑作戦(チェコ併合企図)」を抜刀することになってしまいますが、それも当然のなりゆきといえましょう(＊02)。

── 断固、チェコスロヴァキアをこの地上から抹殺する！(５月28日)。

ヒトラーの怒りは心頭、もはや側近の声も届きません。

── そもそもヴェルサイユ体制の基本理念のひとつが「民族自決」であろう！

さすれば、住民の80％がドイツ人のズデーテン地方(B-4)は当然、我がドイツに帰属するものである！

チェコはただちに無条件でズデーテン地方をドイツに返還しなければならない！

「民族自決」を標榜するヒトラーの主張には理がありましたが、そうはいってもズデーテンは地下資源豊富な地帯であって、チェコはこれを失えば財政破綻を起こしてしまいますから、おいそれと「はい、左様で」とはいえません。

当時のチェコ大統領　Ｅ．ベネシュ(B-5)も海千山千、ヒトラーの要求を

「ベネシュの反抗とゴマカシにこれ以上我慢できない！」

ドイツ第三帝国　総統
アドルフ＝ヒトラー

ズデーテンはドイツのモノだ！80％までがドイツ人が住んでいるところだぞ！民族自決が正義なんだろがっ！

こうもアッサリコトが進むとは！英仏は予想以上にフヌケだ！こいつはひとつ、予定を早めて一気にチェコも併呑しちゃるか！

(＊02) のちに、ヒトラーの副官Ｆ．ヴィーデマンも「我々が苦労して総統を説得したのに、マスコミが無用の挑発をしたせいで、ヒトラーはチェコの軍事制圧を決意してしまった」と証言しています。

のらりくらりとかわしていましたが、9月10〜11日にかけてズデーテンで武力衝突（＊03）が起こったことでヒトラーはその怒りを爆発させました。
──ベネシュの反抗とゴマカシにはもうこれ以上我慢ならない！（A-3）
　今にも軍事行動に出そうなヒトラーの勢いに狼狽した英首相 Ａ．Ｎ．チェンバレンは、ただちに話し合いの場（＊04）を持ちましたがヒトラーに取り付く島なく、ついに9月26日、ヒトラーは最後通牒をかけます。
──チェコスロヴァキアが28日までにズデーテンの割譲を無条件で受諾しないならば、我がドイツは10月1日までに動員令を下す（＊05）ことになるであろう！（A-4）
　しかしながら、「9月28日」といえばこの宣言のわずか2日後であり、いくらなんでも猶予が短すぎてチェコが対応できるわけがなく、これはもう実質的

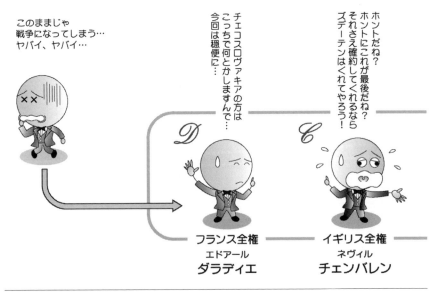

（＊03）ズデーテン地方に住むドイツ系住民とチェコスロヴァキア警察当局との武力衝突。
（＊04）9月15日にベルヒテスガーデン会談、その1週間後（22日）にゴーデスベルク会談。この会談でヒトラーは「世界戦争も辞さず！！」とまくし立てたため決裂してしまいますが、このとき「これが最後の領土的要求だ」と述べたことがミュンヘン会談につながりました。

第 2 幕　ミュンヘン会談

「宣戦布告」。

　もはや開戦は不可避と、期限を翌日に控えた 27 日のロンドンでは防空壕が掘られ、防毒マスクを買い漁る行列が見られるようになると、チェンバレンは戦争回避を訴えます。

「はるか遠い国の我々のまったく知らぬ人たち(チェコスロヴァキア)の争いのために、我々が防空壕を掘り、防毒マスクを買い漁るとは、なんとおぞましい景色であろうか。

某強国(ドイツ)と対立している 某 小 国 (チェコスロヴァキア)のために我が国が戦争に巻き込まれることはけっしてあってはならない！」

とはいえ、チェンバレンは自分の力ではヒトラーの抑えが効かないと悟っていましたので、ヒトラーが尊敬するムッソリーニに調停を依頼(＊06)、なんとか期限を 10 月 1 日まで延ばしてもらい、その間に四者会談に持ち込むことに成功します。

（＊05）直接的には「戦争の準備を始める」という意味ですが、ここでは前後関係から「開戦する」という意味合いになります。

（＊06）このときアメリカもムッソリーニに調停を働きかけています。

これが世に名高い「ミュンヘン会談（B/C-3）」です。

9月29日の昼すぎ、ヒトラーにとってたいへん想い入れのある土地・ミュンヘン（＊07）（D-3）に以下の四巨頭が集まりました。

- 独全権： Ａ．ヒトラー 総統（C/D- 3 ）
- 伊全権： Ｂ．ムッソリーニ 総統（C/D-3/4）
- 英全権： Ｎ．チェンバレン 首相（C/D- 2 ）
- 仏全権： Ｅ．ダラディエ 首相（C/D-1/2）（＊08）

会議は開会早々からダラディエ首相が席を蹴って立とうとするほどの紛糾しましたが、ヒトラーの方が一枚も二枚も上手でした。

「ドイツ空軍はすでにチェコ国境に2000機の爆撃機を結集している！」と脅した（＊09）かと思えば、「これが余が成さねばならぬ最後の領土的要求である！（C-3）」という賺しで英仏全権を翻弄し、結局英仏は "目先の平和" に目が眩んでチェコを "生贄" とすることを決意、「ミュンヘン協定」が締結される運びとなりました。

こうしてヒトラーは、一兵たりとも国境を越えることなく舌先三寸のみでズデーテンを掠め取ることに成功しましたが、ここにおいて重要なことは、ミュンヘンにはチェコの代表（ベネシュ大統領）が呼ばれていなかったということです。

チェコ領の帰趨を話し合うのにチェコ代表が呼ばれなかったことで、ベネシュ大統領も嘆息。

「要するに我が国は見棄てられたということか！」（B/C-4）

これにより 仏 捷 間の信頼関係は消滅し、仏 捷 相互援助条約も解消。

それどころか、チェコにとってズデーテン地方は軍事的にも地理的にも経済

（＊07）詳しくは、前著をご参照下さい。

（＊08）筆者は受験生のころ、この4人をイニシャルの「A（アドルフ）・B（ベニート）・C（チェンバレン）・D（ダラディエ）」で覚えたものです。

（＊09）とはいっても、口先だけのブラフ（はったり）ではなく実際に結集させていましたが。

的にも対独防衛の要衝であって、これを失ったことは「槍も甲冑も襦袢も剥ぎ取られてパンツ一丁となった騎士(ナイト)」も同然で、小協商(プチ・アンタント)の"要石"だったチェコが有事に戦えなくなったことは小協商(プチ・アンタント)の崩壊をも意味しました。

こうして、戦後フランスが構築してきた「チェコと小協商(プチ・アンタント)でドイツを挟撃」という対独構想は影も形もなく雲散霧消し、逆にヒトラーはまたひとつ"対独包囲網"の切り崩しに成功したこととなり、さらに自信を深めていきます。

さらに致命的なことがもうひとつ。

ミュンヘンにフランスが呼ばれたのは仏(フランス)・捷(チェコ)が「相互援助条約」の間柄であったためですが、それならばソ連(USSR)だって同じ立場です。

しかし、スターリンが呼ばれることはありませんでした。

「我々はもう少しで"腐った板(仏)"を頼りにするところであった。
　これからは他所(よそ)(独)に頼るとしよう!」(C/D-5)

19世紀末の露仏同盟(＊10)以来、ドイツを挟んで永らく友好関係にあった両

(＊10) 1891年に「露仏協商」、翌92年に「露仏同盟」へと発展し、94年に公式化した同盟関係。これに1904年の「英仏協商」、1907年の「英露協商」を加えて「三国協商」となり、ドイツと対決したのが「第一次世界大戦」へと発展していきました。

107

国でしたが、怒り心頭のスターリン（D-5）は、ここにはフランスとの決別を決意し、以降急速にドイツに接近していくことになります。

　それがのちの「独ソ不可侵条約」となって帰結し、それが「第二次世界大戦」へと繋がる導火線となっていきました。

　つまり、ミュンヘンでの英仏の対応の決定的まずさこそが「第二次世界大戦勃発」を決定づけることになったといえますが、この時点でそれを看破できた人は少ない。

　しかし、当時役なしの下院議員にすぎなかったW．L．S．チャーチル（＊11）は、

――これで第二次世界大戦は避けられないものとなった！

…と嘆き、海（アトランティック）の向こうでもF．D．ルーズヴェルト（フランクリン デラノ）が、

――ミュンヘン協定は戦争への道を開いた！

…と漏らしており、"戦争の跫音（あしおと）"はすでに当時の人の中にも聴こえる人には聴こえるまでになってきていました。

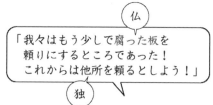

仏「我々はもう少しで腐った板を頼りにするところであった！これからは他所を頼るとしよう！」

独
ほほぉ？
我が国だって、フランスやチェコとの間に軍事同盟を結んでいるというのに、ミュンヘンには呼んでくれんというわけかい…
あぁそ〜かい！お前らのやり方が、よぉ〜っくわかったよ…

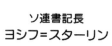

ソ連書記長
ヨシフ＝スターリン

（＊11）1910年代〜20年代は各大臣を歴任していましたが、30年代には対ナチス政策で党方針に真っ向から反対したため、役職から遠ざけられていました。

第2章 大戦前夜

第3幕

ヒトラーの確信
ミュンヘン会談直後の各国情勢

ズデーテンを手に入れたドイツは、300万の新住民と潤沢な地下資源、そして膨大な軍需工場と1000輛の新型戦車を手に入れ、弱点だった陸軍を一気に拡充することに成功する。さらにこの経験は、ヒトラーに英仏の弱腰を確信させ、さらなるヒトラーの暴走に拍車をかけることになった。

「何が平和だ。
あんなものでヒトラーが満足するのものか。
ミュンヘン会談はこれから始まる
恐怖の幕開けに過ぎない」

保守党 下院議員
チャーチル

〈ミュンヘン会談直後の各国情勢〉

我が国の首相が
ヨーロッパの平和
を守った！

「何が平和だ。
あんなものでヒトラーが満足するのものか。
ミュンヘン会談はこれから始まる
恐怖の幕開けに過ぎない」

逆だ、バカ野郎どもが！
今ヒトラーを脅しておけば
戦争にならずに済むが、
妥協すれば戦争になる…
チェンバレンも大衆どもも
何もわかっちゃいない…

保守党 下院議員
ウィンストン＝レオナード＝スペンサー
チャーチル
1900-64

ど〜だっ！
たった半年でこれだけの国富を得たぞ！
特にチェコから得た新型を含む
１０００両の戦車は戦車不足に悩む
我が軍事力の大幅アップになった！

1000万人の新国民

新国土・地下資源

ドイツ第三帝国 総統
アドルフ＝ヒトラー
1934.8/19 - 1945.4/30

チェコ外相
涙の抗議に
アクビで応える
ダラディエ

あっそ！
そりゃまた豪気なこって！
じゃ、その豪気を以て
自分でなんとかすればぁ？

ズデーテンはヒトラーに
くれてやることになったから！
そ〜ゆ〜ことでよろしく！

9/30

「ヤン＝フスとトー
の民族は暴力には

な…！
それはどぉゆう…

フランス全権
エドアール＝ダラディエ
1938.9/29 - 30

イギリス全権
ネヴィル＝チェンバレン
1938.9/29 - 30

チェコ駐英
ヤン＝ガリッグ＝
1925 - 19

政治や外交というのは "キツネとタヌキの化かし合い" であり、「騙される方が悪い」という生き馬の目を抜く修羅の世界です。

安易に人の言葉を信じる "お人好し" には向いていません。

ましてや「これが最後だから！」など、映画広告の「全米が泣いた！」、鼻の下を伸ばした男の「絶対に何もしないから！」、上目遣いした女の「一生のお願い！」など、まったく信用できない言葉の "以上総代"。

チェンバレンはそんなものをマに受けたのですから、政治家としての資質はゼロ^(＊01)と断じてよいものです。

しかし、その自覚なきチェンバレン（A/B-3/4）は、会談の翌日（30日）には意気揚々、「協定」をひっさげて笑顔の "凱旋"。

「このミュンヘン協定こそが英独 "不戦の決意" の象徴である！」（A-3/4）

「こたびの協定が我々の時代に平和をもたらすと信ずる！」

これに、慧眼 W ．チャーチル（A/B-1）は切歯扼腕。

―― 何が平和だ！

あんなものでヒトラーが満足すると思ったか！

ミュンヘン会談はこれから始まる恐怖の幕開けとなるだろう！（A-1）

しかし、英国民はヒースロー空港で舷梯（タラップ）を降りてくるチェンバレンを熱狂とともに出迎え、「平和の天使！」と喝采を送ります（A-2/3）。

直後の議会演説で、首相と国民の無知無邪気にチャーチルは憤りを隠しませんでした。

―― 我々は戦わずして敗北したのだ！

これは終わりではない、やがて我々は大きなツケを支払わされるだろう。

その言葉どおり、「ミュンヘン」を境として国際状況は大きく戦争へと傾いていきました。

そもそも1935年の「再軍備宣言」を境として、ドイツは軍備の遅れを取り

（＊01）「チェンバレンがそんなに無能だというのなら、どうして首相の地位まで上り詰めることができた？」と疑問に思われるかもしれませんが、その大きな理由は、彼の父（ジョセフ）は植民相、兄（オースティン）は外相を務めた "サラブレット" だったからです。彼は父と兄の「七光り」でのし上がってきたにすぎず、古今東西よくあることです。

112

第3幕　ミュンヘン会談直後の各国情勢

戻すべく、国力の限りを尽くして軍備増強に取りかかりました。

当時のドイツの人口6600万人が一丸となって、工場は8時間3交替制で24時間フル操業で稼働させ、特にヒトラーが力を入れていた空軍などは最高で月産1000機を仕上げたこともあるほど。

これに対してフランスは、ただでさえ人口4100万とドイツの2/3しかないのに、このころ成立した人民戦線政府(ポピュラーフロント)は労働者に媚びて「週40時間労働制」を打ち出したため、生産性が半分にまで落ち込み、さらに「有給制」を導入して夏のバカンス(＊02)もしっかり与えたため、バカンス期の軍用機の月産量はたったの3機のみという惨状となっていました。

その結果、ミュンヘン会談直前(1938年9月)のフランス空軍は時速300〜350km/h程度しか出せない旧型機をわずか1000機（うち爆撃機は300機）程度しか保有していなかったのに、対するドイツ空軍は時速500km/h以上出

（＊02）ヨーロッパ人（特にフランス）特有の休暇。もともとヨーロッパ人には「労働は下層民・奴隷がするもの」「富裕層は何もしないのが当たり前」という価値観があり、この"何もしない時間"のことを「バカンス」と呼んでいました。20世紀以降「普通選挙」が定着するのに伴い、この「バカンス」を庶民にも与えようとする動きが活発化、それを楽しませるための制度として「年次有給休暇」という制度が生まれることになります。

113

せる新型機が4000機(うち爆撃機は2200機)と相手にならず、このころドイツ空軍を視察した仏空軍ヴィユマン参謀総長は、ミュンヘンに向かう直前のダラディエ首相に「閣下。今開戦すれば、仏空軍など2週間で潰滅しますぞ」と忠告したほど。

こうして短期間のうちにフランス空軍を圧倒したドイツ空軍でしたが、その煽(あお)りで陸軍(とくに戦車(パンツァ)の数)が弱体でした。

だからこそ、ヒトラーはズデーテンを欲したのです。

ズデーテンには300万もの住民(＊03)が住み、豊富な地下資源(＊04)を産出するというだけでなく、ここはチェコスロヴァキアの工業の半分近くを支える一大工業地帯でしたから、そこにある軍需工場を手中に収めれば、そこで生産中の最新の戦車1000輌(＊05)もいっしょに手に入れることができるためです。

実際、ズデーテンを手に入れたドイツは一瞬で陸軍を強化することができ、翌年のポーランド進撃では、このときに手に入れた戦車が大活躍することになりました。

これに対してチェコスロヴァキアは、ズデーテンを失ったことで国土の1/3

フランス全権
エドアール＝ダラディエ

イギリス全権
ネヴィル＝チェンバレン

(＊03) その年の3月に併合したオーストリアの住民(700万)を加えれば、ドイツはわずか半年の内に1000万の新国民を手に入れた(B/C-2/3)ことになります。

(＊04) 金、銀、銅、鉄、石炭、ニッケルなど、戦争に必要な鉱物資源を豊富に産出しました。

(＊05) シュコダ社の「LT-35」戦車と、プラガ社の「LT-38」戦車。

を失い、工業力の40％を失い、自然要害(＊06)を失い、さらに同盟国(フランス)までも失って、もはやこの時点でチェコの死命は決せられたと言っても過言ではない情勢になります。

　この会談にベネシュ大統領が呼ばれなかったことは前幕でも触れましたが、一応、駐仏大使のJ．G．マサリク(＊07)（D-3）がミュンヘンに駆けつけていたにもかかわらず会議室の外で待たされるはめに。

　身も細る思いで待つマサリクに、会議室から出てきた英仏全権から決議内容を知らされます。

── ズデーテンはドイツにくれてやることになったから。
　　チェコ政府は、明日（10月1日）から退去を始めて10日以内に完了するように。

　割譲！？　明日から！？
　あまりのひどさにマサリクは男泣きして抗議します。
「なんと理不尽な！
　これが同盟国の我が国に対する仕打ちですか！？

チェコ駐英大使
ヤン＝ガリッグ＝マサリク

（＊06）ズデーテン地方は、エルツ山地（前幕 A/B-4/5）とベーマーヴァルト（前幕 C-4/5）という２つの山岳地帯から成り、自然の要害でもありました。

（＊07）チェコスロヴァキア初代大統領トマーシュ＝マサリクの息子。のちに外相となりましたが、チェコ政変の直後、共産党によって暗殺（当時は自殺で処理）されました。

ヤン＝フスとトマーシュ＝マサリクの民族は暴力には屈しませんぞ！」

しかし、これに対して仏全権ダラディエは大きな欠伸を以て応えた（D-1）といいます。

会談の結果を知らされたベネシュ大統領は激怒、ただちに抗議の辞職をし、そのままイギリスに亡命（C/D-5）。

その後任となったのは親独派というだけで選ばれた、高齢で心臓に持病を持つ軟弱な人物、E．ハーハ（C/D-4）。

政治・外交というものはまさに弱肉強食、すこしでも弱味を見せれば寄って集って喰い尽くされます。

ここでチェコが英仏にも見放され、工業地帯も失い弱体化したと見るや、ハンガリーが軍を動員してチェコを威圧し、スロヴァキア南部とルテニアを奪取することに成功しました（次幕パネルD-5）。

もはやチェコは四分五裂し風前の灯火。

これに、「どんな無理難題つきつけても英仏は屈服する」と確信を得たヒトラーが黙って見ているわけがありません。

ヒトラーは、自らの言葉「チェコスロヴァキアをこの地上から抹殺する！」を実現するべく、動きはじめることになります。

もう彼の暴走を止めることができる者はいなくなりました。

第2章　大戦前夜

第4幕

故国滅亡の署名
チェコスロヴァキアの解体

外交というものは一歩も退いてはならない。一歩でも退けば、二歩三歩と退かざるを得なくなり、アッという間に国家そのものが解体してしまうことは歴史上よくあること。このときのチェコスロヴァキアも例外とはならなかった。ズデーテンをドイツに明け渡したその瞬間からチェコスロヴァキアの解体が始まる。

おまえ、ちょっくら
ベルリンまで来いや！
い～から来い！
いますぐ来い！！
ただちに来い！！
たちどころに来い！

ドイツ第三帝国　総統
アドルフ＝ヒトラー

え～～？
独立宣言された
こんなときにぃ？

〈チェコスロヴァキアの解体〉

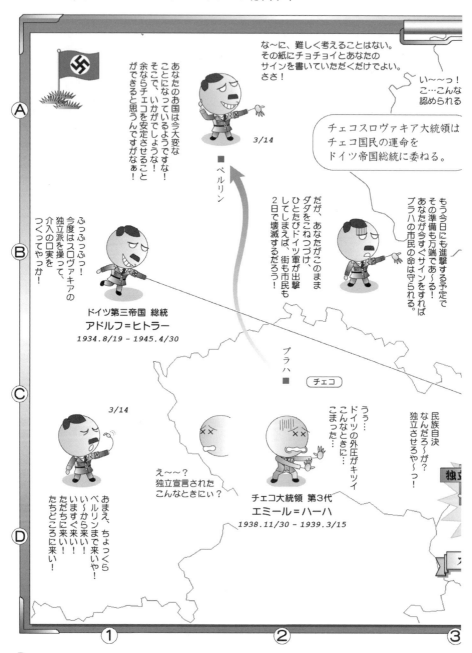

第4幕 チェコスロヴァキアの解体

1939年3月

ュンヘンでの経験は、ヒトラーに「英仏はこちらが何をしても動かない」という確信を与えます。

そこで彼はこのまま一気にチェコを併合してしまうことを考えました。

しかし、それには口実が要ります。

そもそも「チェコスロヴァキア共和国」という国家はその名の通り「チェック人」と「スロヴァキア人」が連合して生まれた国ですが、国家運営はチェック人が中心となっていましたから、スロヴァキア人の不満は鬱積していました。

そこにきて、スロヴァキア南部がハンガリーに奪われたことは不甲斐ない政府に対するスロヴァキア人の怒りを爆発させ、これを機に兼ねてから燻っていた「スロヴァキア独立運動（C/D-3/4）」が一気に活発化します（＊01）。

ヒトラーはこの独立運動を後ろから操り（B-1）、人民党の党首で独立運動の領袖・Ｊ．ティソ神父（C/D-4/5）がチェコ政府に逮捕されるやただちに彼を

チェコ大統領 第3代
エミール＝ハーハ

スロヴァキア独立運動

（＊01）このときハーハ大統領は、独立運動への妥協として国号を「チェコスロヴァキア共和国」から「チェコ＝スロヴァキア共和国」に変更しています。

（＊02）ルテニア地方にはウクライナ人が多く住んでいたため、「カルパティア盆地に住むウクライナ人の共和国」という意味でこう名付けられました。

救出し、3月14日、ティソ神父はドイツを後盾として「独立宣言」を発します。

　チェコスロヴァキアは東西に長細い国で、西から「チェコ地方（C-2）」「スロヴァキア地方（C/D-4）」「ルテニア地方（D-5）」と並んでいます。

　したがって、その真ん中に位置するスロヴァキアが独立すれば、ルテニア（D-5）はチェコから飛び地となるため、これに乗じてルテニアも独立宣言を発し、「カルパト＝ウクライナ共和国[*02]（C/D-5）」として独立します。

　こうした共和国崩壊に危機に瀕していた真っただ中、ヒトラーはハーハ大統領をベルリンにまで呼びつけました[*03]（C/D-1）。

　会議室に通されたハーハ大統領はおそるおそる訊ねます。

「本日はいったい何事でございましょうか？」

――うむ、わざわざキミに来てもらったのは他でもない。

　　是非、そこにある文書に署名（サイン）してもらいたいのだ。（A-2）

　ハーハ大統領が机の上に置いてあった文書に目を通してみたところ、

「チェコスロヴァキア大統領は、チェコ国民の運命を信頼の念とともにドイツ帝国総統の手中に委ねる[*04]（A-2/3）」とありました。

「とんでもない！！

　こんなものに署名（サイン）したら、私は未来永劫国民に呪われてしまう！」（A-3/4）

　狼狽したハーハ大統領は、思いつく限りの逃げ口上を述べ立てましたが、後ろから空相ゲーリング（A-5）が窓の外を示して脅します。

――閣下、あれが見えますか？

　窓の外には、ドイツ空軍の爆撃機がずらりと待機していました。

――総統閣下（マインフューラー）が右手を挙げれば、ただちに飛び立てるように準備している。

　　貴殿がもしここで「否（ナイン）」といえば、その瞬間、あの800機の爆撃機が一斉に飛び立ち、1000年以上の歴史を誇るプラハの街はほんの2時間で瓦礫（がれき）

（*03）戦後、外相だったリッベントロップが『回顧録』を書いていますが、それに拠るとヒトラーが呼びつけたのではなく、「危機に陥ったハーハ大統領の方から救援要請のためにヒトラーに会いにきた」とありますが、何かと疑わしい。

（*04）要するに「併合させろ」という意味です。

の街と化すことになりますぞ！
　期限は明朝6時。閣下、ここに署名(サイン)を。
「どうか、それだけはご容赦を！」
　しかし許されるはずもなく、さらに外相リッベントロップ（B-5）も「さっさと署名(サイン)しろ！」と文書とペンを持ってハーハを追いたてます。
　ハーハ大統領はあまりの心痛と事の重大さに心も押し潰されんばかりとなり、もともと高齢で心臓に持病を持っていたことも手伝って、途中で心臓麻痺を起こして卒倒してしまいます。
　しかし、ヒトラーはそれも想定内。
　あらかじめ隣室に控えていた医師団がただちに駆けつけ、強心剤を投与し、心臓マッサージを施して蘇生させてしまいます。
　蘇生したといってもまだ意識が混濁する中、ハーハ大統領はすぐに周りから間断なく「署名(サイン)しろ」「首都(プラハ)が潰滅するぞ」と一晩中責め立てられ、ふたたび卒倒ふたたび蘇生を繰り返し、朦朧(もうろう)とした意識の中でついに彼はその文書に署名(サイン)してしまいました(＊05)（B-3/4）。
　日付は変わって15日の早朝4時——期限2時間前のことでした。

(＊05) もしこのときのチェコ大統領がハーハではなくベネシュだったら！　彼なら断固としてサインしなかったでしょう。しかし、サインしなかったからといって、ヒトラーも本当にプラハに空襲をかけたとは思えず、ヒトラーのチェコ併合企図は失敗に終わったでしょうから、以降の歴史展開も大きく変わったことでしょう。

第2章　大戦前夜

第5幕

飽くなき野望
ポーランド回廊の要求

チェコを手に入れたヒトラーは次にリトアニアにメーメルを要求。英仏が助けてくれないことはチェコで実証済みだったため、小国リトアニアはこれに屈服。ヒトラーの野望は止まることを知らず、さらにポーランドにダンツィヒと回廊を要求。事ここに至りようやくチェンバレンも騙されたことに気づいたのだった。

だいたいまだ
独波不可侵条約が
有効なハズだろっ

回廊を取られたら我が国の財政は破綻だぁ！

〈ポーランド回廊の要求〉

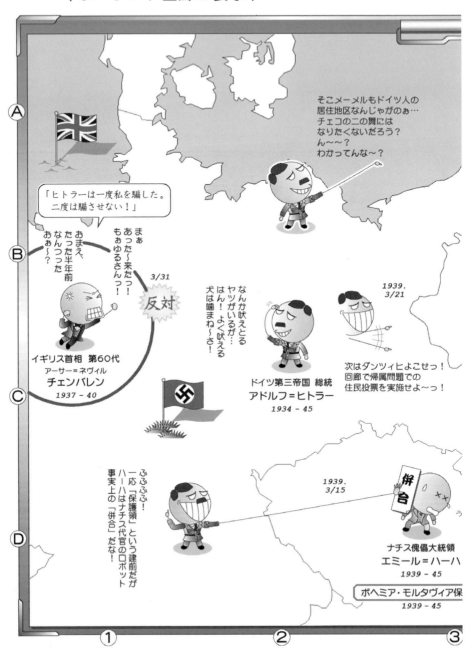

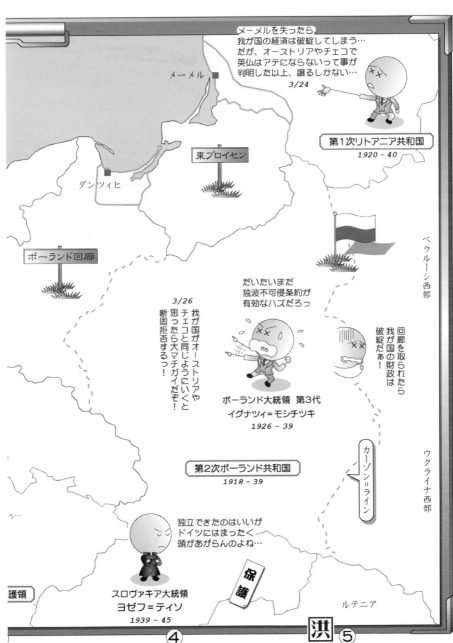

こうしてヒトラーは、またしても一兵も動かすことなく、脅しのみで新たな領土を手に入れることに成功したのでした。

ハーハ大統領の署名（サイン）を得るや、ドイツ軍はただちにチェコ国境を越え、即日（3月15日）チェコを占領、併合してしまいます（D-2/3）。

すると、このドイツの動きに乗っかるようにしてハンガリーも翌16日にルテニア（＊01）（D-5）を併合、こうしてチェコスロヴァキアは四分五裂に解体していきました。

残されたスロヴァキアには形式的には「独立」が認められたものの、実質的にはドイツの保護化（D-4）に編入され、J.ティソ（ヨゼフ）（D-4）は大統領に就任したとはいえ、彼の思い通りの政治ができたわけではありません。

こうして第一次世界大戦後のサンジェルマン条約によって生まれ、ヴェルサイユ体制によって保障されていたチェコスロヴァキア共和国は、建国からわずか20年、英仏に完全に見棄てられた形で滅亡することになりました。

再軍事宣言から始まって、ラインラント進駐、オーストリア併合、ズデーテン併合、チェコ併合…と、ヒトラーの "暴走" としか思えない、外交定石をまったく無視した無謀なやり方はことごとく当たり、いまやヒトラーに恐いものなし！

自信にあふれるヒトラーがつぎに目を向けたのが、東のポーランド回廊（コリドー）（B-3/4）・ダンツィヒ（A/B-4）、およびメーメル（A-4/5）でした。

ポーランド回廊（コリドー）というのは、ドイツ人とポーランド人が半々くらいに住んでいた地域で、戦後「民族自決」の名目でポーランドに剝ぎ取られた結果、東プロイセン（A/B-4/5）がドイツ本土から取り残されて飛び地となってしまっていました。

そしてメーメルとダンツィヒは、東プロイセンに属していたドイツの有望な

（＊01）ルテニア地方は、スロヴァキアが独立宣言した3月14日に「カルパト・ウクライナ共和国」として独立していましたが、その翌々日（16日）にハンガリーに併合されてしまったため、文字通り「三日天下」で滅亡しています。

（＊02）もっとも1923年にはリトアニアが軍を動員してメーメルを正式に併合してしまいましたが。

港町です。

　この2つの港町はいづれもドイツ人しか住んでいなかったため、「民族自決」を掲げる連合国はさすがにこれを剥奪することができず、メーメルは「常任理事四ヶ国管理」という建前でリトアニア（A-5）に（＊02）、ダンツィヒは「国連管理の自由市」という建前でポーランド（C/D-4/5）に与えていました。

　その住民のほとんどがドイツ人でありながらパリ講和会議で無理やり剥ぎ取られたという点においてザールやズデーテンと同じでしたから、ズデーテンを返還してもらったヒトラーがこれを放っておくはずがありません。

　ヒトラーは、チェコを併合して1週間と経たぬ3月21日、ポーランドとリトアニアに領土返還要求（＊03）を突きつけました（B/C-2/3）。

　しかし、リトアニアにとってメーメル、ポーランドにとってダンツィヒは、ともに共和国唯一の港町で、ここを失ってしまえばたちまち財政が破綻してしまうことは必定。

　したがって「はい、そうですか」と手放すわけにはいかないところですが、ドイツに抗ったらその結果はどうなるか――はチェコスロヴァキアが身を以て

(＊03) ただし、さしものヒトラーも「ポーランド回廊をすべて返せ」はさすがに通らないと考え、「ドイツ本土と東プロイセンを結ぶ交通路（治外法権を持つ自動車道路と鉄道）の敷設権」を要求するに止めています。

教えてくれました。
　こうしてリトアニアはヒトラーの脅迫に屈し、ただちに（24日）メーメルの返還に応じました（A-5）が、ポーランドは譲りません。
「我が国と貴国は不可侵条約の仲であろう！？
　ダンツィヒは返還しないが、だからといって、
　よもや軍を動員しようなどとは言うまいな？」（C-4/5）
　また、英首相チェンバレンも猛抗議します（B/C-1）。
「たった半年前、"これが最後の領土的要求"と言ったのは誰か！
　一度は騙されたが、二度は騙されない！」
　ようやく目が醒めたチェンバレン、今妥協すればミュンヘンの二の舞と、今度こそは妥協しない決意を新たにしました。
　しかし、彼が自分の誤りに気づいたとき、すでに彼は末期の大腸癌を患い、余命幾許もなくなっていました。

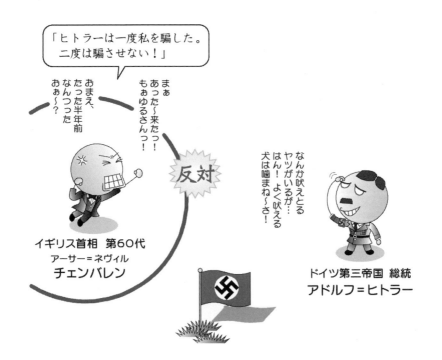

第2章 大戦前夜

第6幕

国際均衡崩壊
鋼鉄同盟の結成

怒り心頭のチェンバレンはただちに「英波相互援助条約」を仮調印するとともに徴兵制を導入。これに対しヒトラーは「英独海軍協定」「独波不可侵条約」を破棄。一方、ムッソリーニもアルバニアを併合したことで欧州の力関係は急激に揺らぎはじめた。第二次世界大戦勃発まで、あと4ヶ月！

〈鋼鉄同盟の結成〉

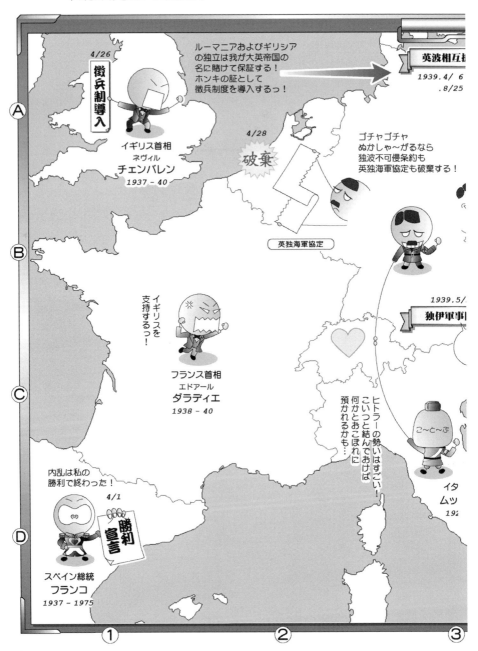

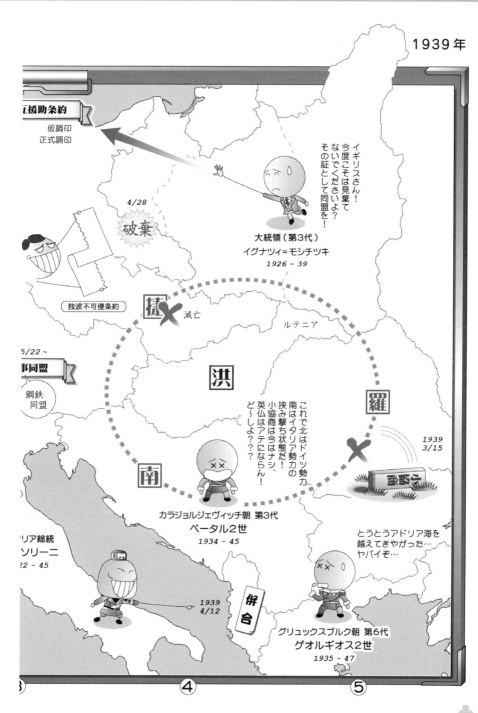

歴史というものは、動かないときには人間がどんなに動かそうと努力しても
テコでも動きませんが、ひとたび動きはじめたが最後、今度はそれを
どんなに押し止めようと奮闘しても、隆車（大きくて立派な車）に向かう蟷螂の
如く、それを押し止める努力はまったく徒労に終わります。

1939年4月は、まさに歴史が"決壊"したことを思わせる月でした。

まず4月1日。

泥沼化していたスペイン動乱はようやく叛乱軍によってスペイン全土が制圧さ
れ、フランコ総統が勝利宣言を発します（D-1）。

彼は、以後1975年に亡くなるまで一党独裁の総統としてスペインを牽
引していくことになりました[*01]が、そうなればフランス（B/C-1/2）は、
総統（B-3）と総統（C/D-3）と総統（D-1）の支配する独裁国家に三方か
ら包囲される[*02]ことになり、危機感を募らせます。

そこでフランスは、新たにイギリス・ソ連とともに「英仏ソ三国軍事同盟」
を結んでドイツ包囲体制を再建するべく策動しはじめました。

イギリスもまた「ポーランドをチェコの二の舞にさせない！」とポーランドと
同盟締結の準備に入り、6日には「英　波　相互援助条約（A-3）」の仮調印に
こぎつけます。

一方のムッソリーニ（C/D-3）は、こうしたヒトラーの"輝かしい功績"に触
発され、負けじと12日、かねてより狙っていたアルバニアを併合[*03]（同君
連合）してしまいます（D-4）。

しかし、これはバルカン半島の国際均衡を崩す結果を生み、あとはドミノ倒
しのように歴史を動かしていくことになりました。

アルバニアが伊領となったことで、ユーゴスラヴィア（C-4）は北にドイ
ツ・ハンガリー（B/C-4）、南にイタリアと国境を接することになりましたか

（＊01）天下を掌握してから8年後の1947年、「国家首長継承法」が制定されてフランコの地位
に法的根拠が与えられます。この法により、国体は「王国」とするも王は空位のままフラ
ンコに終身の「執政」の地位と「後継者指名権」が与えられることになりました。

（＊02）フランコ総統は「勝利宣言」の直前（3月27日）に「日独伊防共協定」に加盟し、5月7
日には国連を脱退するなど、ドイツ陣営と歩調を合わせていました。

ら戦々恐々。

　しかも、こういうときこそ頼るべき「小協商(プチ・アンタント)」はすでにこの１ヶ月前(ひとつき)に崩壊して今はなく(C-5)、その盟主だったチェコスロヴァキアも亡き(B-4)、もうひとつの同盟国ルーマニア(C-5)は右と左で政争に明け暮れて頼りにならないどころか、いつファシズム国家に転んでもおかしくない際どい情勢。

　万が一にもルーマニアに親独ファシズム政権などが生まれたら、それこそユーゴスラヴィアは国家存亡の機です。

　その南に隣接していたギリシア(D-5)は、ご多分に漏れず、第一次世界大戦後の政情不安から独裁政治(ファシズム)が行われていたとはいえ、この国は歴史的・伝統的にイギリスと友好関係にあったことから独(ドイツ) 伊(イタリア)とは一定の距離を保っていました。

　ところが、ここにきてイタリアがアルバニアを併合したばかりか、ムッソ

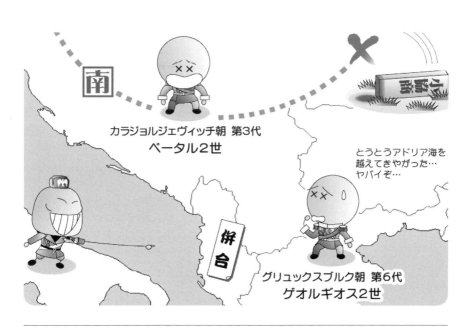

（＊03）すでに1926年、アルバニアと「伊婆友好安全保障条約」を結び、ゾグー１世を傀儡として保護下に置いていましたが、そのゾグー１世を追放して伊王ヴィットーリオ＝エマヌエーレ３世をアルバニア王として兼位（同君連合）させました。

133

リーニから「枢軸への参加要請」の圧力がかかったことで、「英仏陣営に付くべきか」「ドイツ陣営に付くべきか」で政界が揺れることに。
──このままではポーランド（A/B-4/5）もルーマニアもギリシアも、
　ことごとくドイツ陣営に組み込まれてしまう！

　最悪のシナリオを危惧したイギリスは26日、「徴兵制の導入（A-1）」を実施し、翌日その事実をドイツに通達しました。
　しかし、これは「我が国はドイツと開戦するために臨戦態勢に入ったぞ！」という"宣戦布告一歩手前"の宣告。
　ラインラント進駐のころは"張り子の虎を被った子猫"だったドイツも、英仏にすくすくと育ててもらった結果、今や"猛虎"に成長していましたから、イギリスの挑発に大人しく引き下がるわけもなく。
　怒り心頭のヒトラーは、翌日には一方的に「英独海軍協定（A/B-2）」と「独波不可侵条約（A/B-3/4）」を破棄してしまいます。
　とはいえ、そうなるとドイツは英・仏・波（ポーランド）に包囲され、孤立してしまいますからイタリアに接近、それが「独伊軍事同盟（＊04）（B/C-3）」という形となって現れることになったのでした。

（＊04）ムッソリーニはこれを"鋼鉄のように固い友情で結ばれた"ということで「鋼鉄同盟」と呼びましたが、所詮、お互いに利用しあう者同士、実際には「独伊の友情紙の如し」を歴史が証明していくことになります。

第2章 大戦前夜

第7幕

"欧州情勢は複雑怪奇なり"
独ソ不可侵条約

ヨーロッパの国際秩序が急速に揺らぐ中、英仏陣営も枢軸陣営もソ連（USSR）の取り込みに躍起となる。両陣営の水面下での攻防が繰り広げられる中、突如発表された「独ソ不可侵条約」は世界を震撼させた。日本の平沼は「複雑怪奇」、仏ダラディエは「捏造」と驚きを言葉にしたが、彼らはまだ「秘密条項」の存在を知らなかった。

〈独ソ不可侵条約〉

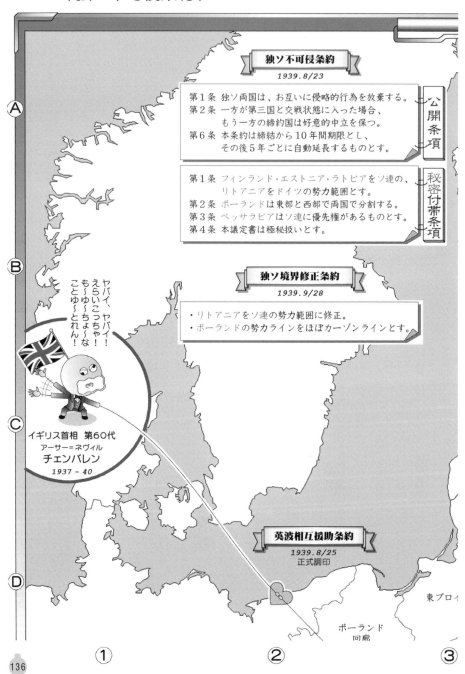

第7幕 独ソ不可侵条約

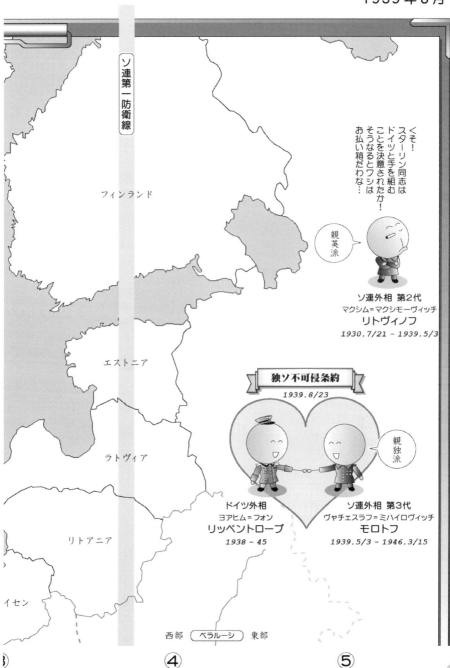

欧州は伝統的に「集団防衛」という考え方が強く、つねに自国の周りに同盟国を侍らせ、「自分の方が強いぞ！」と誇示することで戦争を回避しようとします。

したがって戦時はもちろん、平時においてもつねに"来たるべき戦争"に備えて同盟国を募ることを怠りません[＊01]。

ましてや開戦が近いと感じると、「同盟国」の争奪戦は激しさを増します。

19世紀後半の混迷の欧州において"20年の平和（1871〜90年）"をもたらした「ビスマルク体制」のように、集団防衛が平和をもたらすこともありますが、それもビスマルクのような類稀なる天才の為せる業であって、たいていはそれが戦争の原因になることが多いくらいです。

そしていざ開戦となったが最後、両陣営ともに多くの同盟国を抱えていますから、たちまち全欧を巻き込む「大戦」へと発展[＊02]することになります。

そうした傾向は特に近世以降に強く現れ、「三十年戦争」や「ナポレオン戦争」などはその典型と言ってよいものです。

人類史上初の「総力戦」となった第一次世界大戦も、せっかくビスマルクが苦労して構築した集団防衛体制を独帝ヴィルヘルム2世が壊してしまった結果でした。

戦後、「二度とこんな悲惨な戦争を起こしてはならない！」と創建されたのが「国際連盟」でしたが、これがうまく機能しなかったことはすでに見てきたとおり。

国連が頼りにならないとなれば、欧州秩序はふたたび集団防衛に頼らざるを得なくなり、同盟国の争奪戦が始まったのでした。

つまり、すでにこの時点において「第二次世界大戦の勃発」は"時間の問題"となっていたといえます。

（＊01）ヨーロッパ人にとって平時は「平和な時代」ではなく「来たるべき戦争に備える期間」という認識であって、つねに「戦時」を意識して物事を考え、行動しています。
　　　　したがって、日本人のように平時に"平和ボケ"することは決してありません。

（＊02）日本でも源平合戦や応仁の乱、関ヶ原合戦など、二大勢力が日の本を二分して大戦となったこともなくはないですが悠久の日本の歴史の中で数えるほどしかありません。

第 7 幕　独ソ不可侵条約

　初めはまったく孤立していたドイツでしたが、ポーランド(E-3/4)の切り崩し(不可侵条約)に成功したのを皮切りに、イタリア(G/H-1/2)を味方に付け(枢軸)、スペインを押さえ(内乱介入)、オーストリア(F-2)を取り込み(併合)、チェコ(E/F-2)をもぎ取ってきました(併合)。
　英仏の宥和政策のおかげで、ここまでの「同盟国争奪戦」はドイツの"連戦連勝"。
　飛ぶ鳥を落とす勢いのドイツに脅威を感じていたのは英仏だけではなく、バルカン諸国も同様でした。
　ルーマニアはドイツに石油を優先的に輸出することを約す協定に調印(G-4)してヒトラーに媚びを売り、ユーゴスラヴィア(G/H-3)は「中立ブロック構想(G-3)」を掲げて、南・洪(F/G-2/3)・羅(G-4)・勃(H-4)のバルカン4ヶ国で中立同盟を形成することを呼びかけます[*03]。
　そうこうしているうちに、1939年の春には英仏陣営とドイツ陣営の「同盟国争奪戦」は最終段階に入り、「ソ連争奪戦」となります。

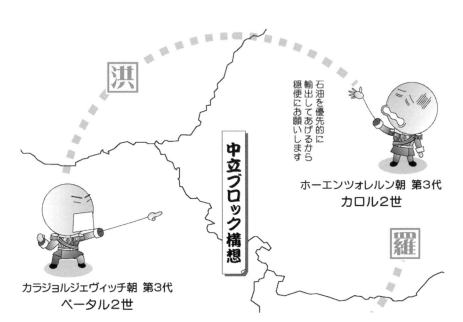

(*03) 結局、締結には至りませんでしたが。

フランスとしては、なんとしてもソ連を味方に取り込んでドイツを挟撃し、第一次世界大戦前と同じ外交関係（＊04）を構築しておきたい。

　逆にドイツとしては、なんとしても第一次世界大戦の轍を踏まぬよう、仏ソの接近を阻止したい。

　それにヒトラーは「白作戦（ポーランド進撃）」を立案していましたが、このとき彼が不安視したのは英仏ではなく、むしろソ連の方。

　── 英仏などの腰抜け、放っておいてもどうせ動きはしまい。

　　だが、スターリンは何をしでかすかわかったものではない。

　じつは当時のポーランドは大まかに「ポーランド本土（E-3）」「ポーランド回廊（D/E-2/3）」「ベラルーシ西部（D/E-4）とウクライナ西部（E/F-4）」の3地域に分けることができますが、このうち「ポーランド回廊」はドイツから、「ベラルーシ西部とウクライナ西部」はソヴィエト露から掠め取った（＊05）ものでした。

　そのため、ドイツが「ポーランド回廊の奪還」を狙っていたのと同じように、ソ連もまた「ベラルーシ西部とウクライナ西部の奪還」を狙っていましたから、もしヒトラーがポーランド進撃をかければ、ベラルーシ西部・ウクライナ西部までドイツに占領されてしまう（＊06）ことを恐れるソ連がこれを看過するとは思えません。

　そのうえヒトラーは"右の総代"、スターリンは"左の親分"で不倶戴天の敵同士、すでに締結されていた「日独伊 防共協定」もソ連を仮想敵国としたものでしたから尚更。

　ヒトラーが「白作戦」を成功させるためには、最低でもソ連の好意的中立は絶対条件でしたから、ヒトラーはその不倶戴天のソ連と手を結ばないかぎり、作戦決行はあり得ません。

（＊04）19世紀末に「露仏同盟」が生まれたおかげで、フランスはドイツを東西から挟撃することができ、辛くも第一次世界大戦を勝ち抜くことができました。
　　　　露仏同盟がなければ、第一次世界大戦はドイツの勝利で幕を下ろしていたでしょう。

（＊05）1919〜21年の「蘇波（ソ連・ポーランド）戦争」にて。ポーランドは第一次大戦後に独立後、内憂外患に苦しむソヴィエトに侵寇し、この地を得ていました。

第7幕　独ソ不可侵条約

　ソ連もまた、ミュンヘン以来の英仏に対する不信感は募る一方だったうえ、ポーランドに奪われていた失地（ベラルーシ西部とウクライナ西部）の奪還を英仏が認めてくれることなど考えられません。

　ドイツならそれを認めてくれそうですし、それにスターリンは「独裁者相身互い」ということで、このころはまだヒトラーに好感を感じていましたから、ドイツに接近した方がよい。

　そこでスターリンは、突如として親英派だった M．M．リトヴィノフ（B-5）外相を更迭（5月3日）し、親独派の V．M．モロトフ（C-5）を新外相に据えます。

　これは、スターリンが公に英仏に見切りをつけたことを意味していました。

　こうして独ソ両国の利害は一致し、大戦勃発のわずか1週間前の8月23日、「独ソ不可侵条約（C-5）」が締結されます。

　これは「公開条項（A-2/3）」と「秘密付帯条項（A/B-2/3）」に分かれ、
「独ソ両国は、万一どちらか一方が第三国と交戦状態に入った場合、
　もう一方は好意的中立を守る（第2条）」

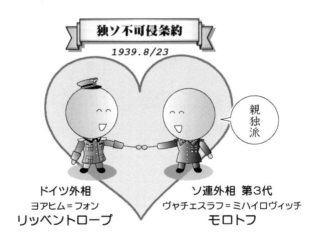

（＊06）当時さかんに「ドイツがウクライナ進出を狙っている！」との新聞報道がされていました。もっともこれは英仏陣営が独ソ関係に亀裂を生じさせるために流したデマでしたが。

…ことを約したことが公表されました（＊07）。

　これは、表面的にはあたり障りのないものでしたが、この中に出てくる「第三国」がポーランドを想定していることは明らかであり、ヒトラーが本気でポーランド進撃を決意している意思表示であって、世界を震撼させます。

　特に日本などは、当時ソ連を仮想敵国として「日独伊 防共協定」を結び、ソ連との対決姿勢で臨んでいた（＊08）ため、国策を根柢から見直さなければならなくなり、時の首相・平沼騏一郎（H-5）などは、

「欧州情勢は複雑怪奇なり！（G-5）」と狼狽（＊09）、

「之に鑑み、我が国が従来準備してきた国策はひとたび打ち切り、別途、新たな政策を樹立する必要、之あり」

…として内閣総辞職へと発展しました。

　しかし、驚いたのは地球の裏側にあって欧州情勢の精細な情報に疎い平沼ばかりではありません。

　老獪な仏相ダラディエですら、この第一報が飛び込んできたとき、外相に「新聞記者の捏造ではないのか？」と問い糾しているほどですから、その衝撃は相当なものだったということが窺われます。

　この報に触れたイギリスも、仮調印までいきながら「なるべくドイツを刺激したくない」と正式調印を渋ってきた「英波相互援助条約（D-2/3）」をただちに正式調印。

　しかしながら、すでに完全に時機を逸しており、もはやなんの抑止力ともなりませんでした。

　「公開条項」だけでもこれだけ世界を震撼させた「独ソ不可侵条約」ですが、もしこのとき英仏が「秘密付帯条項」を知り得たならば、その驚きたるや如何ばかりか。

（＊07）期限は10年。もしこれが守られていたら「独ソ開戦」はなかったはずでした。

（＊08）当時の日本はまさに「ノモンハン」でソ連と交戦中（1939年5〜9月）でした。

（＊09）これは言葉を返せば「私には国際情勢がまったく理解できていませんでした」と吐露したことを意味し、たとえそう思ったとしても政治家が絶対に口にしてはいけない言葉であって、「複雑怪奇」は平沼の無能を示す言葉として当時から非難囂々でした。

第 7 幕　独ソ不可侵条約

　そこには「フィンランド（A/B-4）・エストニア（B/C-4）・ラトヴィア（C-4）・リトアニア（＊10）（D-3/4）・ポーランド東部（E-4）はソ連(USSR)の勢力範囲とし、ベッサラビア（F/G-5）はソ連(USSR)にその優先権を与えるものとし、ドイツはポーランド西部（E-3）を勢力範囲とする（＊11）」とあったのです。

　これは、ヒトラーがポーランド進撃を黙認してもらう代わりに、ソ連(USSR)の国境沿いの国と地域をソ連(USSR)に差し出したことを意味すると同時に、第一次世界大戦後、ソ連(USSR)を封じ込めるために形成された「対ソ防疫線(コルドンサニテール)（＊12）」が完全に崩壊し、代わってソ連を護る"第一防衛線(バリア)（＊13）（A-4）"とも称すべき状況になることを意味しました。

　そしてそれは「第二次世界大戦」の幕開けをも意味したのです。

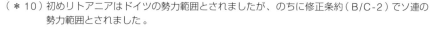

独ソ不可侵条約

【公開条項】
第1条　独ソ両国は、お互いに侵略的行為を放棄する。
第2条　一方が第三国と交戦状態に入った場合、もう一方の締約国は好意的中立を保つ。
第6条　本条約は締結から10年間期限とし、その後5年ごとに自動延長するものとする。

【秘密付帯条項】
第1条　フィンランド・エストニア・ラトビアをソ連の、リトアニアをドイツの勢力範囲とす。
第2条　ポーランドは東部と西部で両国で分割する。
第3条　ベッサラビアはソ連に優先権があるものとす。
第4条　本議定書は極秘扱いとす。

（＊10）初めリトアニアはドイツの勢力範囲とされましたが、のちに修正条約（B/C-2）でソ連の勢力範囲とされました。
（＊11）このときの独ソ勢力範囲の境界線を「カーゾン＝ライン（D/E-4）」と言います。
（＊12）「対ソ防疫線」の詳細は前著『ナチスはこうして政権を奪取した』に譲ります。
（＊13）「第一」につづく「第二防衛線」の解説は第二次世界大戦後の続巻に譲ることになります。

Column 作戦名は「色」

　ドイツは「作戦名」に伝統的に色を使います。
- チェコ　　侵攻　　　　　　　　の作戦名は「緑作戦（ファル・グリュン）」
- ポーランド侵攻　　　　　　　　の作戦名は「白作戦（ファル・ヴァイス）」
- フランス　侵攻（第1段階（フェイズ））の作戦名は「黄作戦（ファル・ゲルプ）」
- フランス　侵攻（第2段階（フェイズ））の作戦名は「赤作戦（ファル・ロード）」

　ところが、ソ連侵攻（第1段階（フェイズ））だけが「バルバロッサ作戦（ウンターネーメン・バーバロッサ）」で "人名" であって "色" ではありません。

　これは、中世に現れた神聖ローマ帝国皇帝（ハイリゲスレーミッシェス ライヒ カイザー）「フリードリヒ1世」の渾名「赤髯（バルバロッサ）」に因（ちな）むもので、一応 "色（赤）" は関係していますが、なぜここだけ人名なのでしょうか。

　彼の業績を調べてみると、外征にかまけて内政を疎（おろそ）かにしたために国内政治が乱れ、それほどの犠牲を払ってまで彼が執着したイタリア遠征もことごとく失敗。

　そこでイタリアは諦めて今度は「第3次十字軍」に乗り出すも、聖地（イェルサレム）に向かう途上のサレフ川で謎の溺死を遂げています。

　なぜ彼は、浅く静かな小川で溺死したのか、その理由は杳として知れません（脳卒中説、暗殺説など諸説あり）が、一説には甲冑を着けたまま川に入って足を滑らせて転び、甲冑の重みで立ち上がれずに溺死したとも言われ、「作戦名」にはあまり向いてない人物のように思われます。

　ところが彼は、"突然の謎の死" を遂げたことで、ドイツでは「赤髯王（バルバロッサ）は死んでいない！」「帝国が危機に陥ったときふたたび現れ、帝国に平和と栄華をもたらす！」と伝説化したため、これに肖（あやか）ったのかもしれません。

　一説には、「赤髯（あかひげ）」というのを「赤の国（ソヴィエト）のフデ髭野郎（スターリン）」に掛けたとも言われています。

　しかし、これは失敗に終わったため、ソ連侵攻（USSR）の第2段階（フェイズ）はふたたび「色」に戻し、赤に対する「青作戦（ファル・ブラウ）」としていますが。

146

第3章　ドイツ快進撃

第1幕

第二次世界大戦の幕開け
ポーランド進撃

開戦への障害がなくなったヒトラーはただちにポーランドに進撃する。古い軍隊・兵器・戦術思想しか持ちあわせていないポーランドは「電撃戦(ブリッツクリーク)」を前にしてまったく対応できず、1ヶ月と保たずに滅亡。これが後世、「第二次世界大戦の幕開け」とされることになるが、この時点では誰もそれを予想できていなかった。

ダンツィヒとそれをつなぐ鉄道・自動車道の敷設権をよこせ！

〈ポーランド進撃〉

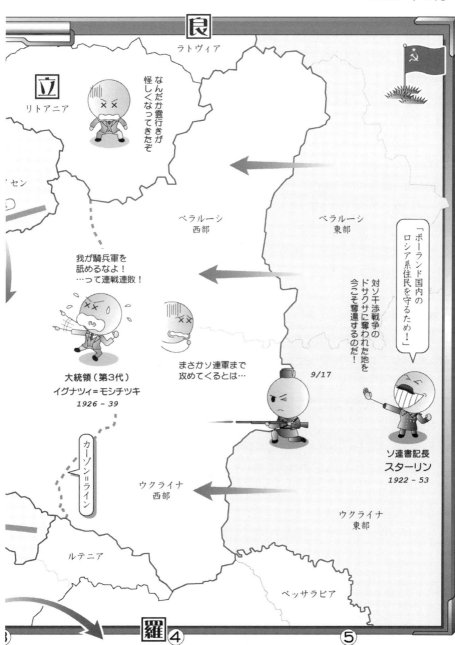

独 ソ不可侵条約が成立したことで、「白作戦（ポーランド進撃）」を実行^{ファル・ヴァイス}に移すにあたって懸念材料はなくなりました。

あとは「戦争口実」を作ることだけです。

どんなに理不尽な "ならずもの国家^{ローグ・ステイト}(＊01)" であろうが、「口実」なくして戦争は仕掛けません。

ヒトラーはさっそく口実づくりに取りかからせ、それから1週間経った8月31日の夜。

ドイツのグライヴィッツ(＊02)（C-2/3）にあるラジオ局が "ポーランド兵" に襲撃される事件が起こります。

ヒトラーはこれを "理由" として、事件が起こってからまだほんの数時間しか経っていない9月1日未明（5時35分）、「白作戦^{ファル・ヴァイス}」を発令（C/D-1/2）しました。

その迅速さといったら、まるでヒトラーは「事」が起こることをあらかじめ知っていたかのよう(＊03)。

──戦車隊進め！^{パンツァー・フォー}（B/C-1）

第二次世界大戦はこの掛け声とともに始まったといえますが、この時点ではヒトラー自身、よもやまさか、これが「第二次世界大戦の幕開け」になるとは夢にも思っていませんでした。

──エチオピア同様、ラインラント同様、

　　今回も英仏が決断できないうちに一気にカタを付ける！

とはいえ。

そうは言っても、ドイツ軍は再軍備を始めてからまだ日が浅かったのに対して、ポーランドは100万の兵力を有し、蘇波戦争^{ソヴィエト ポーランド}(＊04)でソ連軍を打ち破った自信と、このとき活躍した騎兵部隊を充実させ、対独防衛作戦「西方^{ザフト}」を立案して対策も万全。

したがって、ポーランド進撃を知った英仏も、ポーランドがそう易々とドイ

（＊01）「国家が率先してテロを行い、武力を誇示して、国際平和を破ることも厭わない独裁国家」のことを形容した表現。20世紀末ごろからアメリカが北朝鮮・イラン・イラク・リビアなどを名指ししてこう呼ぶようになりました。

ツ軍に屈することはないだろうと予測していました。
　ところが。
　フタを開けてみれば、ドイツ軍の進むこと"何もなき野を往くが如く"！
　ポーランド軍はほとんど抵抗らしい抵抗もできず後退していくのみ。
　さもありなん。
　人間は一度成功体験を経験してしまうと、どうしてもその後の努力を怠ってしまうものですが、このときのポーランドもいくら「100万」という頭数だけ揃えたところで、その中身は「蘇波（ソヴィエト　ポーランド）戦争の戦勝の余韻にひたって革新を怠り、第一次世界大戦のころの古い兵器体系と古い戦術思想しか持ちあわせていない旧態依然としたポンコツ」だったのです。
　このころの兵器は日進月歩、いや、秒進分歩。
　まだ第一次世界大戦が終わってからまだ20年しか経っていませんでしたが、もはや第一次世界大戦の戦術・戦略は骨董品レベル、まったく通用しなくなっていたのです。
　たとえば、第一次世界大戦時すでに「航空機」「戦車」「無線通信機」などの

ドイツ第三帝国　総統
アドルフ＝ヒトラー

大統領（第3代）
イグナツィ＝モシチツキ

（＊02）当時はドイツ領（シュレジエン地方）でしたが、現在はポーランド領グリヴィツェ。
（＊03）実際この事件はポーランドの軍服を身にまとったＳＳ（親衛隊）による自作自演でした。
（＊04）「第2章 第7幕」の（註05）参照。

新兵器が実用化されていたものの、このころはまだあくまで"戦術兵器（＊05）"
としての使用に留まっていたため、どれも戦局を変えるほどインパクトのある
兵器となっていませんでした。

　ドイツは大戦敗戦の教訓から、それを一歩進めて"戦略兵器（＊06）"として使
用することを考えます。

---

　① まず、空軍が敵軍の急所となる地点を急降下爆撃で先制空襲してこ
　　れを無力化する（A/B-1/2）。
　② 空軍の動きと密接に連携を取りながら、陸軍が敵戦線の弱体化した
　　地点を集中攻撃する。
　③ 敵戦線に開いた穴から機械化部隊（＊07）が突入する（B/C-1）。
　④ 一気に敵の背面にまわってこれを包囲、制圧する。

　こうした「敵の戦線に集中攻撃をかけて穴を開け、そこを突破して敵の背面
に回り込んで包囲殲滅」という戦術そのものは、それこそ古代ギリシアからあ
る古典的なもので、戦術理念の観点から見れば電撃戦（B/C-2）の独創でもな
んでもありません（＊08）。

　電撃戦の"電撃"たる所以はその「進軍速度」。

　従来、敵前線を無力化したあとは掃討戦に入るのですが、しかし掃討戦の間
にその後方で敵が態勢を整えてしまう欠点があったため、

---

　⑤ 敵に反撃の猶予を与えぬため、敢えて掃討戦に入らず、さらに敵陣
　　奥へと軍を進めることに重点を置く。

（＊05）局地戦において目の前の敵を撃破する（戦術）ために使用する兵器のこと。
　　　　戦車などは、あくまで「塹壕突破のための補助兵器」扱いで、これを主力兵器と考える思
　　　　想がありませんでした。

（＊06）敵軍の撃破を目的とするのではなく、敵国の戦争継続能力を削いで戦争全体を有利に導く
　　　　（戦略）ために使用する兵器のこと。

敵の殲滅が目的ではなく、あくまで敵の指揮系統を混乱させ、その戦意を挫き、総崩れを起こさせることが目的だからです。

とはいえ、こうした戦術理念そのものもやはり古くからあるのですが、これを空軍と絡めようとしたのが「電撃戦」なのです。

しかし、そのためには空軍(爆撃機)と陸軍(戦車・機械化部隊)が密接な連携を取って動かなければなりません。

それを可能たらしめたのが「無線通信(B-1)」でした。

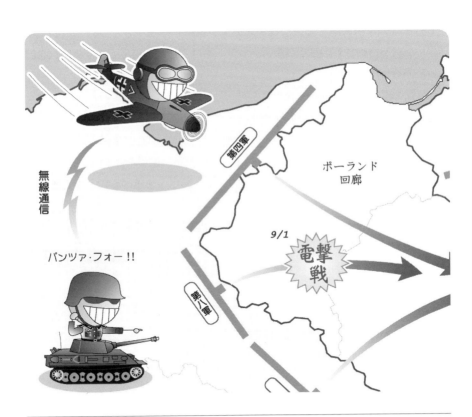

(＊07) 装甲車などに搭乗して高速移動する"戦闘力"と"機動力"を兼ね備えた部隊。これに対し、トラック・自動車など戦闘力を持たない場合は「自動車部隊」と呼んで区別します。

(＊08) ただ「どうやって敵戦線に穴を開けるか」のやり方によってエパミノンダスの「斜線陣」から始まり様々な戦術が生まれてきました。しかし、新しい戦術が生まれれば、かならずそれを破る策が生まれ、イタチごっことなります。

⑥ これらの作戦を可能たらしめるため、空軍と陸軍が無線通信を以て
密接に情報交換を交わし、絶妙な連携を取り合う。

つまり、作戦本質そのものはきわめて古典的（クラシック）なものだったのですが、これ
に新兵器（戦車（パンツァ）・爆撃機・無線通信機）を組み合わせることでまったく新しい
価値を生み出したもの —— まさに「古きを温めて新しきを知る」やり方こそ、
「電撃戦（ブリッツクリーク）」だったわけです。

それまでの軍事常識を超えた進撃速度（スピード）に「電撃（ブリッツ）」の名が与えられ、古い軍事
思想しか持ち合わせていなかったポーランド軍はまったく対応できず総崩れを起
こしたのでした。

まさに郭嘉（かくか）の箴言（しんげん）「兵は神速を尊ぶ（＊09）」です。

もっとも、こうした電撃戦（ブリッツクリーク）の思想はドイツの〝専売特許〟というわけではな
く、同時期のフランスやソ連（USSR）でもこの新戦術を思いついていた者（＊10）はいた
のですが、彼らは先の大戦で「勝った」が故に改革・進歩を拒絶し、ドイツは
「負けた」が故に新しい戦術思想に飛びついて〝進化〟を遂げることができたの
でした（＊11）。

これに対してポーランドの対独防衛作戦「西方（ザフト）」は、ポーランド陸軍を独波
国境に均等に配置し、先の大戦でペタン将軍がヴェルダンを守りきった「縦深
防御」で戦うというもので、よくいえば〝王道〟、悪くいえばそこに何の工夫
もない。

総崩れを起こしたのも宜（むべ）なるかな。

もっとも大きかったのは空軍の格差で、ドイツの最新鋭機2500機に対し、
ポーランドは旧型機ばかり400機という有様だったため、開戦からわずか3日
でポーランド空軍は消滅。

（＊09）陳寿の『三國志』魏書（郭嘉伝）より。
よくこれを「孫子の言葉」としている書がありますが誤り。

（＊10）たとえば、フランスではド＝ゴールら若将が電撃戦の導入を叫んでいましたが、第一次世
界大戦で功績のあったペタンら老将によって潰されました。

開戦直後にいきなり制空権を失ったうえ、さらに地上では北からはドイツ第三軍（B-3）と第四軍（B-2）に、西からは第八軍（B/C-1/2）と第十軍（C-2）に、南からは第十四軍（D-3）に三方から攻めたてられます。

そのうえ、ポーランド自慢の陸軍主力は時代錯誤の騎兵部隊。

騎兵は勇敢に戦ったものの、戦車に突っ込んでつぎつぎと屍を重ね、これまた開戦から3日後には潰滅、わずか1週間後にはドイツ第十軍がワルシャワ（B/C-3）に肉薄するという惨状。

これを見た英仏はついに9月3日ドイツに「宣戦布告」、英国遠征軍（＊12）が40万もの大軍でドーバー海峡を越えてきました。

この報を耳にしたヒトラーは狼狽。

—— 英仏は絶対に動かない！

そう信じて疑わず、諸将の反対を押し切って開戦したのですから。

—— くそ、まずいことになった！

ドイツ軍のほとんどの兵力を東部戦線に投入している今、

英仏に西部国境を突破されたら我が軍は崩壊してしまう！

ところが。

フタを開けてみれば、英軍は仏耳国境手前（ランスあたり）で軍を止め、仏軍はマジノ線から一向に出てきません。

「総統閣下！

英仏軍はなぜか西部国境を越えてきません！」

この報告にヒトラーは愁眉を開いて安堵。

—— それ見たことか！　余の言った通りであろう！

やはり英仏に戦争する覚悟などないのだ！

そのとおり。

英仏は宣戦布告し、軍を動員し、新聞を煽って「独仏戦線、巨弾の応酬！」とまで書かせながら、実際には国境を突破せず、ポーランドに援軍を送る

（＊11）本幕コラム「工夫をやめた者の末路」を参照のこと。

（＊12）「British Expeditionary Force」の直訳。

ことすらしていなかったのでした[*13]。

　このなんとも"奇妙"な戦況が以後半年以上もつづくことになったため、嘲り（あざけ）を込めてフランスではこれを「奇妙な戦争（ドロール・ド・ゲール）」、イギリスでは「まやかし戦争（フォウニー・ウォー）」、ドイツでは「座り込み戦争（ジッツ・クリーク）」と呼ばれるようになります。

　このときもし、英仏軍が国境（ジークフリートライン）を突破していたら！

　ナチスドイツは瞬間的に崩壊し、"第二次世界大戦"など起こりえなかったことは当時のドイツ軍人ですら認めるところです。

　そうこうするうち、英仏の宣戦布告から２週間後（９月１７日）にはソ連（USSR）が「独ソ不可侵条約」に基づいてポーランドに侵寇！（C-4/5）

　その口実は「ポーランド国内のロシア系住民を守るため！[*14]（B-5）」というなんとも空々しいものでしたが、もっとも戦争口実などそんなものです。

　このソ連の動きは、ポーランドにとってまったく想定外のもので、政府も軍も恐慌（パニック）を引き起こしました（B/C-4）。

　独ソ不可侵条約に「秘密付帯条項」などというものがあって、自国（ポーランド）が分割される予定だったなんて露ほども知りませんでしたし、そもそもポーランドはこの７年前（１９３２年）に「蘇波不可侵条約（ソヴィエト ポーランド）」を結んでいましたし、さらには、時の政権は社会党（PPS）を支持母体としていたため、まさかソ連（USSR）が侵寇してくるとは夢にも思っていなかったためです。

　これがトドメとなってわずかに持ちこたえていた戦線も総崩れを起こして、２８日には首都ワルシャワが陥落、翌２９日にポーランドは降伏します。

　こうしてポーランドは、開戦から１ヶ月（ひとつき）と保たず[*15]に滅亡することになったのでした。

　振り返れば。

　ポーランドという国は、建国以来、独・露（ドイツ ロシア）の大国に挟まれてながらく苦境がつづき、その果ての１８世紀の末、ついに亡び──

────────────────────

（*13）英仏はポーランドと「相互援助条約」を結んでおり、その中で援軍を出すと約束していたため、その体裁を保つための"ポーズ"を取っただけで、この期に及んで"開戦の覚悟"ができていなかったのでした。結局、英仏は「自国の防衛こそが最大の関心事（１９３９年 W．チャーチルの言葉）」であり、イギリスは「海」、フランスは「マジノ線」を過信していたことが戦争を起こす覚悟を鈍らせたのでした。

156

その後、19世紀を通じてながらく"亡国の民""従属の民"という辛酸を舐めることになりましたが、20世紀に入り、先の大戦後ようやく「夢にまで見た独立国家」の座を勝ち取ったのに、その"浪速の夢"はこうしてわずか20年にして"露"と消え、ふたたび"亡国の民"に戻ることになったのでした。

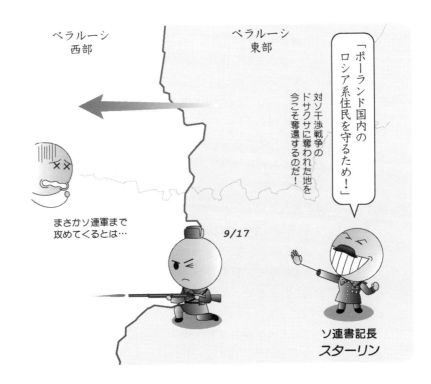

(＊14) スターリンなど、自らの独裁を護るために何千万人ものロシア国民を殺戮しつづけていることを考え合わせれば、この言葉が如何に空々しいかがわかります。

(＊15) ポーランドは、ドイツの侵寇に少なくとも3ヶ月は持ち堪え、その間に英仏の援軍を待つ予定でしたが、ドイツ軍の新戦術を前に総崩れを起こし、それを見た英仏の援軍はなく、ソ連に背中を斬りかかられ、戦前の「予定」はことごとく裏切られて滅亡しました。

Column 工夫をやめた者の末路

人間というものは一度"成功体験"を経験してしまうと、たちまち工夫心・改革意欲を失います。

――このやり方でうまく行ったのだからこのままでよいではないか。

なぜ、敢えてやり方を変えなければならぬのだ?

これが凡人の発想です。

しかし、状況は刻一刻と変わり、負けた方は己が負けた原因を死に物狂いで究明し、新しい戦術を開発してくるため、たいてい「次」がやってきたときは前回勝てた"必勝戦術"は通用しません。

優れた人はそのことをよく理解しているため、たとえ勝っても「次」に備えて創意工夫を怠りません。

日露戦争が勝利に終わったときも、東郷平八郎は警告したものでした。

――勝って兜の緒を締めよ!

第一次世界大戦の反省から生まれた「電撃戦」という新戦術は、フランスでも終戦直後からド=ゴールらによって唱えられてはいたのですが、先の大戦にて塹壕戦・要塞戦で戦功を上げたペタン元帥らがこぞって反対し、国力のほとんどを「マジノ要塞」につぎ込んでいったのです。

要塞など、制空権が奪われれば簡単に陥ちてしまう"時代遅れの遺物"と化していたことにも気づかず。

これは他人事ではなく、日本でも巨艦巨砲を競っていたころの日清・日露戦争で勝利したことで、その"勝利体験"によって巨艦巨砲に執着してしまいました。

しかし、その後の航空機の発達によって巨艦は急速に"時代遅れの遺物"と化し、米英が「空母」を造っていたころ、日本が国費を傾けてせっせと「武蔵」「大和」といった巨大戦艦を建造していたのでした。

歩兵には騎兵、騎兵には重砲兵、重砲兵には要塞、要塞には電撃戦と、時代はどんどん進んでいきます。

創意工夫をやめた者はかならず歴史によって抹殺されていきます。

第3章 ドイツ快進撃

第2幕

望まぬ戦い
第1次蘇芬戦争

ポーランド制圧後、すぐにでも戦争をやめたいヒトラーは戦争終結を呼びかけたが、そのヒトラーの思惑とは裏腹に、ソ連はつぎつぎと戦線を拡大していく。一方、ヒトラーの呼びかけを黙殺していたイギリスは、水面下でドイツの通商路を叩こうと画策。その結果、西部戦線でも戦線が開いてしまうことになった。

〈第1次蘇芬戦争〉

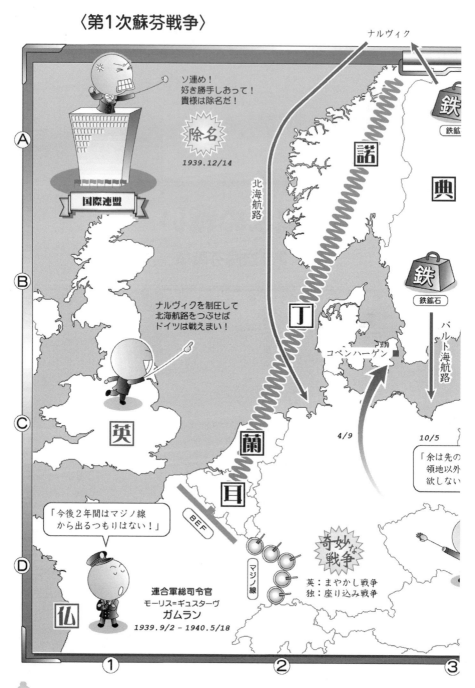

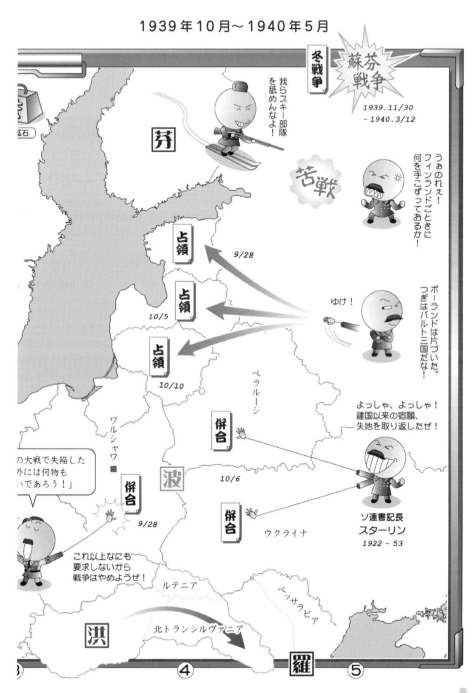

ポーランド（C-4）を手に入れて満足したヒトラーはただちに事態の収拾に努め、ポーランド制圧直後から英仏との和平交渉に入ります。

ポーランド戦は「電撃戦による大戦果」ばかりが誇張されますが、実際にはポーランドの抵抗も激しかったためドイツ軍の被害も少なくなく、ヒトラーは英仏との和平を切に望んでいた(＊01)ためです。

しかし。

ヒトラーにとってこのあたりが"人生の分水嶺"。

今まで何もかもがヒトラーの思惑通りに進んでいたものが、このころを境として打って変わって何もかも思惑通りにいかなくなっていきます。

巷間まことしやかに、第二次世界大戦は「ヒトラー個人が野心を抱き、ヒトラーが独断で戦端を開き、ヒトラーの専横が世界大戦へと拡げていった」かのように語られるため、たいていの人は「大戦勃発の責任はすべてヒトラーというひとりの怪物独裁者に帰す」という印象を持っていますが、それは戦後、"戦勝国"が自分たちに都合の悪いことを隠匿し、すべての責任をヒトラーになすり付けるために「印象操作された歴史」に見事に洗脳されているだけで、史実ではありません。

そもそもヒトラーは「ポーランド進撃」が第二次世界大戦に発展するなど夢にも思っていませんでしたし、ヒトラーの思惑が外れて英仏が宣戦布告したあとも戦争拡大を望まず、これを防ごうと尽力しています。

首都ワルシャワ（C-3/4）を制圧した９月28日、ただちに独ソ連名で「戦争終結共同宣言」が発せられましたし、その１週間後に重ねて、

──余は先の大戦で失陥した領地以外には何物も欲しないであろう！（C-3）

…との声明を発しています。

この声明の時点（10月５日）で、すでに「先の大戦で失陥した領地」をすべ

（＊01）それに、制海権のないドイツは海外からの物資補給が難しく、英仏を敵に回して長くは戦えませんので、ヒトラーは英仏と事を構えたくありませんでした。

（＊02）第１に、対ソ関係が蜜月で背後の憂いなかったため全軍を西部戦線に注ぎ込めた。
第２に、澄んだ秋の空は空爆に適していた。
第３に、フランスはいまだ戦争準備が充分でなかった、など。

て奪還していましたから、つまりこれは「もう二度と領土要求はしないから、戦争はやめよう！」という英仏に向けた和平への呼びかけです。

今度ばかりはその場凌(しの)ぎの口上ではなく、のちの駐仏大使O(オットー).アベッツも「当時（1939年10月）は対仏開戦の絶好の好機(チャンス)(＊02)だったにもかかわらず、これほどの好機(チャンス)に開戦しなかったこと自体が、彼(ヒトラー)が世界大戦など望んでいなかった証拠である」と語っています。

しかし、この和平の呼びかけを蹴り、戦線拡大を望んだのは英仏の方です。

とはいえ、「これ以上の領土要求はしない」などという台詞(せりふ)は、英仏はミュンヘンでも聞かされていましたから、これを黙殺(むべ)したのも宜なるかな。

かといって、開戦に踏み切る覚悟もつかず(＊03)、英仏は国境を突破してこようとしないくせに、こうしたヒトラーの和平の呼びかけに応じようともしないという "奇妙(ドロール)" な状態（D-2）がつづくことになります。

ところで、そうしたヒトラーの思惑に水を差すようにして、どんどん戦線を拡げていったのがソ連(USSR)でした。

（＊03）フランス総司令官M.G.ガムランはポーランドに対しては「我が軍はドイツに猛攻をかけ、破竹の勢いで進軍中である！」と嘘をつきながら、側近には「今後2年間はマジノから出るつもりはない」と語っています（D-1）。

（＊04）第1次（1939年11月29日～1940年3月12日）が別名「冬戦争」、
　　　 第2次（1941年6月25日～1944年9月4日）が別名「継続戦争」と呼ばれます。

163

ソ連はベラルーシ西部（C-4）やウクライナ西部（C/D-4）を取り戻したくらいでは満足せず、バルト三国（B-4）にまで圧力をかけ、これを軍事占領してしまう（10月）や、その足でフィンランド（A-4）にも圧力をかけます。

ソ連のひと睨みで戦わずして屈服したバルト三国と違い、フィンランドは断固これに屈しなかったため、翌11月ついに開戦、「第1次 蘇芬 戦争（＊04）（A-5）」が勃発しました。

バルト三国のときには「バルト三国をドイツの侵寇から守るため」という口実があったため、ソ連を敵に回したくないという思いもあって英仏はこれを黙認していましたが、今度ばかりは抗議。

フィンランドも開戦後ただちに（12月3日）国連（A-1）に提訴、国連も今回ばかりは機敏に動いてただちにソ連を「除名（14日）（A-1/2）」としましたが、すでにこのころの国連はその権威地に堕ち、何の効果もなく（＊05）。

大国ソ連に対して小国フィンランドは翌1940年2月ごろまでは善戦（＊06）したものの、結局、ソ連お得意の物量作戦を前にして翌3月12日には降伏することになりました。

その間、意に反してどんどん戦線が拡大していく様を横目に、ヒトラーは英仏との和平交渉に努めていましたが、どうしても英仏が和平に応じてくれないとなると、ヒトラーも"望まぬ開戦"を考えねばなりません。

しかしそうなれば、海外植民地からの補給が見込めぬドイツはスウェーデンから輸入されている「鉄鉱石（B-3）」の確保が最重要課題となります。

その輸入経路は以下の2つ。

・典 独 間を最短距離で運ぶ「バルト海航路（B/C-3）」
・いったんノルウェー（A-2/3）のナルヴィク港（A-2/3）に運び、
　そこからノルウェー西岸をたどって南下する「北海航路（A/B-2）」
　ちょうど蘇芬 戦争が終わったころから、イギリスは自分（ブリテン島）の目

（＊05）そして、これが「国際連盟」最後の会議となりました。

（＊06）このときソ連が小国フィンランドに苦戦したのは、スターリンが30年代に「ボリショイ・テロル（大粛清）」を行って優れた将軍を皆殺しにしたためなのですが、自軍の不甲斐なさに激怒したスターリンは、敗戦の司令官を片端から処刑しています。

の前を通過する「北海経路(ルート)」を封鎖することを考えはじめます(B/C-1)。

これを封鎖されたら一大事！

ヒトラーはこれを死守するべく、4月2日から秘かにノルウェー西岸の港に兵を輸送しはじめましたが、8日、その独(ドイツ)輸送船が英駆逐艦(デストロイヤ)に発見されて遭遇戦が勃発してしまいます。

ドイツは甚大な損害を出しながらもなんとかこれを護りきると、翌9日はノルウェー西岸の港を制圧することに成功しました。

こうしてヒトラーが望んだ和平はならず、ついに戦端が開かれてしまったのでした(＊07)。

ここにヒトラーは和平を諦め、一気に畳みかけようと考えたため、西部戦線は最北のナルヴィクから袈裟懸(けさが)け(＊08)(A/B/C-2/3)のように切り開かれることになります。

とにかく海外補給が効かないドイツが「勝利」を摑むためには短期決戦しかありません。

(＊07)ここ(1940年4月9日)から始まった、ドイツによるノルウェー・デンマーク侵攻作戦のことを「ヴェーザー演習作戦」、そこから始まった独vs英仏によるノルウェー争奪戦を「ノルウェー戦争(～1940年6月10日)」と言います。

(＊08)刀で一方の肩から反対側の脇まで斜めに斬り下ろすこと。

その遭遇戦があった4月9日、ドイツ陸軍一個大隊が商船に乗り込んでコペンハーゲン港（B/C-2/3）に入港するや、そのまま一気に王宮を急襲して国王を人質とし、政府を押さえ、一夜にしてデンマークを無血征服してしまいます。
　ノルウェーも同じ手で制圧しようと思ったものの、今回は上陸部隊がミスを犯したため、敢えなく失敗。
　このためノルウェー戦争はドロ沼化してしまい、ほどなく英艦隊が援軍に駆けつけたため形勢は逆転、5月には最重要港ナルヴィクが陥落寸前となり、ドイツは危機的情勢に陥りました。
　ここでノルウェー制圧に失敗したら、一巻の終わり！
　鉄鉱石の輸入が 滞 って戦えなくなり、あとは真綿で首を絞められるが如く、じわじわとジリ貧となっていくだけです。
　そして5月28日。
　疲労困憊のドイツ軍はついにナルヴィクから撤退を始めます。
　──これにて万事休す！
　かと思いきや、6月8日になって、ノルウェー制圧をほぼ手中に収めていた連合軍が突如として姿を消してしまったのです。
　いったい連合軍に何が起こったのか──！？
　そのことを知るためには、このころのベルギー戦線の動き（次幕）を知らなければなりません。

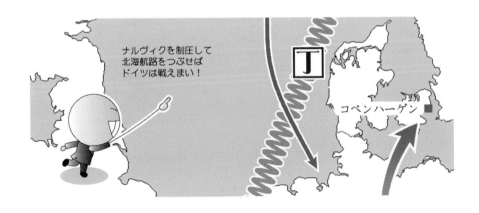

第3章　ドイツ快進撃

第3幕

アルデンヌの森を抜けて
ベルギー戦線崩壊

ドイツは鉄資源をスウェーデンからの輸入に頼っていたため、その通商路の確保は絶対であった。そのためには、ノルウェー・デンマークの制圧は必須で、そこからベルギー戦線が開くことになる。ドイツお得意の「電撃戦（ブリッツクリーク）」はポーランド戦の実戦経験を経て洗練されており、フランスは雪崩を打って崩壊した。

敵の裏をかくのだ！
パンツァ フォー！

A軍集団総司令官
カール＝ルドルフ＝ゲルト
フォン＝ルントシュテット

〈ベルギー戦線崩壊〉

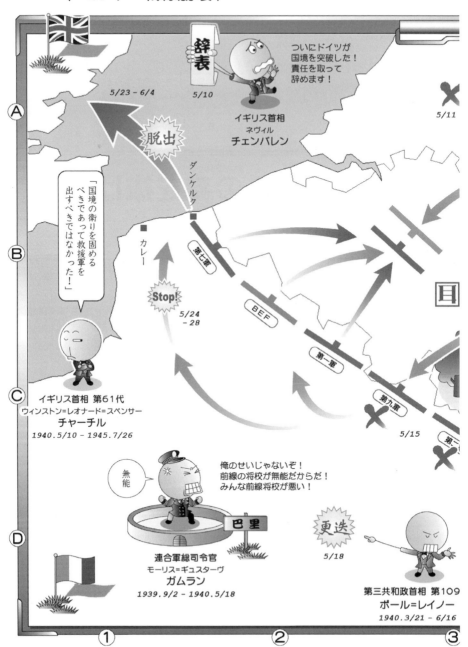

ヒトラーはノルウェー戦争を継続する一方で、西部戦線に兵を配備、対仏戦の準備を着々と進めていました。

・オランダ 　　　　　　　　との国境沿いに「Ｂ軍集団」（ A-4 ）

・ベルギー・ルクセンブルクとの国境沿いに「Ａ軍集団」（ B/C-4 ）

・フランス 　　　　　　　　との国境沿いに「Ｃ軍集団」（ D-5 ）^{（＊ 01 ）}

そしてついに５月 10 日早朝、Ｆ.フォン＝ボック将軍（ A-4/5 ）率いる「Ｂ軍集団」がオランダ国境を突破します（ A-3/4 ）。

イギリスでは、この報に触れたチェンバレンがその日のうちに辞任（ A-2ウィンストン ）、新首相にＷ.Ｌ.Ｓレオナード スペンサー.チャーチル（ C-1 ）が就任します。

これまで宥和政策に固執し、だらだらと「まやかし戦争フォウニー・ウォー」をつづけていたハト派チェンバレンに代わって、もともとタカ派^{（＊ 02 ）}だったチャーチルが政権を獲ったのですから、英国遠征軍BEF（ B/C-2 ）はただちに国境を突破、オランダ救援に向かいます。

しかし、ドイツ軍の“伝家の宝刀”電撃戦ブリッツクリークはポーランド戦での実戦経験を経てさらに洗練されており、ドイツ軍の進撃速度スピードはチャーチルの予想をはるかに超えて速く、40 万もの兵力を擁したオランダ軍がその翌日（ 11 日）には潰滅（ A-3 ）、もはやその救援は絶望的になります。

そこでチャーチルはオランダの救援を諦め、ベルギー救援に切り替えたことで、独軍と英仏連合軍はベルギーで対峙（ B-3 ）することになりました。

ところが、のちにこのときのことを述懐したチャーチルは、こう反省の弁を述べています。

「あのとき、仏フランス 耳ベルギー 国境の衛まもりを固めるべきであって、

国境を越え、救援軍を出すべきではなかった…」（ B-1 ）

なんとなれば、これが後世まで語り継がれることになる“惨劇”の始まりと

（＊ 01 ）「軍集団」というのは旧日本軍の「方面軍」に相当し、「軍」を束ねたもの。
　　　　Ａ軍集団は５個軍（第二／四／九／十二／十六軍）、Ｂ軍集団は２個軍（第六／十八軍）、
　　　　Ｃ軍集団は２個軍（第一／七軍）で構成されていました。

（＊ 02 ）強硬派。主戦派。もともとは米英戦争において「開戦を主張する一派」を指した言葉（詳
　　　　しくは本シリーズ『アメリカ合衆国の誕生』を参照）。対義語は「ハト派」。

なったからです。

　なんと、ベルギーでドイツ軍（B軍集団）と睨み合っていた英仏連合軍の背後から突如ドイツ軍（A軍集団）が迫ったのでした。

「何故だ！

　なぜ後ろからドイツ軍が現れるのだ！？」

　恐慌(パニック)に陥った英仏連合軍は総崩れを起こしてダンケルク（B-1/2）まで敗走。

　いったいドイツ軍（A軍集団）はいったいどこから湧いて出たのか。

　じつは英仏連合軍は、ベルギー戦線に「第1軍集団」、マジノ線に「第2軍集団(*03)」がいましたが、そのうち第二軍と第九軍（C-3））が手薄になっていました。

　そこをドイツ軍（A軍集団）に突破されたのです。

　では、そもそもなぜ仏(フランス)軍はここだけ戦線を薄くしたのか。

　じつは、ここには起伏の激しい「アルデンヌの森（C-3/4）」が鬱蒼(うっそう)と生い茂っており、「ここを機械化部隊(パンツァグレナディア)が通過するのは不可能！」と考えられていたためです。

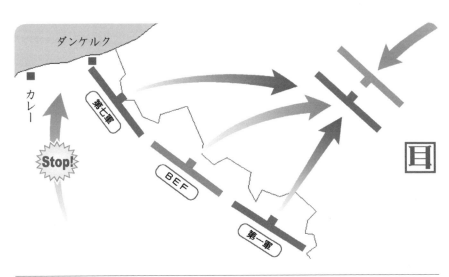

（＊03）第1軍集団は5個軍（北部にBEFと仏第一/七軍、南部に仏第二/九軍）、
　　　　第2軍集団は3個軍（仏第三/四/五軍）で構成されていました。

Ａ軍集団の参謀長だった　Ｆ．Ｅ．フォン＝マンシュタイン中将がヒトラー
に進言します。

── ここは敵の守りの薄いアルデンヌの森から進撃し、

　　これを突破して敵の側背を突くのです！

　しかし、諸将はこれに反対。
「あそこを機械化部隊が突破するのは不可能だ！」

　凡人というのはガチガチに「固定観念」に縛られているため、どうしても柔
軟な発想ができず、検討してみもせず、やってみる前から口を開けば「できま
せん」「前例がありません」「不可能です」と否定的な言葉を吐くものです。

　歴史にその名を刻むような人物は例外なく、そうした観念に囚われず自由な
発想ができる人たちです。

　ヒトラーはマンシュタイン中将の作戦案を大いに気に入り、

── たわけが！　向こうもそう思っておる。

　　だからやるのだ！

…と、ただちにこれを採用（Ｂ-5）。

　Ｋ．Ｒ．Ｇ．フォン＝ルントシュテット将軍（Ｂ/Ｃ-4/5）率いるＡ軍集団は、
この起伏の激しい突破不可能と思われていた森林地帯120kmを「戦史上かつ
て例のない速度で進撃(＊04)」し、「こんなところから戦車部隊が現れるわけが
ない」と軍規の弛みきっていた第九軍と第二軍をかるく突破（5月15日）。

　これがベルギー戦線の連合軍の背後を襲った軍だったのです。

　総崩れを起こした連合軍に対し、22日、チャーチルは「ダイナモ作戦」を発
令、イギリス本土へ撤退することになりましたが、この時点で唯一の脱出口は
「ダンケルク港」しかありません。

　指令を受けた英仏連合軍は、翌23日からダンケルクに向け、兵器も兵糧も

（＊04）Ｗ．チャーチルの言葉。

（＊05）その困難さといったら、日本史でも織田信長による「金ヶ崎の退き口」、島津義弘による
　　　　「島津の退き口」など、これに成功すると後世までの語り草になるほどです。

（＊06）じつは、西隣のカレー港の方がイギリス本土に近く、港として有望だったのですが、そう
　　　　はさせじとすでにドイツ軍の手に陥ちる寸前でしたので、ここしかありませんでした。

その他の物資も何もかも放り出して命からがらの撤退が始まります。

しかしながら、撤退戦ほど困難なものはありません(*05)。

逆にドイツ軍からすれば、ここまで来ればもはや勝ったも同然。

戦意を失い、背中を向けた敵を掃討するのは容易ですし、それより敵軍が向かっている先は、唯一の"退き口"となっていたダンケルク(*06)だとわかっているのですから、そこをドイツ軍が先回りして押さえてしまえば、35万の敵敗残兵は完全に孤立することになり、唯一の希望すら失い、絶望した軍など容易に全滅させることができます。

実際、A軍集団の総司令官ルントシュテット将軍もそうするべく、戦車部隊(パンツァ)をダンケルクに向けて発進させていました(B/C-1/2)。

すべてはドイツ軍の掌（てのひら）の上、こわいくらい順調です。

あと一息。

ここで35万もの将兵を討ったならば、緒戦での大敗に英仏は大きく戦意を失い、第二次世界大戦はここで「ドイツ勝利」の下に終わっていた可能性は高い。

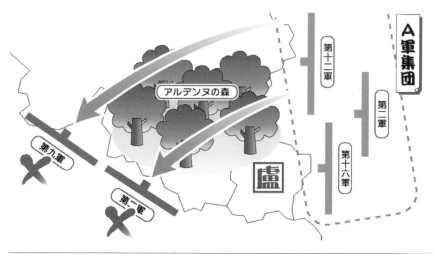

(*07)『書経』の「周書」より。「仞」とは高さや深さを表す単位(184cmほど)で「9仞」はそのまま計算すれば17m弱になりますが、ここでの「九仞」は「とても高い」という抽象的意味で、数値にはあまり意味がありません。「功」は手間・苦労のこと、「簣」は土を運ぶ籠のこと。「虧く」は「欠ける」に同じで、ここでは「ムダになる」くらいの意。

ところが、人間というものは今まで気張ってきた分、「あと一息！」というところでふと気を抜くことがあります。

── 九仞の功を一簣に虧く(＊07) ──

高い山を築こうとして膨大な土を運んできたとしても、最後のたった1杯の土を運び込むのを怠ったためにすべての労がムダになることもある ── という意味ですが、このときヒトラーが犯した過ちがまさにこれでした。

なんと、進撃中のルントシュテット将軍の下に耳を疑う指令がやってきたのです。

── 連合軍の追撃をただちに停止せよ！

え？？？　この情勢で？　なぜ！？

あと一息なのに！？

しかし、この大本営(ハウプトクアティア)からの厳命によって、24日から丸3日間、ドイツ軍の進撃がぴたりと止まってしまいました（B/C-1/2）。

その間に英仏連合軍は無事ダンケルクに逃げ込み、万全の防衛態勢を整えることに成功したのです。

「追撃戦はきわめて楽で、攻城戦はきわめて厳しい」のに、ヒトラーはわざわざ自ら"茨の道"を選んでしまい、彼にとって"最初で最後"といってもよい勝機を自ら手放したのでした(＊08)。

ドイツのダンケルクの失態は、日本にとってのミッドウェー海戦に匹敵する転機(ターニングポイント)といってよいかもしれません。

ヒトラーはなぜ、誰もが首をかしげるこんな不可解な決定を下したのか？

じつのところ諸説紛々としていて、その真意はよくわかっていないのですが、その有力な説は以下のようなものです。

じつはこのとき、追うドイツ軍も悲鳴を上げていました。

そもそも「電撃戦(ブリッツクリーク)」というのは、敵軍が対応できないほど進撃が速いというのが利点(メリット)ですが、逆に速すぎてアッという間に戦線が伸びきってしまうという欠点(デメリット)も抱えています。

（＊08）実際にドイツ軍の後退が始まるのはもっとずっとあとの1943年2月になってからですが、すでにこの瞬間、ドイツの敗北は決定していたといえます。

第３幕　ベルギー戦線崩壊

　利点の部分が活かされれば、ポーランド進撃やベルギー戦線のように絶大な戦果を発揮しますが、欠点を突かれたが最後、一気に崩壊する可能性も持ち合わせていた"諸刃の剣"だったのです。

　ドイツの快進撃もそうした不安と背中合わせの状態で、実際、一時戦線に穴が空きそうになったことがあり(＊09)、この報に大本営には重い空気がのしかかります。

──まずいな。このままなし崩し的に敵軍を押し潰すか、

　　それとも、いったん進軍を止めて態勢を整えるべきか。

　決断を迫られるヒトラーに空相Ｈ.ゲーリングが耳打ちしました。

「総統閣下。ここはいったん陸軍の進撃を止めるべきです。

　なぁに、ダンケルクのことは我が空軍にお任せあれ！

　檻に閉じ籠もる鼠どもなど、我が空軍が蹴散らして差しあげますよ」

　この言葉でヒトラーは「追撃停止命令」を決心した、と言われています。

　結果論かもしれませんが、ここは追撃するべきでした(＊10)。

　もしこのとき最後の力を振り絞って総攻撃をかけていれば！

　戦争の帰趨を決する重要な局面で誤判断を犯したのは致命的でした。

　では、そもそもなぜゲーリングはそんなことを耳打ちしたのか。

　じつは快進撃を重ねる陸軍にゲーリングは嫉妬し、空軍のいいところを見せようとしたからだといわれています。

　げに恐ろしきは男の嫉妬(＊11)。

　28日になってようやくダンケルクへの総攻撃が再開されましたが、ダンケルクにはすでに鉄壁の防御組織が構築されており跳ね返されます。

　ここぞとばかりゲーリング自慢の空軍が飛び立ちましたが、イギリスもスピットファイアを繰り出して応戦、メッサーシュミット(Bf 109)は苦戦したうえ、爆撃も砂浜に吸収されてなかなか効果が出ない有様。

───────────────────

(＊09)5月21日、アラスの戦い。

(＊10)詳しくは、本幕コラム「苦しいときこそ！」を参照のこと。

(＊11)本幕コラムの例に挙げた「白起」将軍の場合も、昭襄王に撤退命令を出すようそそのかしたのは時の宰相 范雎(はんしょ)で、理由は、白起将軍の大活躍に嫉妬したからです。

第１章　ヒトラー野心沸騰

第２章　大戦前夜

第３章　ドイツ快進撃

第４章　形勢逆転

第５章　枢軸軍崩壊

175

しかし、逃げる英仏軍も問題は山積。

まず、ダンケルクはきわめて遠浅の海で波も荒く、大型船が海岸に近づけません
でしたから、桟橋が生命線でしたが、これがたった1本しか残っておらず、
これを破壊されたら終わりです。

さらにダンケルク海域にはドイツ軍によって磁気機雷（＊12）が設置されており、これが最大の難関でした。

そこで、輸送船・駆逐艦が海岸に接岸できない問題に関しては、民間から漁
船や遊覧船、ヨット、艀（＊13）に至るまで動ける船はことごとく総動員して、
これが浜にごったがえす35万の将兵と大型船の間をピストン輸送してその救出
に当たります。

磁気機雷の問題に関しては、じつはこの戦闘の直前に実用化された技術により、これを無効化することに成功していました。

こうした官民一体となった救出作戦の結果、英仏連合軍は軽微な被害だけで、
6月4日までにほとんどの将兵がイギリス本土へ脱出することができたのでした
（A-1）。

日本ではあまり知られていない「ダンケルク撤退戦」ですが、この撤退戦の
結果が人類史に及ぼした影響は計り知れず、ヨーロッパでは知らぬ者とてあり
ません（＊14）。

このときの経験からイギリスでは、国を挙げて団結して国難に当たらなけれ
ばならないときは、現在でも「ダンケルク精神」という惹句が使われるよう
になったほどです。

こうして、将兵にはほとんど逃げられてしまったとはいえ、ダンケルクは陥
ちました。

これに慌てたのが、ナルヴィク攻略中のイギリス軍です（＊15）。

（＊12）海面にぷかぷかと浮いている接触機雷は黙視できる上、触れなければ爆発することがない
ため、昼間に注意しながら進めばよいですが、磁気機雷は海中に設置され、船が近づくだ
けで起爆するため、たいへんやっかいでした。

（＊13）荷物を乗せるためだけの平底平面の板状の船…というより浮き。バージ。たいてい自らは
エンジンを持たず、荷物を載せて他の船に曳いてもらうもの。

第 3 幕　ベルギー戦線崩壊

　ダンケルク総攻撃が始まった 5 月 28 日は、イギリス軍がついにナルヴィクを陥（お）とした日でもありました。
　ダンケルクが陥（お）ち、北フランスの海岸がすべてドイツの占領下に置かれたとなると、ナルヴィクは背後を突かれることになります。
　6 月 8 日、せっかく占領したナルヴィクを放棄（アルファベット作戦）し、イギリス軍が撤退を始めたのはこのためだったのです。

(＊ 14) とはいえ、ダンケルク撤退戦を日本人があまり知らないのは、日本人にはよく知られている「金ヶ崎撤退戦」をヨーロッパ人が誰も知らないのと同じです。この撤退も成功するかしないかで、その後の日本の歴史を大きく変えることになった重要な戦でした。

(＊ 15) 前幕「第 3 章 第 2 幕」参照。

Column　苦しいときこそ！

　　たとえ自軍が苦しかったとしても、ヒトラーはダンケルクへの追撃を
止めるべきではなかった —— に類する中国古典の例を見てみましょう。

　　戦国時代の中国において、当時強勢を誇っていた 秦（ドイツ）が 白 起 将軍（ルントシュテット）
に率いられて 趙（イギリス・フランス）を攻め、長平で大勝したことがあります。

　　総崩れを起こした趙軍に対し、白起将軍は意気軒昂！

「よし！　あとひと押し！　あとひと押しで趙を亡ぼすことができる！」

　　ところがこのタイミングで中央から伝令がやってきました。

—— 撤退せよ！

「なんだと！？　この状況で撤退とはどういうことだ！？」

　　驚いた白起（はくき）将軍が 秦 王（フューラー）・昭襄王（ヒトラー）を問い糾（ただ）すも、

—— そうは申してものぉ、これまでの戦（いくさ）で我が国もかなり疲弊しておる。

　　ここはいったん退いて、兵を休め、鋭気を養った方がよい。

　　白起（はくき）将軍の必死の説得も届かず、結局撤退。

　　翌年になって、昭 襄 王（しょうじょう）はふたたび白起（はくき）を召し出します。

—— この１年で兵の鋭気は養った！　武器も整え、兵糧もたっぷりだ！

　　そなたの待ち焦がれていた出陣の時は来たれり！　指揮を執れ！

　　しかし白起（はくき）将軍はこれを拒否。

「こたびの出陣、おやめになった方がよろしい」

—— 何を申す！？　そちは去年、さんざん出陣を叫んだではないか！

「去年は我が国も苦しかったかもしれませんが、趙はもっと苦しかった

　　のです。あのときあと一戦していれば趙は亡んでいたでしょう。

　　しかし、この１年で我が軍は２倍強くなったかもしれませんが、趙は

　　臥薪嘗胆（がしんしょうたん）、10 倍強くなったのです。今では勝てますまい」

　　しかし、昭 襄 王（しょうじょう）は白起（はくき）将軍の諫言を無視して出陣を強行し、大敗。

　　ヒトラーはこのときの昭 襄 王（しょうじょう）と同じ過ちを犯したといえます。

　　自分が苦しいときは敵はもっと苦しい。

　　こちらが休めば、敵は反撃の力を蓄えてしまうのです。

第3章 ドイツ快進撃

第4幕

我々の敗北は最終的か!?
パリ陥落

ダンケルクを陥とした ドイツ軍はパリ目指して南下を始めた。先の大戦ではどうしても越えられなかったソンム川をあっさり渡河し、その翌日にはパリに肉薄。フランス政府は"ヴェルダンの英雄"ペタン元帥を担ぎ出したものの、単なる老害に零落れた彼に何ができよう。こうしてフランスはドイツに屈服することになった。

コンピエーニュの森の休戦協定

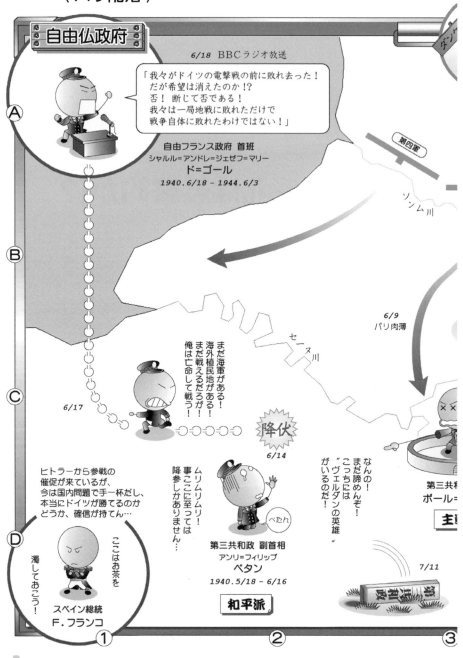

第4幕　パリ陥落

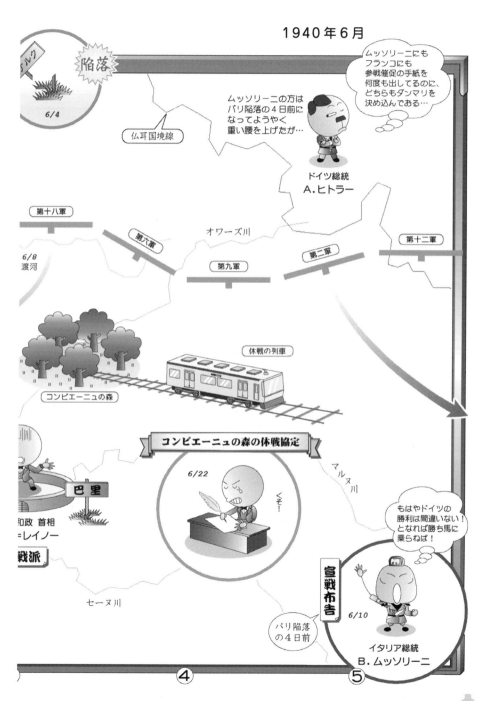

ダンケルクの包囲殲滅にこそ失敗したものの、北フランスから連合軍を駆逐することに成功（６月４日）（A-3）し、ノルウェーも押さえ（８日）、ここまでは概ね順調にコマを進めてきたドイツ軍が、つぎに向けた矛先は、当然パリ。

第一次世界大戦では、ドイツがついに陥とせなかったパリ。

しかし、今回は違います。

６月８日にはソンム川（A/B-3）をあっさりと突破^{（＊01）}し、翌９日には早くもパリに肉薄（B/C-3）。

恐慌に陥ったパリでは、狼狽した仏首相Ｐ．レイノー（C/D-3）が、当時人気のあったひとりの人物を副首相に任命します^{（＊02）}。

それが御歳84歳になっていたＨ．Ｐ．ペタン元帥（D-2）。

第一次世界大戦では "絶対防衛線" であるヴェルダンをドイツ軍の猛攻から守りきった "救国の英雄" ！

「だいじょうぶ！

こちらにはまだ "ヴェルダンの英雄・ペタン元帥" がおられる！

今回も彼がドイツ軍をはね除けてくれるだろう！」

パリ市民もそう期待しましたが、そもそもフランスが今このような窮状に陥った "諸悪の根源" こそが老害ペタンです。

彼が時代遅れの要塞戦に固執し、退役していたにもかかわらず軍事に口を挟み、マジノ線の構築に国費を傾けさせ、電撃戦の導入を潰した張本人であり、その結果が今の惨状です。

つぎつぎと新兵器・新技術・新戦術が生まれていく中、ペタンの軍事思想は第一次世界大戦でぴたりと止まっており、そのうえ今回は要塞ヴェルダンではなく都パリ。

これではどうしようもありません。

（＊01）第一次世界大戦ではソンムの戦で50万もの兵を失いながら、ついに陥とせなかった拠点。

（＊02）レイノーは「野心に燃えたペタンがしゃしゃり出てきた」と主張し、ペタン支持者は「レイノーが敗戦責任をペタンになすり付けようとして担ぎ出した」と主張しています。

（＊03）フランス艦隊は地中海にあって活躍する場がなく、ほとんど無傷で残っていました。

182

副首相となったペタンは、事ここに至っては抵抗は無意味と「対独講和」を叫びましたが、「まだ海軍^(＊03)とアフリカ駐在軍が残っているではないか！」と「徹底抗戦」を叫ぶ首相レイノー＆国防次官ド＝ゴールと対立。
　敵が迫る中、挙国一致で臨めないようではいよいよ以てフランスに勝ち目はありません。
　14日、ドイツ軍は大した抵抗もなくパリに入城。
　16日、主戦派レイノーは退陣してペタン内閣に代わり、フランス政府は休戦を申し入れました。
　ところで、遡ること22年前（1918年）の11月11日、第一次世界大戦の休戦協定が結ばれましたが、その場所はコンピエーニュの森^(＊04)（B/C-3/4）に置かれた客車（B/C-4）の中でした。
　そこでフランスは、この「ドイツが屈服した記念すべき列車」をわざわざパリまで運び、「休戦号（アルミスティス）」と名付けて博物館^(＊05)に展示していました。
　パリに入城したヒトラーは、ただちにこの博物館に展示されていた客車をコ

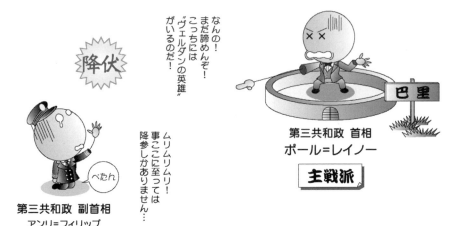

（＊04）パリから北東70kmほど離れたところにある森。
（＊05）ナポレオンの棺が安置されていることで有名な「廃兵院（アンヴァリッド）」の敷地内にある「フランス軍事博物館」。

ンピエーニュの森に運び出させ、22日、ここにフランスの全権を呼びだし、休戦協定に調印させます[＊06]（C/D-4）。

　第一次世界大戦も第二次世界大戦も、独仏間の休戦協定がどちらも「コンピエーニュの休戦協定」と呼ばれるのはそうした理由からです。

　これにより「フランス第三共和国」は滅亡（D-2/3）、北フランス（全土の3/5ほど）はドイツの占領下に置かれ、南フランス（全土の2/5ほど）にはペタンを首班としたドイツの傀儡政権「フランス国（ヴィシー政権）[＊07]」が置かれました。

　これに対し、ペタン元帥の元部下で、レイノー内閣の下で国防次官を務めていたド゠ゴール（C-1）は、レイノー内閣が倒れるや否や、翌17日には10万フラン[＊08]を握りしめてイギリスに亡命、18日にはＢＢＣラジオで「徹底抗戦」を演説します（A-1）。

──我々がドイツの電撃戦（ブリッツクリーク）の前に敗れ去った（うたご）ことは疑うべくもない。

　だが希望は消えたのか。我々の敗北は最終的か！？

　否（ノン）。断じて否（ノン）である。

　我々は一局地戦に敗れただけで戦争に敗れたわけではない！

　どんなことがあっても抵抗（レジスタンス）の焔（ほのお）を消してはならない！（A-2）

　そして22日、コンピエーニュの森の休戦協定が結ばれると、その日のＢＢＣで「自由フランス政府」の樹立宣言を行いました。

　ヴィシー政府はド゠ゴールに死刑を宣告し、自由フランス政府もヴィシー政府を「侵掠者（しんりゃく）の手先！」「ヴィシー政府を倒せ！」と宣戦布告し、両政府は激しく対立することになります。

　ところで。

　ちょうどこのころ、その水面下では総統（フューラー）と総統（ドゥーチェ）と総統（カウディーリョ）、「3人の総統」の熾（し）

（＊06）その後、今度はドイツの博物館に運ばれ、「フランスが屈服した記念列車」として展示されましたが、ドイツの敗戦直前の1945年、やり返されることを恐れて破壊されました。

（＊07）「フランス第三共和国」が倒れたのですから、これを「第四共和国」と呼んでよさそうなものですが、フランス人はドイツの傀儡政府を「第四」とは認めず、単に「ヴィシー政府」と呼び、大戦後に生まれた新政府を「第四共和国」としました。

烈な駆引がありました。

　じつは開戦以来、ヒトラー（A-5）は「鋼鉄同盟（シュタール）」に基づき、総統（ドゥーチェ）ムッソリーニ（D-5）に参戦を催促する手紙を出しつづけていましたが、ムッソリーニはこれを黙殺しつづけていました。

── 英仏を敵に回してヒトラーは本当に勝てるのか？
　勝てるならば勝ち馬には乗りたいが、
　負けるならばドイツと共倒れするつもりはない。
　彼は「エチオピア（イタリア）（＊09）」で、"伊軍が殊の外弱い！"ということを思い知らされていましたから、あれ以降めっきり慎重になっていたのです。
　固唾（かたず）を呑んで戦況を見守っていたムッソリーニでしたが、パリへの快進撃を見て「これはヒトラーの勝ち戦（いくさ）だ！」と判断、パリ陥落のわずか 4 日前になって宣戦布告してきました（＊10）（D-5）。
── 勝ち戦となれば、一刻も早く勝ち馬に乗っておこぼれに与（あずか）らねば！

自由仏政府

BBCラジオ放送

「我々がドイツの電撃戦の前に敗れ去った！
だが希望は消えたのか!?
否！ 断じて否である！
我々は一局地戦に敗れただけで
戦争自体に敗れたわけではない！」

自由フランス政府 首班
シャルル＝アンドレ＝ジェゼフ＝マリー
ド＝ゴール

（＊08）このころの 10 万フランは、現代の貨幣価値では 800 万円くらいに相当します。
（＊09）本書「第1章 第6幕」参照。
（＊10）「瀕死のフランスに襲いかかるのは卑劣」と参戦に反対する将校もいましたが、ムッソリーニは強行しました。ところがその「瀕死のフランス」に背後から殴りかかったイタリア軍はフランス軍に蹴散らされ、伊軍の生半可でない弱さがここでも露呈しています。

しかしながら、ダンケルクを見て「これはヒトラーの勝ちだな」と思っているようでは、彼も "眼" がない。

ちなみに、ムッソリーニと同じ時期、同じようにヒトラーから参戦催促の手紙を受け取っていたのが 総統（カウディーリョ）フランコ（D-1）。

しかし、あちらの総統（ドゥーチェ）（ムッソリーニ）とは違い、こちらの 総統（カウディーリョ）（フランコ）はけっして総統（フューラー）（ヒトラー）の誘いに乗りません。

「英仏を敵に回して、本当にヒトラーは勝てるのか？

　勝てるならば建国の義理もあるし、勝ち馬にも乗りたいが、

　負けるならばやつと共倒れするつもりはない」

　総統（カウディーリョ）と総統（ドゥーチェ）、考えることは同じ。

ムッソリーニもフランコも、ヒトラーに助けてもらった恩義はありましたが、それとこれとは別、政治というものは徹底的にドライに徹せなければならない世界であって、感情に押し流されているようでは国は護れません。

しかし、フランコが出した結論はムッソリーニとは違いました。

「確かに、今はドイツ軍の快進撃かもしれん。

　しかし、これがいつまでもつづくとは思えぬ。

　とはいえ、ここでドイツを見棄てて、万が一にもドイツが勝利、フランスを制圧してしまったら、我が国はドイツと国境を接し、ドイツに睨まれることになる。それは困る」

ドイツにも付けない、連合国にも付けない、かといって中立も出来ない。

板挟みにあったフランコ 総統（カウディーリョ）は、ドイツと "付かず離れず" の絶妙な関係を取ることにしました。

ドイツが勝ってもドイツに怒られないように、負けても連合国に怒られないように。

しかし、こうした "コウモリ作戦" はたいへん難しく、両陣営から憎まれる結果に終わることが多い "諸刃の剣"。

ドイツ陣営に付いた総統（ドゥーチェ）と、中立を守ろうとする 総統（カウディーリョ）。

どちらの判断が吉と出るか、凶と出るか。

閑話休題。

「ダンケルク撤退戦」後のイギリスは、確かに兵士の命だけは守ったものの、

大陸に運び込んだ銃器・大砲・弾薬・装備品・戦車・その他の軍需物資のすべてを大陸に放り出してきたため、軍需物資が絶対的に不足し、惨めな状態でした。

しかしドイツ側でも、すでに厭戦(えんせん)的な空気(ムード)が蔓延しはじめていたため、ヒトラーは「今こそイギリスと和平を結ぶ絶好の好機(チャンス)！」とばかり和平交渉の窓口を開きました。

一刻も早く戦争をやめたいヒトラーが出した講和条件は、

- これまでドイツが征服した欧州(ヨーロッパ)の領地の事後承認
- パリ条約で剥奪された海外植民地の返還

…と、比較的寛大なもの。

いかにヒトラーが戦争をやめたがっていたかがわかります。

もしこのときの英首相がチェンバレンだったら、ホイホイとこれに飛びつき、第二次世界大戦はドイツ勝利の下に終わっていたことでしょう。

しかし、ヒトラーにとって運が悪かったのは、相手がチャーチルだったこと。

こんなヒトラーの甘言に乗るようなタマではありません。

——ヒトラーの野郎め、こんなヌルい講和条件を持ってくるとは、
　　やっこさんもよほど苦しいようだな。
　　ここで降伏すればヤツの思うツボ、降伏などするものか！

こうして戦禍はまだまだつづくことになったのでした。

ここはお茶を濁しておこう！

スペイン総統
F. フランコ

Column イタリア軍、弱さの理由

　本幕註でも触れましたが、イタリア軍の弱さは並大抵ではありません。

　イタリアはパリ陥落のわずか4日前、ドイツに攻めたてられてもはや断末魔の声を上げ、虫の息の状態のフランスに背後から斬りかかって大敗するという"快挙（?）"をあげています。

　それは仏伊国境から3kmも離れていない、したがって「戦線が伸びきっていたから」という言い訳も利かないマントンという港町でのこと。

　この戦いで 伊軍は6000もの犠牲者を出したのに、 仏軍の犠牲者はわずか229名という惨状でした。

　イタリアといえば、人類史上唯一「地中海統一」を成し遂げ、これを"我らが海"とした「最強の軍隊」を擁した民族の末裔です。

　それがなぜ……？

　もちろん理由は複合的・有機的・構造的で、本格的に論ずればそれだけで一冊の分厚い論文になるでしょうが、本コラムではその歴史的背景から探ってみることにしましょう。

　イタリアは5世紀にローマ帝国が崩壊して以来、19世紀にイタリア王国が生まれるまで、なんと1400年近くに渡って一度も「イタリア人による統一国家」が生まれませんでした。

　したがってもはや「バラバラが常態」であって、むしろ「統一」が不自然という感覚が生まれるようになります。

　したがって、政治的に「イタリア王国」という統一国家が生まれてもイタリア国民の心には「国民意識」というものが育ちません。

　国民意識がなければ国民国家が生まれず、国民国家が生まれなければ近代軍はまともに機能しません。

　彼らは「イタリア人のナポリ市民・フィレンツェ市民」ではなく、あくまで「ナポリ人」「フィレンツェ人」であり、イタリア国家のために戦うという愛国心はほとんどなかったのです。

　これでは弱くて当然でしょう。

第3章　ドイツ快進撃

第5幕

史上最大の空中戦
バトル・オブ・ブリテン

ついにヒトラーは英本土上陸作戦「アシカ作戦」を発動する。しかし、これを実現するためには英国海峡の制空権を握ることが必須条件。こうして"史上最大の空中戦"バトル・オブ・ブリテンは始まった。これにより一時イギリスは降伏寸前まで追い込まれたが、ここでヒトラーは取り返しのつかない失態を演じてしまう。

メッサーシュミット

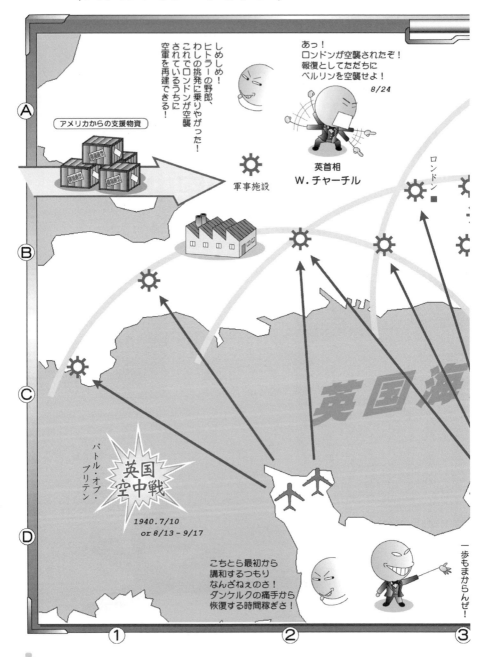

ヒトラーが差しのべた握手の手をはね除けたチャーチル。

恥をかかされる形となったヒトラーは「イギリス本土上陸！」を叫び、その作戦を立案させます（７月16日）。

これが「アシカ作戦（C-5）」です。

イギリス軍はダンケルク（B-4）からの逃亡の際、軍需物資のほとんどを大陸に置き去りにしてきたため、このころは小銃すら兵に行き届かず、第一次世界大戦で使用され、倉庫で埃をかぶっていた"骨董品"を引っぱり出さなければならないような有様で、今この状況でドイツ軍に本土上陸されたら殆うい。

しかしその一方で、アメリカから続々と援助物資が届いて（A/B-1）きていたため、まだ諦めるのは早い。

とりあえず体力回復まで自慢の海軍で英国海峡（C-2/3）を封鎖して時間稼ぎしておけば、まだまだ勝機はあります。

逆に、海軍力に劣るドイツが上陸を成功させようと思えば、狭い英国海峡のこととて、自慢の空軍（＊01）（A-4/5）で制空権を取りさえすればイギリスの大艦隊も無力化できます。

そこで海峡を中心として英独両空軍による"史上最大の空中戦"の幕が切って落とされることになりましたが、それこそが英国空中戦、所謂「バトル・オブ・ブリテン（C/D-1）」です。

つまり、バトル・オブ・ブリテンは「アシカ作戦」決行のための準備段階であり、これが失敗することはアシカ作戦の失敗を、ひいては英独決戦におけるドイツの敗北を意味しますから、きわめて重要な意味を持つ戦いとなります。

すでに７月10日から英国海峡で 空戦 が始まっていたため、この日を以て「バトル・オブ・ブリテンの開始日」としてある書も多いのですが、これはいわば"鍔迫合"のようなもので本格的なものではなく、このころのヒトラーはい

（＊01）当時ドイツ空軍機2300機に対して、イギリスは旧型機まで総動員してもその1/3に満たない700余機しかありませんでした。

（＊02）チャーチルが出した和平の条件は「これまでドイツが占領してきたすべての領地の返還」。ヒトラーが絶対に呑めるわけがないものをあえて提示してきたということは、チャーチルはこれっぽっちも和平に応じるつもりがないことを示したことになります。

まだに和平に一縷の望みをかけて和平交渉をしている最中（D-5）でした。

しかし22日、イギリスがヒトラーの和平案を正式に蹴ってきた(*02)（D-4）ため、ついにヒトラーは交渉を打ち切り、8月13日、「バトル・オブ・ブリテン」に本腰を入れることになります(*03)。

しかしヒトラーは、事ここに至ってもどうしても和平への望みを棄て切れず、空襲目標はあくまで軍事施設(*04)に限定してロンドン（A/B-3）への空襲を禁じていました。

都市への空襲は市民の恨みを買い、和平交渉が絶望的になるため(*05)です。

その空襲のすさまじさにチャーチルは焦燥感を抱き、

―― こんな空襲があと数週間つづいたら、我が空軍は潰滅してしまう！

…と天を仰いだといいます。

あと一歩でバトル・オブ・ブリテンはドイツの大勝利、そうなれば「アシカ作戦」が決行される前にイギリスは白旗を振っていたかもしれません。

またしても「あと一歩のところで」。

8月24日、その転機（ターニングポイント）は訪れました。

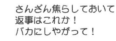

（*03）この8月13日を「鷲の日（アドラー＝ターク）」と言い、この日を以て「バトル・オブ・ブリテン」の開始とすることもあります。
（*04）レーダー基地・飛行場・軍需工場・港・交通路など。
（*05）都市爆撃を禁じていた理由として、人種主義のヒトラーが「同じゲルマン系であるイギリス人はなるべく殺したくないから」と言っていたという証言もあります。

いつものように夜間空襲に飛び立った独空軍機1000機あまりのうち1機が航路を誤るという大ポカを犯し、ヒトラーが禁止していたロンドンを爆撃してしまったのです。

　あくまで単機の誤爆でしたから大した被害は出ませんでしたが、チャーチルはここぞとばかりこれを煽り（A-2）、翌25日から報復としてベルリン空襲を決行します。

　これに激怒したヒトラーは「報復せよ！　やつら（イギリス人）の街を完全に破壊し尽くすべし！」と命じ（B-5）、9月7日以降はムキになって昼となく夜となくロンドン空襲を始める、その契機となりました（C/D-4）。

　しかしこれは、戦略的見地から見て如何にもまずい。

　そもそもこたびの作戦の戦略はあくまで「アシカ作戦（ゼーレーヴェ）を決行するため、英国海峡の制空権を掌握すること」であって「ロンドン市民の殺戮」ではありません。

　であるならば、たとえベルリンを爆撃されたとしても、クールに軍事施設の空襲に徹するべきであって、"怒り（感情）"に押し流されて"戦略（理性）"を見失っているようでは「指導者」として失格です。

　そんな"報復"をしたところで、ロンドン市民の恨みを買ってイギリスとの「和平への道」が鎖される（とざ）だけです。

　これは完全に「攻撃目標をロンドンに向けさせよう」というチャーチルの策にハメられた格好でした（A-1/2）。

　実際、英政府はロンドン空襲を利用して盛んに国民の敵愾心（てきがい）を煽る（あお）一方、空軍施設への空爆が減ったことで英軍部は再建への時間稼ぎができ、胸をなでおろしたといいます。

―― 蠅（はえ）を追うより糞（くそ）除け ――

　目の前にたかる蠅（スピットファイア）などいくら払ってもキリがない、それよ

（＊06）犬のケンカはお互いの尻尾を追い回してくるくる回ることがありますが、空中戦も敵機の後尾に付けた方が有利であるため、敵機の後ろに付こうとくるくる飛ぶ様を「ドッグファイト」ということがあります。そしてそれには"旋回能力"がモノを言いました。
　じつは、同じころの日本の戦闘機「零戦」の強さの秘訣もそこにありました。

194

り、蠅の発生源たる糞（軍需工場や飛行場）を取り除いてやれば、蠅などそのうちいなくなるものです。

　ヒトラーはけっして無能な政治家ではありませんが、人間、怒りの感情に押し流されてしまうとそんな簡単な理屈もわからなくなってしまう、ということでしょうか。

　こうした戦略的失態に加えて、重大な敗因として挙げられるのは、ドイツ自慢のメッサーシュミット（Bf 109）の性能でした。

　メッサーシュミットは火力（ファイアーパワー）と速度（スピード）において優れた名機でしたが、旋回能力でスピットファイアに劣っていたため、空戦（ドッグファイト）ではつねに劣勢（＊06）で、空襲のたびに独軍機は英軍機の倍近く撃墜されました。そのうえ航続距離が短かった（＊07）ため、英国海峡を渡ってイギリス上空で戦闘できる時間がたったの15分ほどしかなく、時間を気にしながら戦わなければならなかったうえ、15分ごとにドーバーを往復しなければなりません。

　このためドイツはアッという間に備蓄ガソリンが枯渇し、人的・物的被害も

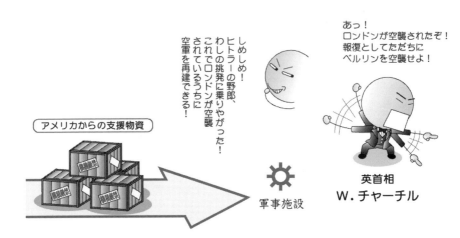

（＊07）メッサーシュミットの航続距離は680kmほど。同時期の日本の戦闘機「零戦」と比べても大幅に短く（増槽付で3300km、通常でも2200km）、スピットファイア（750km）と比べても短い。しかしながらこれは、メッサーシュミットの欠点というより、そもそもメッサーシュミットが「迎撃用」として開発されたもので、「遠征用」でなかったため。

甚大で、「独空軍は大戦中には回復が見込めないほどの損害を被った(＊08)」ため、これ以上の「鷲の攻撃(＊09)」の継続が困難となったと判断したヒトラーは、ついに９月17日、その無期限延期を決定します。

　後世の人は「結果」だけを見て「ドイツはバトル・オブ・ブリテンに敗けるべくして敗けた」と考えがちですが、あのとき途中で戦略目標をブレさせなければ、ドイツにも勝機は充分ありました。

　もしここでドイツが勝利していれば、おそらくイギリス国民の心は折れ、ドイツが実際に「アシカ作戦」を決行するまでもなく白旗を振っていたでしょう。

　チャーチルは「徹底抗戦！」を叫びつづけたでしょうが、もはや彼の声すら届かなかったに違いありません。

　そうなれば、もはやアメリカの介入もありませんし、第二次世界大戦は最終的にドイツ勝利に終わり、全欧がヒトラーの支配下に入っていた可能性もあったのです。

　しかし、ヒトラーは敗れました。

　これが独軍が押し返された初の戦いとなり、これを分水嶺として第三帝国は奈落の底へ転げ落ちていくことになります。

ドイツ総統
Ａ．ヒトラー

（＊08）英空軍ヴェルナー＝クライペ大佐の言。

（＊09）イギリスが「バトル・オブ・ブリテン」と呼んだ決戦を、ドイツは「鷲の攻撃（アドラー＝アングリフ）作戦と呼びました。

第4章 形勢逆転

第1幕

ローマ帝国の復興を我が手で!
ムッソリーニの暴走

ヒトラーの快進撃を目の当たりにして、ムッソリーニは焦燥感に駆られる。「あの道化師（ヒトラー）の後塵を拝すなど我慢ならん!」やがて彼は「ローマ帝国の再興」を夢見、地中海統一をせんとエジプト侵攻を命ずる。軍部は大反対するも、ムッソリーニは言う。「今動かずしていつ動くのだ!?」

ムッソリーニの野郎
ワシに何の相談もなく
勝手に戦線広げやがって!
責任取れるんだろ～な?

**ドイツ総統
A.ヒトラー**

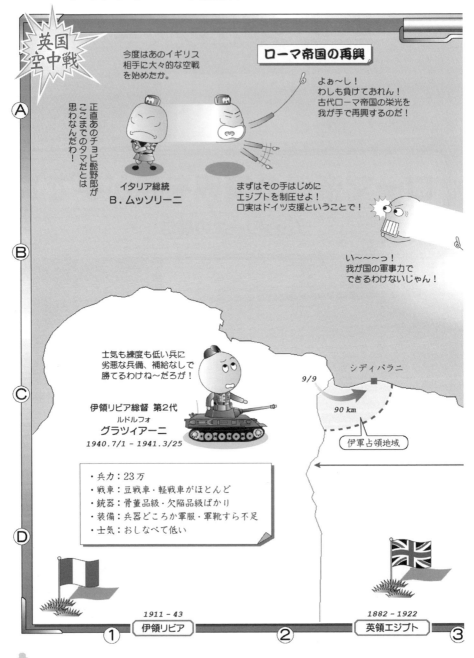

第1幕 ムッソリーニの暴走

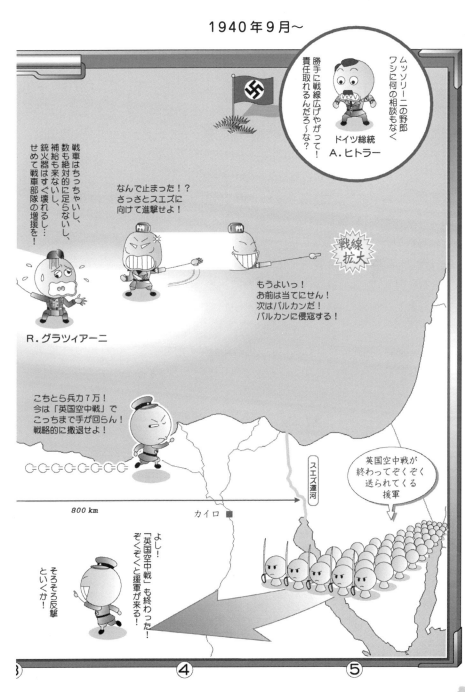

ところで、第二次世界大戦でドイツが敗れた原因は「英国空中戦やバルバ
ロッサ作戦の失策でもなければアメリカ軍の物量でもない、イタリアを
味方に付けたことだ」という冗句があります。

とはいえ、これは半分"事実"に基づいたものでしたから、ドイツ人として
はあまり笑えない冗句。

ここまでのドイツの快進撃を見て勝ち馬に乗ろうと、ドイツがパリに無血開
城する４日前（６月10日）になってイタリアが介入してきたことはすでに述べ
ましたが、これがドイツにとってケチの付き始め。

それだけならまだしも、エチオピア戦以降おとなしかったムッソリーニはヒ
トラーの"毒気"に当てられたか、途方もない野望を持ちはじめます。

── 古代ローマ帝国の復興を我が手で！ ──（A-2）

古代ローマ帝国といえば、人類史上唯一「地中海統一」を成し遂げた大帝国。

それを現実にしようとは、もはや"野望"というよりも"妄想"の類。

彼もまたご多分に漏れず、独裁者が陥りやすい「偏執病（＊01）」を患ってし
まったか。

彼の"野望"を達成するためには、地中海沿岸の地をすべてイタリアの支配下
に置かなければなりませんが、これまで見てきて明らかなように伊軍の弱さは
"折紙つき"。

ムッソリーニもエチオピア戦でそれを自覚したはずなのに、なぜここに来て
急に強気になってしまったのか。

おそらくその奥底にはムッソリーニの自尊心があったと思われます。

ついこの間までヒトラーのことを"格下"と小馬鹿にしていたのに、つぎつぎ
と大戦果を収めて自分の頭をまたいで先に進んでいくヒトラーに、いたく誇り
を傷つけられたことは想像に難くありません。

── この私ともあろう者が、

（＊01）独裁者に多く発症する、自らを「特殊な人間」「絶対的存在」だと信じ込む精神障害。
　　　　強い猜疑心・激しい攻撃性・異常な支配欲を示すことが多いですが、これらの症状はこの
　　　　ころのムッソリーニの性質と一致しています。

（＊02）ムッソリーニが初めてヒトラーと会見した直後の、ムッソリーニのヒトラー評。

200

ヒトラーのごとき"道化師(＊02)"の後塵を拝すなど我慢ならん！

　ヒトラーが「バトル・オブ・ブリテン」に本腰を入れることを考えていたころ（8月8日）、ムッソリーニはリビア総督 R．グラツィアーニ(C-1/2)を呼び出し、エジプト侵攻を命じます。

　戦略目標は国境から約800km（C/D-3/4）も東にあるスエズ運河（C-5）。

　――そんなの、無理に決まっている！

　驚いたグラツィアーニ元帥はすぐに総統を諫めました。(＊03)

- 砂漠戦では重要な戦力となる戦車だが、伊軍の戦車は豆戦車・軽戦車ばかりで貧弱なうえ、性能も低く、さらに数も少ないこと。
- 他の装備も旧装備・劣悪のうえ数が絶対的に不足していること。
- 現状ですら軍服や軍靴すら行き届かないほど慢性的に補給が行き届いていないのに、開戦となればなおさらであること。
- 何より兵の士気がおしなべて低く、練度も低いこと。（D-1/2）

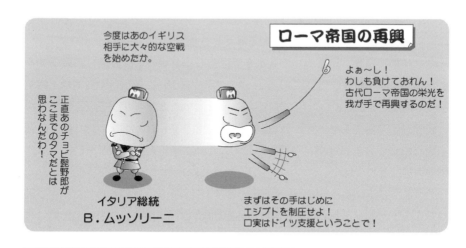

（＊03）当時の在アフリカ伊軍の将軍で、エジプト侵攻が成功することを信じている者はひとりもいなかったといいます。時の外相チアーノも敗北を確信していました。
　　　それでもムッソリーニが「Ｇｏ！」といえばやらざるを得ない、独裁国家の欠点がもろに出てしまった結果でした。

こうした理由を列挙して、現状ではエジプト制圧などまったく不可能だと説きます。

しかし、総統はまったく取り合わず、ドイツによるロンドン大空襲の真っただ中の９月９日、ヒトラーに何の相談もなくエジプト進撃を開始させてしまいました（第１次 砂漠の戦）。

名目は「同盟国が戦っている 敵 の補給路を断つ(＊04)ことで、ドイツを後方支援するため」。

当時のイギリスは対独戦のために在埃の 英 軍は７万しかおらず、これに対して 伊 軍は23万。

数だけみれば 英 軍の３倍以上を擁し、一見イタリアが圧倒的有利に見えますが、戦争は数ではありません。

将の才覚、兵の練度・士気、そして兵器の優劣がモノを言うのです。

案の定、調子がよかったのはほんの緒戦のみで、数にモノを言わせて国境を突破したまではよかったのですが、その勢いは「800km」どころか、国境からわずか90km地点（シディバラニ）でぴたりと止まってしまいます（C-2/3）。

戦車はおよそ使い物にならない豆戦車のうえ、補給も来ない。

「腹が減っては戦はできぬ」の言葉どおり、これでは兵の士気が上がるはずもなく、これではグラツィアーニ元帥でなくとも進めません。

にもかかわらず、進撃停止の報告を受けたムッソリーニは激怒し、進撃するよう矢の催促をしました（B-4）が、逆にグラツィアーニ元帥は物資補給と戦車部隊の増援を要求しました（B-3）。

彼の必死の訴えもあって、ムッソリーニも虎の子「戦車部隊1000輌」の派遣を認めてくれましたが、グラツィアーニ元帥が待てど暮らせど一向に戦車部隊の増援は現れません。

そうこうしているうちに、「バトル・オブ・ブリテン」を終わらせたイギリスがつぎつぎとエジプトに増援を送り込んできた（D-5）ため、たちまち形勢は逆

（＊04）当時イギリスは、軍需物資をインドからエジプト（スエズ運河）を経て本国に運び込んでいました。ここを奪われると、イギリスは苦境に陥ります。

転してしまいます。

「総統閣下は何をもたもたされておられるのだ！」
（ミーオドゥーチェ）

　じつは、そのころのムッソリーニは焦っていました。

　開戦以来、ここまでイタリアはいいところなし。

　パリ陥落寸前で半身不随となっていたフランスに背中から襲いかかりながらこちらが大怪我を負う（＊05）というブザマをさらし、今また北アフリカ戦線では、ドイツに大空襲をかけられて身動きできない英軍の寝込みを襲うような攻撃をかけながら、英軍にまだ何もされていない（C-3/4）のに勝手に身動きが取れなくなって悶絶している状況。
（アドラーアングリフ）（イギリス）（イギリス）

　それはとにかく兵器が貧弱すぎる（＊06）ためであってグラツィアーニ元帥のせいではないのですが、ヒトラーに対して一方的にライバル心を燃やし「ローマ帝国再興」を妄想していたムッソリーニは頭を抱えます。

──なんたるザマ！
　　我が軍の戦果が、独軍に見劣りするものであってはならない！
　　　　　　　　　（ドイツ）

　ムッソリーニは、この不甲斐ない北アフリカ戦線に興味を失い、すでに「次」に目を向けはじめていた（B-4/5）ため、北アフリカ戦線に"虎の子"の

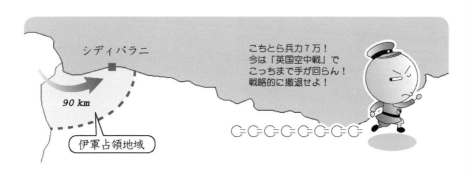

（＊05）「第3章 第4幕」のコラム参照。開戦前のムッソリーニの演説が虚しい。
　　　「諸君！　我々は勝利するであろう！　イタリア国民よ！　今こそ武器を取り、諸君らの強さを、勇気を、価値を示すべし！」

（＊06）イタリア軍の主力機関銃（ブレダM30）は「熱や砂に弱くてすぐジャムる（故障する）」という代物。砂漠で戦っているのに。

1000輌の戦車を差し向けるのが惜しくなっていたのでした。

しかしながら、北アフリカ戦線すら膠着している現状にあってさらに戦線を広げるなど、およそ狂気の沙汰です。

開戦前の準備不足、装備不足、兵の練度・忠誠心の低さ(＊07)……などなど、伊軍が敗北する理由はつぎつぎと出てきましたが、勝つ要素などまったく見出せない状況にあって、将軍たちは一斉に反対しましたが、またしてもムッソリーニはこれを強行してしまいます。

彼が見据えていた「次」とは……？

(＊07)「第3章 第4幕」のコラムでも触れましたように、イタリアはその歴史的背景から20世紀に入っても「国民意識」というものが育っておらず、"国家への忠誠心"というものはほとんどありませんでした。
日本で喩えれば、「幕藩体制」においてはひとつひとつの「藩」が独立国家の単位であり、武士は「藩士」であって「日本人」という国民意識がなかったのと同じです。

第4章 形勢逆転

第2幕

ムッソリーニの尻拭い
バルカン制圧

つぎにヒトラーが狙ったのが欧州(ヨーロッパ)最大の油田地帯ルーマニア。そのままなし崩し的にブルガリア・ユーゴスラヴィアを従属化に入れたのち、独ソ戦に入る予定だった。しかしここにヒトラーの想定外のことが起こる。またしてもムッソリーニが暴走したのだ。ヒトラーは彼の尻拭いに奔走せざるを得なくなった。

ガソリン不足だ！ルーマニアの油田をいただくとしよう！

ドイツ総統
A.ヒトラー

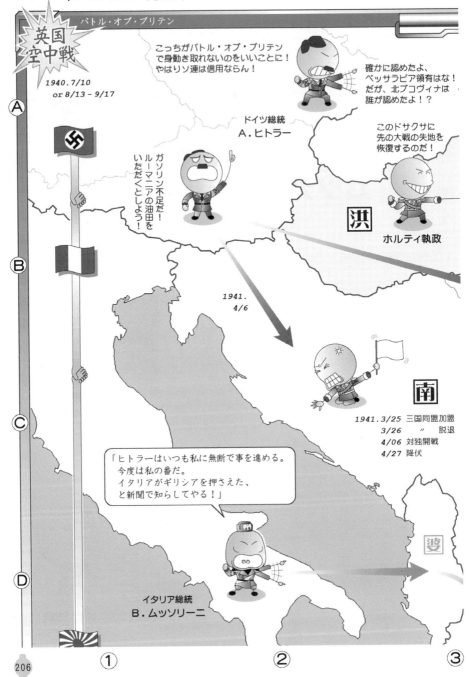

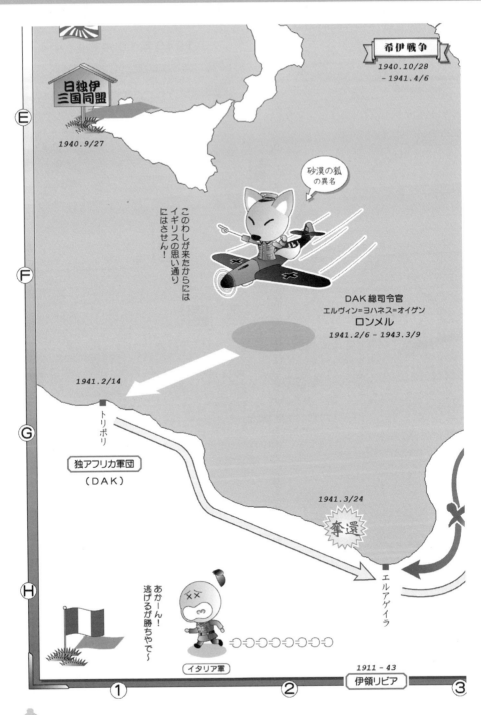

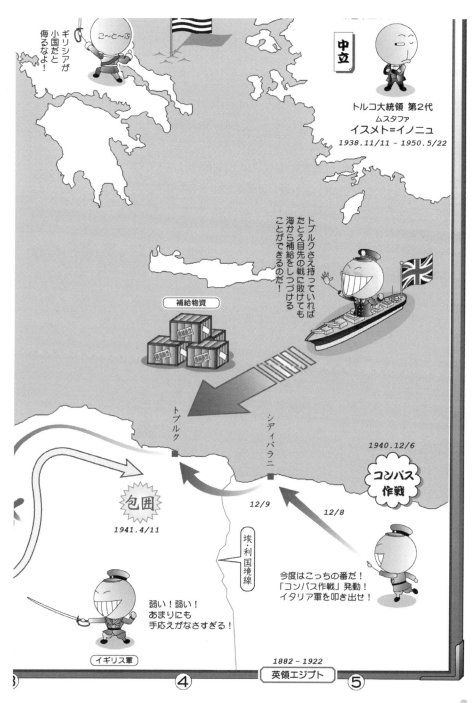

こでいったん場面を北アフリカから欧州（ヨーロッパ）に戻しましょう。

ヒトラーがフランスを降伏（６月２２日）させ、イギリスとの和平交渉に入っていたころ、その背後では、ソ連（USSR）がルーマニアに圧力をかけベッサラビア（A/B-5）と北ブコヴィナ（A-4）を併合（２８日）してしまいます。

ベッサラビアは「独ソ不可侵条約」でソ連（USSR）の勢力範囲としてドイツが認めていましたが北ブコヴィナは含まれていません。

ドイツが対英仏戦で身動きが取れないその間隙に、ドロボウ猫のように掠め（かす）取るスターリンのやり方にヒトラーは憤慨します（A-2）。

── やはりやつらは信用おけん。

我がドイツにとってソ連は不倶戴天の敵だ。叩き伏せねばならない。

しかしそうなれば、「鷲の攻撃（アドラー・アングリフ）（＊０１）」に失敗した今、ドイツは背にイギリスの影を感じながらソ連（USSR）と対決していかなければならないことになり、はなはだ不利です。

その点、側近も指摘しましたがヒトラーは聞き入れません。

── 心配は要らん。

土台の腐った納屋は入口を一蹴りするだけで倒壊するものだ。

ここで言う「土台の腐った納屋」とはもちろんソ連のことです。

しかし、ソ連（USSR）にも"影"を背負ってもらうため、ソ連（USSR）の向こうにいる日本と手を結ぶことを考えます。

そのころの日本はといえば、中国から「南進」して米英と対決するか、「北進」してソ連（USSR）と対決するかで議論を重ねていた最中（さなか）で、そこにドイツのすさまじい快進撃の報が伝わると、「バスに乗り遅れるな！」という声が高まり、輿論はドイツとの提携強化へと向かっていたところ。

こうして両国の利害が一致し、９月２７日、「日独伊三国同盟（＊０２）（E-

（＊０１）「バトル・オブ・ブリテン」のドイツ側の作戦名（１９４０年８月１３日〜９月１９日）。

（＊０２）すでに結ばれていた「日独伊防共協定」をさらに強化したものとして生まれました。
日本の外相 松岡洋右も、ドイツの外相リッベントロップも、ソ連の外相モロトフもこれにソ連を加えて「日独伊ソ四国軍事同盟」に発展させたいと考え、実際に交渉を重ねていましたが、すでに独ソ開戦を念頭に置いていたたヒトラーによって潰されました。

210

1)」が調印される運びとなりました。
　同盟が成るや、ヒトラーは矛先を180度転回させ、ただちにルーマニアに軍を侵寇させます（10月11日）（B-3）。
　ひとつには、「英国空中戦(バトル・オブ・ブリテン)」で消耗した石油を確保するため。
　当時のルーマニアは欧州(ヨーロッパ)最大の原油産出国でしたから、以後、独軍(ドイツ)の半分、伊軍(イタリア)のほとんどがこのルーマニアからの原油で賄(まか)われることになります。
　もうひとつの理由が「来たるべき独ソ開戦に備え、背後の憂いを断つ」こと。
　独ソ開戦となったとき、万一、バルカン諸国とソ連(USSR)が同盟を結べば、ドイツ軍は南から側背を突かれることになりますから、開戦前にその不安の芽を摘んでおかなければなりません。
　英仏連合軍をアッという間に蹴散らした独軍(ドイツ)がバルカンに来襲してきたことで、これに震えあがったバルカン諸国 —— ハンガリー（A/B-2/3）・ルーマニア（B-4）・ブルガリア（C/D-4）は不承不承ながらぞくぞくと枢軸側に加わりはじめました(*03)。

(＊03)具体的には、1940年11月20日にハンガリー、23日にルーマニア、翌41年3月1日にブルガリア、25日にユーゴスラヴィアが日独伊三国同盟に加盟しています。

211

最後のユーゴスラヴィアもドイツ陣営に加担する方向へ進み、これが片づけば、あとはこのまま独ソ開戦！ ── となるはずでした。

　しかし、ここでまたしてもムッソリーニが足を引っぱります。

　ヒトラーとて、ナポレオンが「ロシア遠征」の失敗で没落したことなど重々承知していましたから、無敵ナポレオン軍を崩壊させた「冬将軍」対策として、ナポレオンより1ヶ月以上も早く進撃を開始する予定でした。

　ナポレオンのロシア遠征が始まったのが「6月22日^(＊04)」でしたから、ヒトラーはその5週前の「5月15日」に設定して、暖かいうちにモスクワ・レニングラードを蹂躙する、所謂「バルバロッサ作戦^(＊05)」です。

　しかも、歩兵中心のナポレオン時代と違って、このころは自動車・装甲車・戦車の機械化部隊が中心でしたから、進軍速度がケタ違いに速い。

　これがちゃんと計画通りに実行されていたなら、寒くなる前に目的を達成し、「バルバロッサ作戦」は成功裡に終わっていた可能性は高かったでしょう。

　しかし。

　ドイツがルーマニアに侵寇したとき、これにライバル心を燃やしたムッソリーニ（D-1/2）がヒトラーに何の相談もなく、不調の北アフリカ戦線を放置して、突如としてギリシアに軍を進めた^(＊06)（D-3）のです。

　せっかくバルカン制圧が順調にいっているのに、これを引っ掻き回すような横槍を入れられて、ヒトラーは激怒しましたが "あとの祭"。

　しかもギリシアで勝ってくれるならまだしも、"お約束" というべきか "平常運転" というべきか、案の定、勢いがあったのは緒戦だけ。

　伊軍はたちまち小国ギリシア（E-3/4）を相手に敗走しはじめ、国境まで押し戻されたどころか、アルバニア領まで侵寇されてしまう無様を晒します。

　のみならず。

（＊04）どの瞬間を以て「ロシア遠征の始まり」と見做すかは意見の分かれるところ。国境を走るニェーメン川に軍橋を掛けさせた日と考えるなら「22日」、進軍が始まった日なら「23日」、実際に国境（ニェーメン川）を越えた日なら「24日」となります。

（＊05）名称由来については「第2章 第7幕」のコラムを参照のこと。

（＊06）希伊（ギリシア・イタリア）戦争（D/E-2/3）。

北アフリカ戦線でも体勢を建て直した英(イギリス)軍が12月6日、反攻作戦「コンパス作戦(オペレーション)（G-5）」を発動し、8日夜にはイタリア最前線基地（シディバラニ）に進軍を開始します。

　翌9日、英伊両軍が接触するや、伊(イタリア)軍はほとんど抵抗らしい抵抗もできぬまま総崩れを起こし(*07)、わらわらと組織的投降が始まってシディバラニ（G-4/5）はあっという間に陥落。

　英(イギリス)軍はそのまま進撃して開戦前の国境線（G/H-4/5）など軽々と突破、トブルク（G-4）まで来たところでようやくその日の進撃が止まりました。

　伊(イタリア)軍はたった1日の戦闘で230kmも後退し、捕虜3万8000を出したのに対し、英軍の被害はきわめて軽微という惨状。

　しかも、トブルクを取られたのは如何にも痛い。

　なんとなれば、ここはリビアでも数少ない軍港であり、ここを敵に押さえられると、叩いても叩いてもここから物資の補給がされる（F/G-4/5）ため、キ

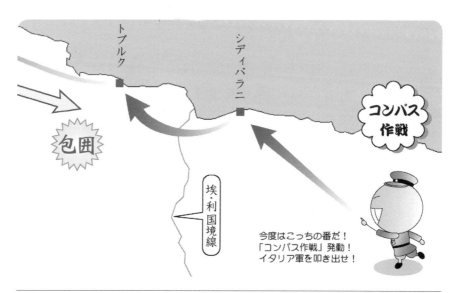

（*07）当時の英軍戦車「マチルダⅡ」は伊軍の対戦車砲をはじき返すことができたのに対し、伊軍戦車は装甲が薄いうえに熔接ではなくリベット止めだったため、敵弾が当たるたびにリベットが弾丸のように飛び交い、兵士に襲いかかる欠陥品でした。

リがないということになるためです。

　狼狽したムッソリーニは、恥を忍んでヒトラーに救援を要請。

　「バルバロッサ作戦」決行直前にあって、兵はいくらあっても足らないのに、ヒトラーは独ソ開戦の前に"ムッソリーニの尻拭い"をさせられるハメになってしまいました。

　そこでヒトラーはＥ．Ｊ．Ｅ．ロンメル中将（F-2）率いる「独アフリカ軍団（G-1）」をトリポリ（G-1）に派兵（1941年2月14日）するや、もはやリビアから駆逐される寸前だった伊軍をよそに英軍をたちまち蹴散らし、3月24日にはエルアゲイラ（H-2/3）を奪還、そのままトブルクまで押し返すことに成功（4月11日）します。

　しかし、このトブルクばかりは難攻不落、さしものロンメル将軍もこれを陥とすのは至難で、ここから永らくトブルクを挟んで英独の消耗戦がつづくことになりました。

　その間、少ない兵力・滞る補給・劣った兵器・劣悪な環境にありながら、騎士道精神に則った戦ぶり（＊08）で何度もイギリスの猛攻（「戦斧作戦」など）を撃退したロンメル将軍は「砂漠の狐」の異名（E/F-2）をとることになります。

　こうして北アフリカ戦線で一進一退の攻防が繰り広げられていたころ、バルカン半島ではユーゴスラヴィアが国運を左右する重大な岐路に立たされて頭を抱えていました。

　北から迫り来る"強いドイツ"と、南で総崩れを起こしている"弱いイタリア"に挟まれて、「我が国はドイツ陣営に付くべきか、イギリス陣営に付くべきか」。

　ユーゴスラヴィアにとって、ドイツ陣営だろうがイギリス陣営だろうが正直どちらでもよい。

（＊08）兵に無茶な命令をしない見事な作戦行動、敵捕虜は虐待しない、住民を巻き込まない、兵糧の現地調達すらしないで、配下はもちろん、住民からも、敵兵（イギリス）からすら尊敬され、英軍内で「ロンメルを尊敬してはならない」という命令が下ったほど。

第 2 幕　バルカン制圧

ただ勝つ方に付いて国家の存続を図りたいだけです (*09)。

政府は "強いドイツ" を見てこれに腰砕け、軍部は "弱いイタリア" を見てイギリス陣営に付くことを主張していましたが、3月25日、ついに政府はドイツの圧力に屈して「日独伊三国同盟」に加盟してしまいます (C-3)。

これに反発した軍部は、翌26日、政変(クーデタ)を起こして国家を転覆し、ただちに三国同盟から脱退。

順調に進んでいたドイツのバルカン政策は、ムッソリーニの暴走のせいで破綻し、ドイツはイタリア救援のため、さらにはバルカン制圧のため、軍を南下させざるを得なくなったのでした。

4月6日からバルカン制圧を始めて17日にはユーゴスラヴィアが (C-2/3)、23日にはギリシアが無条件降伏し、ようやくヒトラーは当初の目的を果たしたものの、ここで「バルバロッサ作戦(ウンターネーメン・バーバロサ)」準備のための貴重な時間と兵力が消耗されてしまったことは、ドイツの命運にとって致命的なものとなっていきます。

たったひとつのボタンの掛け違いがそこから先のすべての計画を破綻させ、

DAK 総司令官
エルヴィン=ヨハネス=オイゲン
ロンメル

(*09) 弱小勢力は「忠誠心」とかではなく、ただ「勝つ方」に付いて存続を図りたいだけなので、二大勢力に挟まれてどちらが勝つかの帰趨がわからないとき、どちらに付くべきかで内紛が起こりやすい。たとえば日本の戦国時代において、西の「毛利」と東の「織田」に挟まれた播磨が、織田派と毛利派に分かれて相争うことになったのと同じです。

215

修復不可能な事態の悪化を招くということはよくあること。

ヒトラーの破滅はここから始まったといってもよいかもしれません。

さらに、人間コトがうまく運ばなくなると何か他のものに八つ当たりするということもまたよくあること。

そもそもヒトラーは「第一次世界大戦でドイツが敗れた原因は、ドイツの軍事的失敗などではなく、ユダヤ人による裏工作にある！」という"匕首伝説"を本気で信じていましたから、事がうまく回らなくなるとこれを「ユダヤ人が暗躍しているために違いない」と疑心暗鬼になってしまった可能性は否めません。

これまでもヒトラーはユダヤ人に対して"抑圧政策"をとっていましたが、このころを境として「絶滅政策」へと舵を切っていくことになります。

悪名高き「アウシュヴィッツ」をはじめとして、各地に強制収容所が建設されはじめたのもこのころからでした。

それは戦争が終わるまでつづき、殺されていったユダヤ人犠牲者の数は150万人(＊10)にも上ったといわれています。

トブルクさえ持っていればたとえ目先の戦に敗けても海から補給をしつづけることができるのだ！

補給物資

（＊10）多く見積もっても200万人。ユダヤ人は戦後一貫して「600万人」と主張していますが、被害者である彼らの一方的な言い分で学問的根拠があるわけではありません。
　　　もっとも一貫しているだけまだマシで、中国などは日中戦争における犠牲者の数を終戦時には「132万」と発表していたのに、公表するたびに「438万」「1000万」「1800万」「2100万」「3500万」と増えていき、現在では「5000万」と主張しています。

第4章 形勢逆転

第3幕

積水なきバルバロッサ

独ソ開戦

ついにヒトラーはその牙をソ連に向けた。しかしこのころからヒトラーのやることなすこと、すべてが裏目、逆目、誤算に逆効果。軍略の基本は「戦力集中」。「戦力分散」「小出し遅出し」は兵法の愚。ところがヒトラーは、その〝兵法の愚〟を犯しつづけて自滅していく。

（戦力分散作戦）

（中央突破作戦）

〈独ソ開戦〉

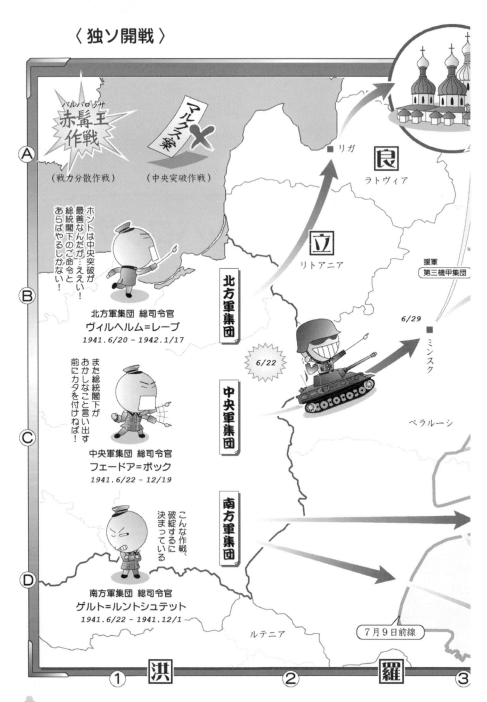

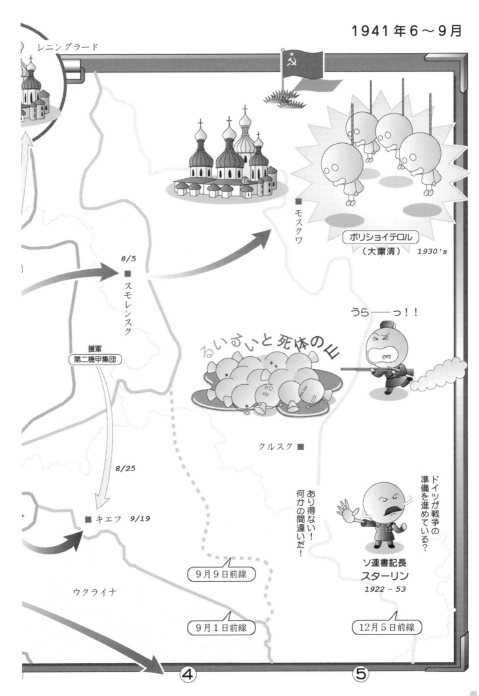

すでに触れましたように、ほんとうに恐ろしいのは"目の前に立ちはだかる敵"より、「味方の裏切り」「無能な味方」など、"味方のふりした目に見えない敵"です。

「真に恐れるべきは"有能な敵"ではなく"無能な味方"である（＊01）」

―― ナポレオン＝ボナパルト

「"無能で勤勉"なタイプは如何なる責任ある立場も与えてはならない」

―― クルト＝ハンマーシュタイン

冗句（ジョーク）ではなく、ムッソリーニさえ余計なことをしていなければ、こたびの大戦はドイツが勝利していた可能性は充分にあります。

「5月15日」に設定していた「バルバロッサ作戦（A-1）（ウンターネーメン・バーバロサ）」は、ムッソリーニが勝手に動いたせいでバルカン制圧に手間取ってしまい、計画は5週間以上もずれ込んで「6月22日（B/C-2）」に再設定されることになりました。

よりによって「6月22日」！

すでに学んでまいりましたように、「6月22日」はナポレオン没落の原因となったロシア遠征が始まった日であり、じつに縁起が悪い（＊02）。

「総統閣下（マインフューラー）！

決行するにしてもこの日はやめましょう！

あまりにも縁起が悪すぎます！」

しかし、側近の反対にもヒトラーは聞く耳を持ちません。

―― だいじょうぶだ。

たかがフィンランドごとき小国に苦戦（＊03）するような軍など、

我が軍を以てすれば2ヶ月もあれば粉砕できる！

"冬将軍（ジェネラル・フロスト）"など来る前にすべてが終わっておるわ！

ひょっとしたらヒトラーは、敢えてナポレオンが失敗した「6月22日」から

（＊01）ナポレオンが起死回生をかけたワーテルローで敗れたのも「無能な味方」のせいでした。詳しくは本シリーズ『駆け抜けるナポレオン』をご参照のこと。

（＊02）ちなみにこの「6月22日」は、ワーテルローの戦に敗れたナポレオンが退位させられた日であり、第二次世界大戦でフランスがドイツに降伏（コンピエーニュの森の休戦協定）した日でもあります。

始めて成功させることで、何かと比較されるナポレオンより自分が"格上"だということを示そうとしたのかもしれません。

しかし、バルカン作戦に貴重な"時間"を奪われたことで、あらゆる側面において準備不足でした。

これは如何にもまずい。

兵法の大家・孫子も強く戒めています。

──勝兵は先ず勝ちて、而る後に戦いを求め、
　　敗兵は先ず戦いて、而る後に勝ちを求む。(＊04)

戦の勝敗は開戦前の準備段階ですでに決しているのであって、綿密な「準備」こそが勝利のすべてだと説いています。

それをしない者は、戦う前から敗れている。

そして、こう続けています。

──積水を千仞の谿に決するが若き者は形なり。

「積水」というのは"（堰堤などに）満々と湛えられた水"のこと(＊05)で、この堰を切れば水が怒濤の如く深い谷を勢いよく下り落ちていきます。

中央軍集団 総司令官
フェードア＝ボック

6/22

中央軍集団

(＊03) 蘇芬（ソフィン）戦争のこと。

(＊04) 勝利を収める軍は、開戦前の準備段階で確実に勝てる状態を構築してから戦に臨み、逆に敗走する軍は、開戦してしまってから如何に勝つかの方策を練るものだ ── という意味。

(＊05) 余談となりますが、「積水化学工業（株）」の社名はこの格言に由来しています。

巷間、この部分だけを抜粋して「用兵というものは、濁流が谷を下り落ちていくような勢いが大切」という意味だと勘違いしている人がたいへん多い。

しかしながらその前文を読めば、孫子が言いたいのは「千仞の谿に決する（勢いを得る）」方ではなく「積水（準備）」の方だということがわかります。

「"積水"しているからこそ、水は谷を勢いよく落ちることができるのだ」と言っているのです。

これまでドイツが「電撃戦」で大戦果を収めることができたのも、そうした"積水（戦前の綿密な準備）"があったればこそです。

しかし同時に、我々はすでに「成功は人を堕落させる」ことも学んできました。

ヒトラーはこれまでの「大戦果」に慢心し、"積水"もせずに（準備不足のまま）「バルバロッサ作戦」の決行を命じてしまったのでした。

しかも、作戦そのものもよろしくありません。

軍首脳は、悪路のつづく北方（レニングラード）（A-3）・南方（ウクライナ）（D-3/4）方面を避け、ここは一極集中、ロシアの心臓部に向かってミンスク（B-3）→スモレンスク（B-4）→モスクワ（A/B-5）と最短距離で一直線に中央突破を図る作戦（マルクス案）を立案（A-1/2）しました。

兵法において「戦力集中」は基本中の基本ですから、この作戦案はきわめて真っ当なものといえるでしょう。

ところがヒトラーは、レニングラードとウクライナの奪取にこだわり[＊06]、この作戦案に難色を示します。

その結果、彼の意向を考慮してモスクワ・レニングラード・ウクライナを一斉に攻める「三方面作戦」に修正されてしまいました。

そのために用意された総勢300万、152個師団、戦車3580輌のドイツ軍

（＊06）先にも触れましたように、当時のドイツは鉄鉱石等の戦略物資の輸入をスウェーデンに頼っていたため、バルト海の制海権を確保しておくのは必須でした。そのためレニングラード港がソ連の勢力圏下にあることは不安材料ではありました。
また、ウクライナは大穀倉地帯であり、石油などの地下資源にも恵まれ、ヒトラーはこうした経済的理由からこの２つも手に入れたいと考えていました。

は３つの軍集団に分けられ、
- 北方軍集団（Ｗ．Ｊ．Ｒ．フォン＝レープ）（B-1）
- 中央軍集団（Ｍ．Ａ．Ｆ．フォン＝ボック）（C-1）
- 南方軍集団（Ｋ．Ｒ．Ｇ．フォン＝ルントシュテット）（D-1）

　北方軍集団（B-1/2）は旧都レニングラードを、中央軍集団（C-1/2）は首都モスクワを、南方軍集団（C/D1/2）は穀倉地帯ウクライナを攻略する計画とします。
　しかし、これも如何にもまずい。
　洋の東西を問わず古今を問わず、孫子もクラウゼヴィッツ[*07]も「戦力分散」を強く戒めています。
　第一次世界大戦でも、ドイツはせっかく参謀総長シュリーフェンが「戦力集中」型の戦略（シュリーフェン計画）を立案していたのに、この理がまったく理解できなかった無能・小モルトケが「戦力分散」型へ改悪してしまったために大敗北を喫してしまったものでした[*08]。
　「マルクス案」の不採用は、ドイツが今回もまた前回と同じ轍を踏んだことを意味します。

南方軍集団　総司令官
ゲルト＝ルントシュテット

（*07）19世紀のプロイセン少将。彼はその軍歴よりも、彼の死後に発表された『戦争論』により名を残しました。中国の孫子とよく比較されますが、"戦術"的な点ではたいへんよく似ているものの、やはり欧州人と中国人、"戦略"的理念には大きな違いがあります。

（*08）このあたりの詳細は本シリーズ『第一次世界大戦の衝撃』ですでに述べましたので、ここでは深く述べません。

そこで軍部は、一応ヒトラーの顔を立てて「三方面作戦」とはするけれど、あくまで「モスクワが最優先目標」——としたかったのですが、ヒトラーの顔色を窺い、結局そうした優先順位すらウヤムヤのまま開戦してしまう為体。

これはまさに孫子の言葉「先ず戦いて、而る後に勝ちを求む」という典型的な「敗兵」のやり方です。

そもそも歴史的に見て、こうした多方面作戦が成功するのは、よほどの綿密な計画・各方面軍の密接な連携・将の才覚・兵の練度・敵の無能・どうしようもないほどの圧倒的戦力差など、さまざまな好条件が揃いに揃ったときくらいで、さもなくば、ほとんど失敗に終わっています[＊09]。

国力には限りがあるためすぐに息切れを起こしてしまうためです。

ところが。

これほどの杜撰な計画であったにもかかわらず、緒戦では大戦果！

戦端が開かれるや、ソ連の陸軍はまったく対応できずに総崩れを起こし、空軍は飛行場に翼を並べる戦闘機が飛び立つ前に片端から破壊された結果、初日だけでソ連の保有する全軍用機のうちの２割（約1800機）が消滅する——という収拾のつかない大混乱に陥り、開戦後数日経ってもソ連軍司令部は前線の状況がまったく摑めず、司令すら出せないという有様。

こうした戦況を分析した当時の米英政府も、一時「もはやドイツの勝利は確定的か！？」とソ連敗北を想定した戦後対応に追われたほど。

特にボック将軍が率いる中央軍集団は華々しい快進撃を遂げ、ミンスクなどは開戦後１週間と保たずに陥落、さらに１ヶ月後にはスモレンスクも陥ち、目指すモスクワまであと320kmの地点まで迫ります。

「戦力分散」「杜撰な計画」だったはずなのに、なぜこれほどの大戦果を挙げることができたのか。

（＊09）世界史全般から例を拾うと多すぎるので、『三國志』だけに限定して例を挙げてみても、魏の曹丕による「第３次 濡須口の戦（222〜23年）」「赤阪・成固の戦（230年）」、呉の孫権による「第４次 合肥の戦（234年）」「芍陂の役（241年）」と、多方面作戦はことごとく失敗しています。晋の司馬昭による「蜀征伐戦（263年）」「呉征伐戦（279〜80年）」は成功していますが、これは「どうしようもないほどの圧倒的戦力差」のためです。

224

それは偏に「敵の無能」のおかげでした。
　こたびの「バルバロッサ作戦」は、当時「史上最大の作戦」でしたから、隠密裡に準備するということは不可能で、ドイツが大規模な戦争準備を進めていることは諜報員からの報告でスターリンも知っていました。
　ならば、ソ連も臨戦態勢に入ったかといえば何の対応もしていません。
　つぎつぎやってくる諜報員からの報告をことごとく「何かの間違い」「イギリスの陰謀」としてスターリンが握り潰してしまっていた（C/D-5）ためです。
　それどころか「ドイツを刺激するな！」と前線の軍に警戒態勢を取らせないよう厳命していたほど。

ソ連書記長
スターリン

　スターリンはそれほどまでに他国の独裁者(ヒトラー)を信頼しきっていたのに、なぜ自分の側近の言葉はまったく信用しなかったのでしょうか。
　じつは、彼もまた独裁者の職業病といってもよい「偏執病(パラノイア)」を発症していたためでした(＊10)。
　さらに、この"誰も信用できない病"は、大戦勃発直前のソ連(USSR)国内で「ボリショイ・テロル」と呼ばれる大粛清(＊11)（A-5）を引き起こしており、政治

(＊10)「もう誰も信用できない。ときどき自分さえも信じられなくなる」という彼の言葉は、その事実を如実に示しています。

(＊11)「第3章 第2幕」の(註05)参照。

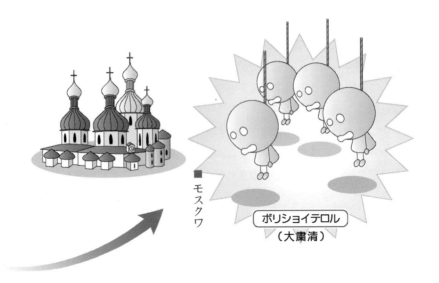

家・軍人はもちろん、俳優・作家・学者などの文化人や、果ては医者(＊12)・教師・農民などの一般市民に至るまで災いが及ぶすさまじいものでした。

　しかも、独裁者というものは自分の地位を奪う可能性のある優秀な人材を嫌いますので、こたびの大粛清(ボリショイ・テロル)でも国家に貢献する優秀な人材から順に殺されていくことになります。

　軍部では大佐以上の高級将校の65％が逮捕され、すぐれた軍人がほとんど殺されてしまい、開戦直前の1939年までにまともな人材はことごとく殺され、国家運営に支障をきたすほどになっていました。

　そんな情勢で突然ドイツ軍が進撃してきたのですから、総崩れを起こすのも当然、起こさない方がおかしい。

　しかしながら。

　開戦前から独(ドイツ)参謀本部が懸念していたとおり、案の定、北方・南方軍集団では苦戦を強いられます。

(＊12) このため、スターリンが脳卒中で倒れたときには優秀な医者が残っておらず、まともな治療も受けられなかったほどでした。

特に南方戦線は長雨のため泥濘がつづき、「泥将軍」を前にしてドイツの主力「Ⅲ号戦車」が身動きできなくなってしまったのに対し、ソ連の主力戦車「T-34」は泥沼でも駆動できるように設計されていたため自由に動けるうえ、こちらの方が射程も長く、Ⅲ号戦車では太刀打ちできなかったのです。

しかし、ドイツ軍が「T-34」よりもっと手を灼いたのは、ソ連軍の「人海戦術」でした。

スターリンは大喝します。

──撤退は許さん！

退く者があれば銃殺せよ！

そして、農村から男という男を片端から掻き集め、小銃を持たせて最前線に送り込みます。

「Ypaaaaaaa!!(＊13)」(B/C-5)

その叫び声とともに農民兵が独軍に突進してくるのですが、なんの訓練もしていない農民の群が小銃を小脇に抱えて戦車に向かってくるのですから、ただただ屍を重ねるだけ(C-4/5)。

しかし、これこそがソ連軍の恐ろしいところ。

──よし！　敵兵殲滅完了！

戦車隊進め！

ドイツ軍がそう命じるまもなく、第二波がやってきます。

「Ypaaaaaaa!!」

殲滅しても殲滅しても、第三波！　第四波!!　第五波!!

まるで心太かベルトコンベアのように前線に兵が送り込まれては屍の山を築きあげていくのです。

文字通りの「人間の盾」で、ドイツ軍が10万発の弾を撃っても、20万人のソ連兵が押し寄せ、100万発撃っても200万のソ連兵が押し寄せる。

ドイツ軍がどれほど撃てども撃てども前線を進められない。

(＊13)ロシア語で「万歳」の意。ソ連兵が上官から無茶な突撃を命じられて、恐怖を打ち払うために叫ぶ言葉として有名。

うら——っ！！

るいるいと死体の山

　代わりにソ連（USSR）は莫大な人民の命を失いますが、このときすでに何百何千万もの自国民を殺してきたスターリンのこと、ここでその数が500万1000万増えようが屁でもありません（＊14）。

　「泥将軍（ジェネラル・マッド）」「T-34」「人海戦術」に苦戦する南方戦線。

　しかしながら、こうなることは最初からわかっていました。

　だからこそ参謀本部は南方戦線は避け、道の整備された中央突破の作戦（マルクス案）を立案したのです。

　しかし今からでも遅くはない、やはり中央を優先して北方・南方兵力を中央に回すよう、作戦を変更しなければ！

　八丘八谷（やまやたに）にまたがる八岐大蛇（やまたのおろち）も、頭を斬り落とされればその巨体もただの骸（むくろ）。

　おなじように、広大な領土をもつソ連（USSR）も野戦軍（胴体）など相手にせず、モスクワ（頭）さえ陥（お）とせば野戦軍など放っておいても崩壊する！

　ところが、こうした進言にヒトラーは答えます。

　——北方・南方が苦戦か！

（＊14）第二次世界大戦において、敗戦国ドイツの戦死者（500万人）より、戦勝国ソ連の戦死者（2000万人）の方が圧倒的に多いのはこのためです。

（＊15）ドイツ電撃戦の生みの親。ポーランド進撃以来、数々の功績を上げ、このときは中央軍集団に属し、ミンスク・スモレンスク包囲戦で大戦果を挙げ、その進撃速度の速さから「疾風ハインツ」の異名を取った名将。

よし、ならば、中央軍集団から北と南に援軍を送れ！

南方戦線にはグデーリアン第二機甲集団を（C-3/4）、

北方戦線にはホート第三機甲集団を（A/B-3）！

援軍を送るベクトルがまったく逆。

これに驚いた H.G.グデーリアン将軍^(＊15)をはじめ、諸将は一斉に（援軍を送られる側の南方軍の諸将すら）反対し、必死に説得を試みましたが暖簾に腕押し。

──諸君らはクラウゼヴィッツを知っているかもしれん。

だが、"戦争経済"というものがわかっておらぬ。

今、我がドイツにはウクライナの穀物と石油が必要なのだ！

確かにウクライナは穀倉地帯であり、敵の補給路でもありましたから、ヒトラーの言い分にも一理はあります^(＊16)。

しかし、ヒトラーは若いころ軍に所属していたことはありましたがただの兵卒であって、一軍を率いた経験などなく、戦術を専門的に学んだ経験もありません。

古来より軍を指揮した経験のない政治家が軍事に口を挟めばろくな結果を生まないことは、歴史が証明しています。

「軍略」というものはきわめて特殊な技能ですから、素人が首を突っ込むとかならず愚策を繰り返して崩壊するもの。

今回もその例外とはならず、"軍事素人"ヒトラーの作戦への介入はソ連にとって僥倖となりました。

援軍の到来でウクライナの拠点キエフにはドイツ軍が殺到し、これを包囲することに成功しましたが、じつはここからがたいへんです。

軍事素人は、敵拠点の包囲が完成するとあとは楽勝のように考えがちですが、現実には「攻撃三倍の法則^(＊17)」といって攻城戦・包囲戦には多くの時間と甚大な損害を覚悟しなければなりません。

（＊16）したがって、世の中には「じつはヒトラーの判断の方が正しかった」と主張する人もいますが、これは「小モルトケ擁護論」を叫ぶ者と同じで、「戦略」というものがまったく理解できていない者の書生論にすぎません。

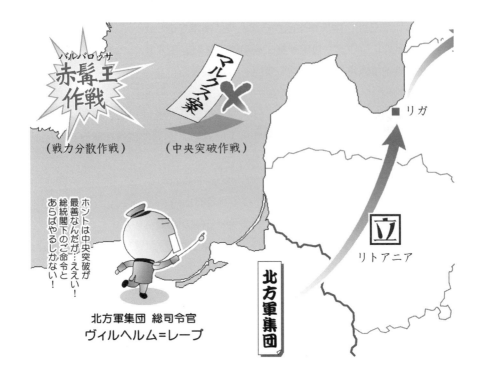

　さらに戦というものは「敵の損害を大きくする」ことよりも「味方の損害を少なくする」ことの方が圧倒的に重要です。
　孫子に曰く、「百戦百勝は善の善なる者に非ず」。
　老子に曰く、「善く士たる者は武ならず、善く敵に勝つ者は与わず」。
　古来、愚将は敵の殲滅にこだわって自軍の傷口を広げ、名将は敵兵を多く逃すことになっても自軍の損害を最小限にすることを心掛けるものです。

（＊17）19世紀末/20世紀初頭のドイツ陸軍から経験的に唱えられるようになったもので、「守りに徹する敵を叩くには3倍の兵力を要する」という意味。孫子も「敵に10倍する兵力があってはじめて敵を包囲せよ」といっています。さほどに攻城戦・包囲戦は難しい。

（＊18）ハンニバルもナポレオンも項羽も、連戦連勝！百戦百勝！しながら、結局は亡びていったのはそこのところを見誤ったためです。

230

ここを見誤ると、勝てば勝つほど窮地に追い詰められ、最終的には結局敗れます[*18]。

包囲戦は自軍に多大な損害が出ることを覚悟しなければなりませんから、これは極力避けなければいけません。

そこで古来、包囲戦に効果的なのが「わざと包囲を解いて"黄金の橋[*19]"を用意してやる」こと。

孫子に曰く、「囲む師は必ず闕く」。

秀吉に曰く、「まず敵の逃げ道をつくってから攻めよ」。

ルントシュテット将軍もこれに倣って"黄金の橋"を架けようとしたところ、ここでまたしてもヒトラーが横槍を入れてきました。

── 一兵たりとも逃してはならぬ！

この言葉はヒトラーが軍事知識にまったく疎いことを示しており、そうした者が戦況を引っ掻き回したのでは、勝てる戦も勝てなくなるのは道理。

こうして無茶を繰り返した結果、確かにキエフは手に入りました。

しかしその代償もまた大きく、取り返すことのできない貴重な"時間"と多くの兵を失います。

そして、ドイツ軍が"泥将軍"にもたもたしているうちに、ついにナポレオン軍を撃滅した恐ろしい"冬将軍"がやってきました。

"冬将軍"の到来で大地は凍り、"泥将軍"は去っていきましたが、そもそもこたびの作戦の至上命令は、「"冬将軍"がやってくる前に、電光石火でモスクワを陥とすこと」だったはず。

すべてはそれを大前提に作戦が立てられていましたから、ドイツ軍は冬の装備すらしていなかったのです。

もはやドイツ破滅の跫音がひたひたと聞こえるようになってきました。

（＊19）包囲した一部に、敵兵が逃げられるようにわざと空けた"逃げ口"のこと。
わざと逃げ口を作ってやることで、敵の戦意を削ぐことができます。
これは包囲戦に絶大な効果があるため、名将がよく使う手です。

Column　餅は餅屋

　「国家」という"大会堂"を支える礎石・支柱・大円蓋、すなわち「政治」「経済」「軍事」は、きわめて特殊な能力を要するものです。

　古来、数限りない専門家・学者、そしてこれに従事する者がこれを研究してきましたが、どうしてもこれを使いこなすことができません。

　イギリスのＴ.ホッブスなどは国家を"人間の手に負えない怪物"に喩え、中国の老子は「大国を治むるは小鮮を烹るが如し」と、どうせ人間の手に負えないのだからむしろ干渉しない方がかえってうまくいく、と説いたほど。

　それでも悠久の歴史の中で失敗を重ねながら少しづつマニュアル化されてきましたが、出来上がったそれは一般常識がまるで通用しない知識体系で、たとえ人生をかけて学んでもこれを会得できない者の方が多いほど難解至極な代物。

　しかも、政治・経済・軍事の才はまったくの別物。

　「右を向けば左が見えない」のと同じで、３つのうちどれか１つの才が啓いた人には他の２つの才はないことが多く、複数の才を開花させた人は（いないわけではありませんが）古今稀です。

　したがって、自分が何かに才能が啓いたからといって、過信して畑違いのことに口を挟めば大火傷を負うことになります。

　ヒトラーは政治家としてはなかなかの才を発揮しましたが、だからこそ、軍事に関してはきちんと諸将の意見に耳を傾けるべきでした。

　中国の劉邦など、彼自身には政才も軍才もありませんでしたが、だからこそ政略にかけては張良の策を用い、政治は蕭何の助言に耳を傾け、軍略は韓信に任せたため、天下を獲ることができました。

　餅は餅屋、刀は刀屋。

　何でもかんでも自分がするのではなく、適材適所、すぐれた才を持つ者に適切な役職を与え、これに信頼して任せることができる者が「すぐれた指導者」の必須条件といえるでしょう。

第4章 形勢逆転

第4幕

チャーチルの思惑

大西洋会談

ヒトラーはイギリス上陸作戦をいったん諦め、バルカンへ走っていった。これで一息ついたイギリスだったが、休む隙もなく"次の手"を打つ。勝利のためには味方を増やすこと。そのためには「悪魔」とだって手を結ぶ。チャーチルはソ連(USSR)と軍事同盟を結び、さらにアメリカを味方に付けるために渡米した。

（対日参戦）
密約

ふっふっふっ
この表面上の文言だけでなくフランクリンから対日参戦の密約を得たぜ！
これで勝ったも同然だ！

〈 大西洋会談 〉

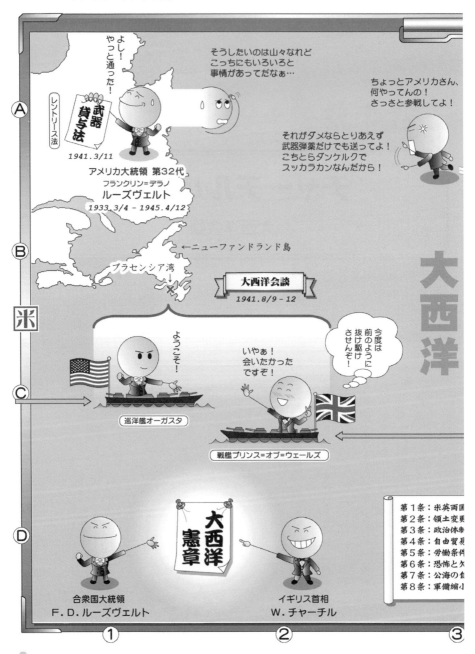

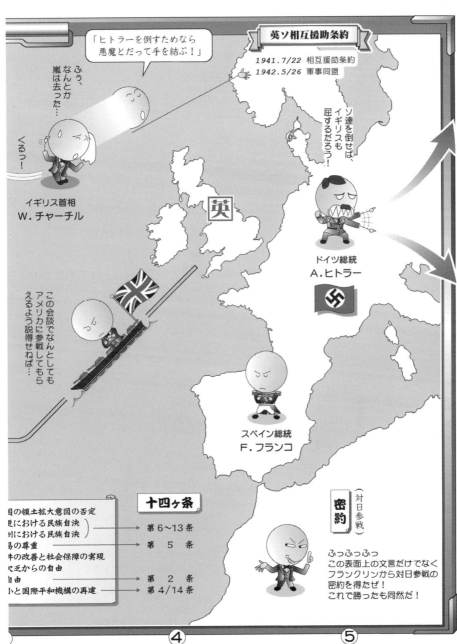

ところで、ナチスドイツがバルカン戦線や東部戦線で激戦を繰り広げていた（A/B-5）ころ、イギリスはドイツの猛攻から解き放たれて一息つくことができていました（A-3/4）。

とはいえ、もちろんその間イギリスも無為に過ごしていたわけではなく、チャーチルはせわしく動き回っています^(＊01)。

今回、バトル・オブ・ブリテンはなんとか凌いだとはいえ、イギリスは満身創痍。

今、ヒトラーは後ろを向いてくれているから助かっていますが、また踵を返してこちらを向いたら、次は防ぎきれるかどうか。

ヒトラーを叩き伏せるためには、アメリカを味方に付けるしかない。

そこでまず、これまで中立政策を取って頑なに動かなかった合衆国に盛んに働きかけ^(＊02)（A-2/3）、その努力の甲斐もあってついに1941年3月、参戦こそしなかったものの、合衆国で「武器貸与法」が成立（A-1）。

これによりイギリスは合衆国から莫大な武器支援を受けることができ、おかげでドイツが後ろ（バルカン・ソ連方面）を向いているうちに、イギリスは急激な軍備再建が可能となりました。

さらに。

チャーチルは大の"アカ嫌い^(＊03)"だったため、ここまで英ソ関係はなかなか進展していませんでしたが、独ソが開戦したことで英ソはドイツを「共通の敵」として急接近。

──ヒトラーを倒すためなら悪魔（スターリンのこと）とだって
　　手を結ぶだろう！（A-4）

そう発言し、独ソが開戦したちょうど1ヶ月後の7月22日、「英ソ相互援助条約（A-5）」が締結されることになりました。

（＊01）ナポレオンも言っています。「人生という試合で最も重要なのは休憩時間の得点である」。ふつうの人が休憩している時間に如何に努力できるかが成功の要という意味です。

（＊02）「米英参謀会議（1941年1〜3月）」など。

（＊03）「アカ」とは共産主義者・社会主義者を指す隠語。語源は不明。チャーチルは「共産主義を知らぬ者もすべてアカ（Red）の手先だ」と言い放つほどの反共産主義者。

これに応じて、合衆国もただちに「武器貸与法(レンドリース)」をソ連(USSR)にも適用し、米・英・ソの協力態勢が強まっていきます。

でもまだ足りません。

チャーチルは何としてもアメリカを抱き込むため、翌8月には海(アトランティック)をわたって合衆国(アメリカ)と話し合いの場を持つことになりました(B/C-3/4)。

こうしてニューファンドランド島のプラセンシア湾(B-1/2)に、イギリスの戦艦「プリンス＝オブ＝ウェールズ(*04)(C-2)」と合衆国(アメリカ)の巡洋艦「オーガスタ(C-1)」が姿を現し、お互いに艦(ふね)を表敬訪問し合い、プリンス＝オブ＝ウェールズ艦上で調印されることになったため、この会談は「大西洋会談(アトランティックカンファレンス)」と呼ばれるようになります。

このときルーズヴェルトはチャーチルの説得を受け、ついに「対日参戦」を密約(*05)しました(D-5)。

チャーチルがこの時期、潜水艦(Uボート)に沈められる危険を犯してまでこんなニューファンドランド島沖くんだりまでやってきたのには、もうひとつ理由がありま

(*04)「不沈艦」と讃えられたイギリス自慢の超弩級戦艦。
　　　のちにマレー沖海戦で日本軍に沈められることになる、日本とも因縁浅からぬ艦。

(*05)ルーズヴェルトは会談後「イギリスには何も約束していない。我々が戦争に介入することはない」と国民向けに発表しましたが、のちにチャーチルに下院の演説(1942年1月27日)にてこのときに「参戦密約」があったことを曝露されています。

237

した。

　その理由は、この会議での米英の合意「大西洋憲章（D-1/2）」を分析することで見えてきます。

第１条：米英両国の領土拡大意図の否定　　　　　↓十四ヶ条条項

第２条：領土変更における民族自決

第３条：政治体制における民族自決　　　　　　　）第６～13条

第４条：自由貿易の尊重　　　　　　　　　　　　→第５条

第５条：労働条件の改善と社会保障の実現

第６条：恐怖と欠乏からの自由

第７条：公海の自由　　　　　　　　　　　　　　→第２条

第８条：軍備縮小と国際平和機構の再建（D-3/4）→第４/14条

　こうして詳しい内容をつらつら見てみるに、ほとんど先の大戦中にＴ．Ｗ．ウィルソン大統領が発した「十四ヶ条」の練り直し（＊06）にすぎず、この「大西洋憲章」がきわめて独創性に乏しいことがわかります。

　なぜこうもよく似ているのかといえば、その“意図”するところが同じだからです。

　つまり、「十四ヶ条」の意図がわかれば必然的に「大西洋憲章」の意図も理解できます。

　すでに既刊（＊07）で学んでまいりましたように、「十四ヶ条」は第一次世界大戦によって崩壊した「国際秩序」を合衆国の主導の下で再構築し、「Pax Britannica」から「Pax Americana」への“新世界”を築こうとするものでした。

　とすれば、こたびの「大西洋憲章」も第二次世界大戦によって崩壊した「国際秩序」を米英の主導の下で再構築し、米英が「戦後世界の支配者」たらん

（＊06）「大西洋憲章」の条文枠の右に書かれたものが「十四ヶ条」に相当する条項です。

（＊07）『世界史劇場 第一次世界大戦の衝撃』（ベレ出版）

としたものだということがわかります。

　先の大戦では、アメリカに単独で「十四ヶ条」を出されてしまうという煮え湯を呑まされた結果、戦後の国際秩序はアメリカ主導で動くようになってしまいましたから、今回はアメリカに出し抜かれぬよう、何としても「第二の十四ヶ条」にはイギリスも一枚咬ませてもらわねば。

　そして、せっかく出した「憲章（チャーター）」が有効になるためには、これを世界各国に支持させ、各国から喝采を浴び、その盟主として頂点に君臨しなければ意味がありません。

　「憲章（チャーター）」のそこかしこに耳に心地よい"綺麗事"が散りばめられているのは、それが彼らの"本心"だからではなく、何人たりとも「反対！」とは言えないようにして世界から賛同を浴び、それによって世界の頂点に君臨し、覇権国家として世界を支配するためです。

　まずはとにかく賛同させておいてから、実際の運営には自分たちの都合のいい解釈で運営する。

そのために条文の文言上は都合の悪いことは一切書いてありません。
たとえば、「大西洋憲章(アトランティック・チャーター)」の民族自決に関する条文について、文字面だけを追えば、
- 第２条では「the peoples concerned（関係国の人民）」、
- 第３条では「all peoples（すべての人民）」

…と謳っているため、当然「全世界の人民」かと思いきや、現実には戦後、「ナチスドイツ占領下に限定された人民」に限定されています。
なんとなれば、イギリスにとって、ＡＡ(アジアアフリカ)圏の植民地で「民族自決」を認めるわけにはいかないからです。
条文の中には「ナチスドイツの占領下に限定された人民(peoples)」などとどこにも書かれていませんが、米英がそういう解釈ならばその解釈で運用されます。
そもそも「法」というものはそういうもの(＊08)だからです。
しかし、文面上は綺麗事しか書かれていないため、交戦中の独伊ですらこれに「反対！」とは言えず、さりとて賛同もできないため、黙殺するしかありませんでした。

合衆国大統領
Ｆ.Ｄ.ルーズヴェルト

イギリス首相
Ｗ.チャーチル

(＊08)「法」というのは「文言そのままの意味」ではなく「その文言を政府がどう解釈するか」で運用されるものであり、前巻『ナチスはこうして～』の「パリ不戦条約」のところでもこのことについて触れたのですが、ここのところがなかなか一般には理解してもらえません。

第4章 形勢逆転

第5幕

－42℃の紅蓮地獄

冬将軍襲来

ついに「冬将軍」が襲来した。しかもこの年の冬将軍はマイナス42度まで下がるという大寒波。戦車も食糧も、そして兵たちもつぎつぎと凍っていき戦闘不能に。それに引き替えソ連(USSR)は、軍需工場をヴォルガ川上流に造ってあったため無傷で残っており、そのうえ米英からの物資援助もあってみるみる傷を癒していった。

〈 冬将軍襲来 〉

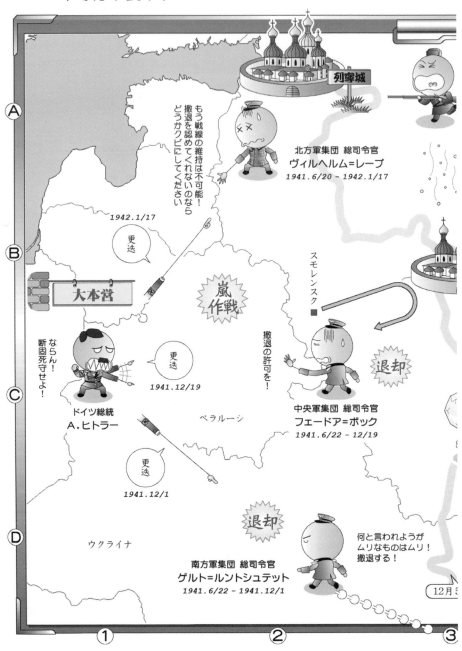

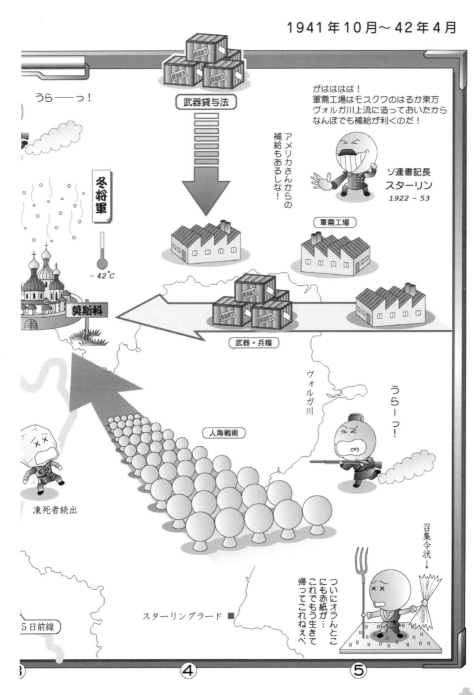

19

41年6月22日に始まった独ソ戦は、10月に入り大きな 転 機（ターニングポイント）を迎えることとなりました。

ついにドイツが怖れ、ソ連（USSR）が待ち望んだ「 冬 将 軍 （A/B-3/4）（ジェネラル・フロスト）」がやってきたのです。

ロシアの冬を舐（な）めてはいけません。

平年ですら海に近いところで「－10℃」、内陸に行けばさらに下がって「－20℃」くらいふつうに下がる極寒の地ですが、よりによってこの冬はロシア史上でも記録的な大寒波（＊01）が襲来し、「－42℃（B-3/4）」まで冷え込んだのです。

「－40℃」といえば、よく「バナナで釘が打てる」などと表現される気温ですが、バナナで釘は打てても食糧も水もすべてカチカチに凍って食べられなくなり、戦車・戦闘機はエンジンがかからず軍は無力化してしまうほどの極寒です。

そのうえ独兵（ドイツ）は冬の備えすらしておらず、これほどの極寒となると暖房器具すら故障して動かない有様で、兵士たちはつぎつぎと四肢から凍りついて死んでいく（C-3）という "紅蓮地獄（ぐれん）" の様相を呈しました（＊02）。

冬の備えをしていなかったのは、ヒトラーが「ソ連（USSR）など 冬 将 軍 （ジェネラル・フロスト）が来る前に陥（お）とす！」と豪語していたためでしたが、実際「マルクス案」さえ採用されてさえいれば、それも可能だった可能性は高い（＊03）。

しかし、軍事素人のヒトラーが軍事に口を挟んで引っ掻き回した結果がこれです。

事ここに至り、ついにヒトラーもついに自らの非を認め、9月30日、モスクワ侵攻作戦に切り替えます（ 嵐 作 戦 ）（ウンターネーメン・タイフーン）（B-2）。

しかし、すべては遅すぎました。

（＊01）ナポレオンのロシア遠征のときも例年にない記録的大寒波が襲いかかり、－38℃まで下がっています。2人してほんとうに運が悪い。ちなみに、現在に至るまでのモスクワにおける観測史上の最低気温が「－42.2℃」で、これに匹敵する大寒波でした。

（＊02）「紅蓮地獄」とは仏教における「八寒地獄」の下から二番目の極寒地獄。
　　　　このためドイツ軍は「ソ連兵に殺される兵」より「凍死する兵」の方が多いほどでした。

244

10月2日から本作戦が決行がされるとそれでも独軍(ドイツ)はよく戦い、12月5日（D-3）までにモスクワまであと40kmという指呼の間まで迫りましたが、ここで限界に達します。

あまりの極寒のため、もはやまともに戦えるような状態ではなくなり、ついにずるずると後退しはじめたのです。

この報に触れたヒトラーは自分の失態を棚に上げて大本営(ハウプトクアティア)の中から叫びます（B/C-1）。

── 撤退することは許さん！
　　　総員、持ち場を死守せよ！

兵器も兵糧も凍りつき、兵士も次々とカチカチに凍って死んでいく中でいったいどうしろと？

「できんものはできん！」

南方総司令官ルントシュテット（D-2）も中央総司令官ボック（C-2）も大本営(ハウプトクアティア)の「不退転命令」を無視して撤退を始めましたが、ヒトラーはこれを「軍命違反」としてつぎつぎと更迭し、ついにはこの方面司令官の任をすべてヒトラー御自(おん)らがひとりで兼任し、大本営(ハウプトクアティア)から無線で前線に指令を出す ── とい

ドイツ総統
A.ヒトラー

中央軍集団　総司令官
フェードア＝ボック

（＊03）もっといえば、ムッソリーニさえ余計なことをしなければ、バルカンで足止めを喰うこともなく予定通り「5月15日」に作戦決行できましたから、そうなれば「冬将軍」どころか「泥将軍」すら来る前にモスクワは陥ちていたでしょう。

う愚挙に出ます。

　軍の指揮も執ったこともない、前線に足を運ばず自分の眼で戦況を確認して
もいない者が安全地帯から前線に命令を送るなんて、およそ正気の沙汰ではあ
りません（＊04）。

　逆にソ連は、こうしたヒトラーの愚行が行われる中、着実に盛り返しを図っ
ていました。

　確かにソ連は、レニングラード（A-2）を包囲され、モスクワ（B-3）に肉薄
され、ウクライナ（D-1）を制圧され、ほとんどの兵器・軍備を失う ── とい
う散々な目に遭ったかもしれませんが、冬　将　軍 に守られているうちに米英か
らの支援を受ける（A-4）とともに、こうした事態に備えて軍需工場はモスクワ
のはるか東方（ヴォルガ川上流域）に集中させておいたため、つぎつぎと前線へ兵器
を送り込むことができました（B-4/5）。

　そのうえ、ロシアお得意の「人海戦術（C-4）」も重なり、ドイツは前線でロ
シア兵を討てども討てども、どんどん湧いて出てくるため消耗・疲弊させられ
る一方となります。

　モスクワ近郊の独軍が崩壊しはじめたのが12月5日でしたが、その3日
後、地球の裏側から一報が入りました。

「 日本、真珠湾攻撃！」

　この報を耳にしたチャーチルは、手を叩いて喜んだといいます。

── 日本め、ついにやりおったか！

　これで完全に合衆国を味方に付けることができた！　勝った！

　じつは、同じくこの報を聞いたヒトラーも勝利宣言しています。

── こたびの戦争は我々の勝ちだ！

　なんとなれば、3000年間一度も負けたことのない国が我々の味方につい
たのだから！

（＊04）日露戦争時、連合艦隊総司令官の東郷平八郎は、もろに敵弾にさらされる艦橋に立って指
　　　　揮していましたが、敵弾が雨あられと降りそそぐ中、部下から「ここは危ないですから中
　　　　へ」と促されても、「ここから見ておらんと戦況の微妙な変化を感じることができぬ」と
　　　　これを拒否。しかし将校クラスが全員瞬時に爆死したら困るからと、副官以下を司令塔の
　　　　中に下がらせ、自らは艦橋に立ちつづけました。指揮官とはこうでなければなりません。

そしてただちに（12月11日）合衆国（アメリカ）に宣戦布告しています。
　しかし、これはヒトラーの"強がり"でしょう。
　これまで「武器貸与（レンドリース）（A-4）」という間接的関与に留まっていたものが、これにより合衆国（アメリカ）が連合軍の一員として正式に参戦することになり、完全に先の大戦の二の舞（二正面作戦）となってしまったのですから。
　しかし、チャーチルのしたたかさは天下一品。
　「勝った！」と確信したからといって、ただちに第二戦線（＊05）を開いてドイツを叩く ── などという短絡行動に出るようなタマではありません。
　そんなことをすればドイツは亡ぼせるでしょうが、その代わり"悪魔（＊06）"が生き残ってしまいます。
　チャーチルは"チョビ髭（ヒトラー）"も大嫌いですが、"フデ髭（スターリン）"はもっと嫌い。
　外交というのは"狐と狸の化かし合い"。

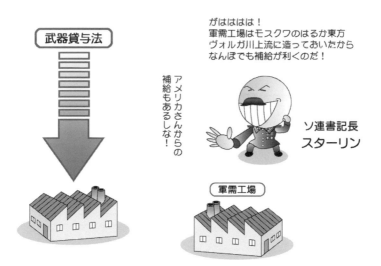

（＊05）独ソが戦っている東部戦線を「第一戦線」とし、2番目の戦線のこと。通常は英独間の「西部戦線」のことを指しますが、広義には「北アフリカ戦線」も含めることも。
（＊06）前幕（第4章 第4幕）の（註03）を参照のこと。
（＊07）英ソ相互援助条約のこと。前幕参照。

今は共通の敵となった"チョビ髭（ヒトラー）"を倒すため、不承不承"悪魔"と手を結んでいる(＊07)だけで、チャーチルの本心は"チョビ髭（ヒトラー）"といっしょに"フデ髭（スターリン）"も共倒れして欲しい。
　そのためには、ドイツに有利になるよう敢えて第二戦線を構築せず、独ソ（USSR）に泥沼の死闘を演じさせ、さりとてソ連（USSR）に敗れてもらっては困るのでソ連への軍需物資の支援は惜しまない。
　──アカ勝て、白勝て！
　独ソが死に物狂いの消耗戦を繰り広げる中、戦禍がなるべく拡大するよう、これを傀儡紐（テグス）で背後から操っていた"本当の悪魔"こそがイギリスだったのでした。
　冬将軍（ジェネラル・フロスト）を前にして総崩れ寸前のドイツ軍は"完全防備体勢(＊08)"を取り、ソ連（USSR）はソ連（USSR）で「守りには滅法強いが攻めにてんで弱い」という伝統的な特性が出てまもなく膠着状態に入ります(＊09)。

（＊08）「針鼠陣地」といって、戦車部隊が周囲360度、外側を向いて並んで守りを固める陣形。ぐるりと周りに突き出た砲台がハリネズミのようなので、この名が付きました。
　　　これは360度どこからの攻撃にも耐えられるものの攻撃はできない、極端な防御陣形。
（＊09）あたかも第一次世界大戦のマルヌの戦以降の西部戦線のように。こうなると、海外からの補給が利かないドイツはジリ貧、もはや勝ち目はありません。

第4章 形勢逆転

第6幕

史上最大の市街戦
スターリングラード攻防戦

「冬に取られた領地は夏に取り返す!」ソ連の生命線はバクー油田と輸送ルートの中枢スターリングラード。ここを陥(お)とせばソ連は石油に苦しみ、ドイツは潤う。まだまだ戦争の帰趨はわからぬ! しかし、ここでもヒトラーの悪いクセ「戦力分散」が出てしまい、最後の好機(チャンス)を自ら手放してしまう。

ドイツ総統
A.ヒトラー

「冬に取られた領地は
夏に取り返すのだ!」

青作戦

〈スターリングラード攻防戦〉

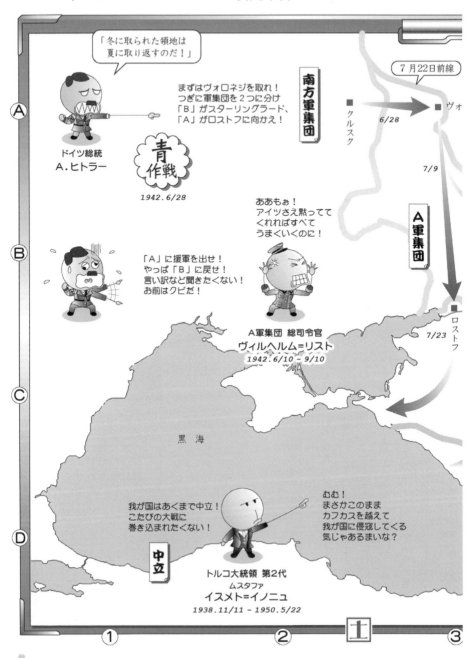

第6幕 スターリングラード攻防戦

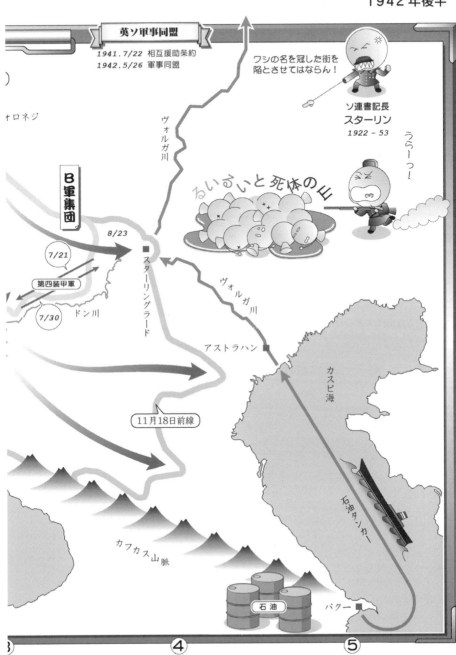

こうして、ヒトラーが軍事理論を無視した命令を濫発する中、1942年の半ばごろまでは膠着状態がつづきます。

やがて「冬将軍（ジェネラル・フロスト）」が去り、暖かくなってきたことでドイツは反攻を開始。

——「冬」に取られた領地は「夏」に取り返すのだ！（A-1）

こうして攻勢に出るや、ドイツは少しづつ戦線を押し返しはじめました。

こうしたソ連の不甲斐なさに業を煮やしたイギリスは1942年5月26日、英ソ相互援助条約を強化して「英ソ（USSR）軍事同盟（A-4）」とし、ソ連（USSR）にテコ入れします（＊01）。

一方のヒトラーもアメリカの参戦もあり、一刻も早く対ソ戦を終わらせる必要に迫られ、焦っていました。

ところで当時ソ連（USSR）は、バクー（D-5）に世界最大級の巨大油田をもち、石油資源のほとんどをそこに依存していました。

ここから産出した石油（D-4/5）は水路、カスピ海（C-5）を通ってヴォルガ川（B-4/5）河口のアストラハン（B/C-4/5）を経て、川を遡上してスターリングラード（B-4）まで運んだあと、そこから各前線に送られていました。

—— この補給路さえ叩けば！

そうすればソ連（USSR）の戦争経済は破綻し、戦意も失われるだろう！

とはいえ、バクー油田は遠すぎてちょっと届きそうもありません。

しかし、敵（ソ連（USSR））を殺すのに心臓（バクー油田）そのものを撃ち抜かずとも、その“動脈（補給路）”を鉗子（かんし）でつまんで（スターリングラード占領）やればよい（＊02）。

こうして新たな作戦案「スターリングランド侵攻作戦」が立てられましたが、またしてもここで軍事無知のヒトラーが口を挟みます。

（＊01）とにかくイギリスは独ソがドロ沼化してくれることを望んでいたため、弱った方に有利になるように働きかけました。

（＊02）スターリングラードは地下資源が豊かなうえ、カフカスのバクー油田から送られてくる石油補給線の要衝でもあり、なおかつ自分の名を冠していた街であったため、スターリンはここの絶対死守を命じます。

──スターリングラードだけでなく、バクー油田も占領せよ！

　バクー油田が手に入れば、もう石油(オイル)不足にあえぐこともなくなるではないか。

　だから！　遠すぎる！

　そもそもドイツ軍は前年に受けた損害により、もはや1941年の時のような多方面作戦に討って出る力はありません。

　しかも先にも述べましたとおり、戦術というものは「戦力集中」が基本中の基本であり、「戦力分散」など愚の骨頂です。

　しかし、ヒトラーにはどうしてもこの「戦力分散」の愚が理解できない。

　諸将は猛反対(＊03)しましたが、例によってヒトラーはこれを押し切ります。

──くだらない戯言(たわごと)など聞きたくないわ！

　第一次世界大戦では、小モルトケがこの軍事理論をまったく理解できずにドイツを破滅させましたが、こたびの大戦ではヒトラーが小モルトケの歴史的役割を演ずることになり、またしてもヒトラーの"改悪案"が決定されます。

　これが「青作戦(ファル・ブラウ)(A/B-1)」です。

（＊03）特に参謀総長のＦ．ハルダーはとくとくと作戦の愚をヒトラーに説明しましたが、徒労に終わりました。

６月２８日、ヒトラーは作戦を発動し、南方軍集団（Ａ-２）にクルスクから
ヴォロネジ（Ａ-３）へと侵攻させます。

　そしてこれを陥（お）とすと、つぎに南方軍集団を「Ａ」と「Ｂ」の２つに分け、
「Ａ軍集団（Ｂ-３）」がＷ．リスト（Ｂ/Ｃ-２）を総司令官としてバクー油田を、
「Ｂ軍集団（Ａ/Ｂ-３/４）」がＭ．ヴァイクスを総司令官としてスターリング
ラードをそれぞれ目指すことになりました。

　この際、開戦前からの諸将の予想通り「Ａ軍集団」は苦戦を強いられたもの
の、「Ｂ軍集団」は順調に駒を進め、スターリングラードに肉薄します。

「よし！　ここさえ陥（お）とせば逆転だ！」

　軍部は死力を振り絞ってスターリングラードを攻略しようとした矢先、また
してもヒトラーの横槍が入りました。

―― 苦戦している「Ａ軍」に「Ｂ軍」から援軍を出せ！（７月２１日）

　どうしても戦力を均等配置したがるヒトラーの悪いクセがまたしてもここで爆
発してしまいます。

　「Ａ軍」は苦戦しているといっても、見方を変えればソ連（USSR）の大軍をそこで食い
止めてくれているのですから、その間に「Ｂ軍」が手薄となっているスター
リングラードを陥（お）としてしまえば、これにより孤立してしまう南方ソ連軍は一斉
に白旗を振ってくるに決まっています。

　「敵の強軍と自軍の弱軍を嚙み合わせて敵強軍を無力化させておき、その間に
敵の弱点を叩く」というのは、古代ギリシアのころから使われていた(＊04)戦
術の基本中の基本で、「Ａ軍」が敵大軍を押さえてくれているのですから、むし
ろその隙に「Ｂ軍」が敵弱点のスターリングラードを陥（お）とす絶好の好機（チャンス）です。

　「二兎（スターリングラードとバクー油田）」を追おうとするから両方とも手
に入らないのであって、「一兎」に絞れば自然に「二兎」とも手に入ることがど
うしても理解できないヒトラー。

　もちろん諸将はこぞってこうしたことをヒトラーに諭すのですが、こたびも
聞く耳を持たず。

（＊04）「レウクトラの戦（３７１B.C.）」でテーベ将軍エパミノンダスが用いた「斜線陣」戦術。

第 6 幕　スターリングラード攻防戦

　しかも、そこまでの犠牲を払って送り込んだ援軍 (第四装甲軍) が「 A 軍 」に到着する前に「 A 軍 」は敵防御線の突破に成功 (7 月 23 日) し、援軍はムダになってしまいました[*05] (B-3)。

　「 A 軍 」はドン川を突破するや、そこからアストラカンまであと 100km のところまで快進撃を遂げましたが、その代償は大きく、軍を引き抜かれた「 B 軍 」は進軍速度が落ちてしまい、そのわずかな隙に、ソ連はつぎつぎとスターリングラードに援軍を送り込んで防衛を固めてしまったのです。

　ここでドイツはスターリングラードを陥とす " 最初で最後の好機(チャンス) " を永久に

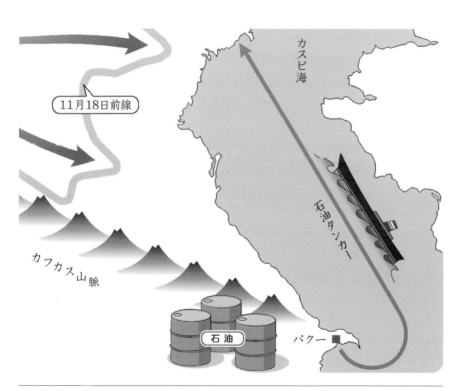

(*05) まさに第一次世界大戦の再現です。あのときも「 東部戦線 (タンネンベルクの戦) 苦戦 」の報に小モルトケは疑心暗鬼に陥り、快進撃の西部戦線から援軍を引き抜いて、東部戦線に送り込んでしまいました。しかも、その援軍が到着する前に東部戦線は敵を撃破したため援軍はムダに終わり、戦力を削減された西部戦線の崩壊が始まっています (マルヌの戦)。ヒトラーは、第一次世界大戦の教訓から何も学んでいなかったのでした。

失うことになったのでした。

するとヒトラーは性懲りもなくやらかします。

──さっき「 A軍 」に送った援軍を「 B軍 」に戻せ！（ 7月30日 ）

もう "教科書に載せたいほど" の典型的な朝令暮改。

このため貴重な「 第四装甲軍 」は西へ東へ右往左往、2週間近くにわたって遊軍と化すという、致命的な失態を演じてしまいました。

「 戦略の基本 」もまったくわかっていない、そのあまりの指揮のひどさに、当時すでに名目だけの存在となってヒトラーに物申さなくなっていた（できなくなっていた）参謀総長 F．ハルダーも、見るに見かねてヒトラーに意見したところ、たちまち更迭（ 9月24日 ）されてしまう有様。

こうしたドタバタ多事多難ありながらも、8月23日、ようやく「 スターリングラード攻防戦 」が始まりました（＊06）。

「 ここが陥ちたらおしまい 」と、スターリン（A-5）もお得意の「 人海戦術 」で応じ（A/B-5）、ここに「 史上最大の市街戦 」といわれる地獄のような消耗戦の幕が切って落とされます。

なにせソ連では撤退した将校は理由の如何を問わず「 処刑 」でしたから、スターリングラードの防衛司令官も必死です。

ちなみに、このときのスターリングラード防衛の任に当たったのは、

- N． S ．フルシチョフ（ のちの書記長 ）
- G． M ．マレンコフ（ のちの　首相 ）
- L． P ．ベリヤー（ のちの副首相 ）

…といった錚々たる人員でしたから、もしここでスターリングラードが陥ちていたら、戦況が大きく変わっていたどころか、スターリン亡きあと、ここで処刑されてしまう彼らが書記長・首相・副首相になることもなく、人類史は大きく変わっていたことでしょう。

もちろんそうならないため彼らも必死で、少しでもやる気の感じられない味

（＊06）広義には、「 青作戦 」が発動された6月28日からですが、実際にスターリングラードの攻防戦が始まったのは8月23日になってから。
あの「 独ソ不可侵条約 」からちょうど3年目の "記念日" でした。

256

方兵をつぎつぎと処刑して^(＊07)軍規の引締を行っています。

その結果、おびただしい犠牲者を出しながら膠着状態に陥り、時間だけがむなしく流れゆき、そしてまたしても「冬」がやってきました。

「Ｂ軍」はソ連の「人海戦術」を前にして消耗させられ、絶望的な補給状況の中、武器弾薬も絶対的に少ない状況で、飢えと寒さに苦しみつつよく戦いましたが、ついに軍の崩壊が始まり、司令官ヴァイクスもやむなく撤退命令を下します。

しかし、それを知ったヒトラーは、2000kmも後方の「大本営(ハウプトクアティア)」から叫びました。

── 撤退は許さん！

　　　断固、持ち場を死守せよ！

ルントシュテット将軍らとは違い、ヴァイクスはその命令を守った結果、「Ｂ軍」第６軍30万もの将兵がソ連軍に包囲されて孤立、20万の戦死者と10万の捕虜を出し、ほぼ全滅^(＊08)という憂き目をみることになったのでした。

捕虜になった10万の兵もほとんど戻ってくることはなく、ヒトラーの"駄々っ子"のせいで、それはまったくのムダ死にとなったのでした。

Ａ軍集団　総司令官
ヴィルヘルム＝リスト

(＊07) このとき「戦意がない」として彼らが殺した味方兵の数は１万3000人に達し、これは一個師団がまるごと消滅したほどの数。

(＊08) そこから脱出できたのは30万のうちわずか7000（2.3％）といわれています。

Column 誰も期待せず

　1933年1月、ヒトラーが首相になったとき、この内閣がよもや12年もつづく長期政権になろうとは、ましてや世界を震撼させる独裁国家を築きあげ、第二次世界大戦を引き起こすことになろうとは、誰ひとりとして予想だにしていませんでした。

　当時の大統領P.ヒンデンブルク〔パウル〕は元帥〔ゲネラルフェルトマルシャル〕にまで上り詰めた軍人あがりで、階級制〔ヒエラルキー〕の厳しい軍にあって「伍長勤務上等兵〔ゲフライター〕」止まりだったヒトラーを「ボヘミアの伍長〔Böhmische Gefreite〕」と軽んじ蔑んでいましたし、軍部も同じ理由で軽んじていました。

　ヒトラーの"煽動者〔アジテーター〕"としての能力〔スキル〕は定評があったものの、それもただ「大口叩き〔ビッグマウス〕」というだけで、政治・外交の実務的能力〔スキル〕があるなど、有識者は誰も思っていませんでしたし、ナチ党員ですらせいぜい吠えさせて大衆を悦ばせる"道化師〔ピエロ〕"程度にしか思っていない有様。

　そんなヒトラーをヒンデンブルクが首相にしたのは、財界や軍部から突つかれたということもありますが、当時誰がやってもうまくいかなかったドイツの政治状況において「でかい口ばかり叩きおって！　そこまで言うならやってみろ！」という気持ちがあったためです。

　ところが意に反して、やらせてみたらたちまち経済を復興させ、民族の誇りを取り戻させ、かつてないほどの絶大な支持を得ます。

　しかし彼の致命的な欠点は、軍人としての才能はまったくなかったのにその自覚なく、これに口を挟んだだけならまだしも、諸将の助言〔アドバイス〕に一切耳を傾けないことでした。

　独裁はかならずしも「絶対悪」とはいえませんが、腹心の助言〔アドバイス〕に耳を傾けなくなった独裁者は、古今東西、例外なくその身を亡ぼします。

　しかし、そもそも独裁者になるような人というのは、それができないタイプが多いので、身の破滅を避けることが難しい。

　上に登れば登るほど、しっかりと足下を見、周りに耳を傾けることを心掛けないならば、ヒトラーの二の舞となるでしょう。

第5章　枢軸軍崩壊

第1幕

ロンメルの奮闘と失望
トブルク攻防戦

東部戦線が「スターリングラード攻防戦」で最終局面を迎えていたちょうどそのころ、北アフリカ戦線もトブルクをめぐっての最終局面を迎えていた。イギリス軍は兵力・兵器・弾薬その他の面でDAK(ディーアーカー)を圧倒しながらも翻弄され、ついにトブルクが奪われてしまう。あとがなくなったイギリス軍は一大決戦に討って出た。

〈トブルク攻防戦〉

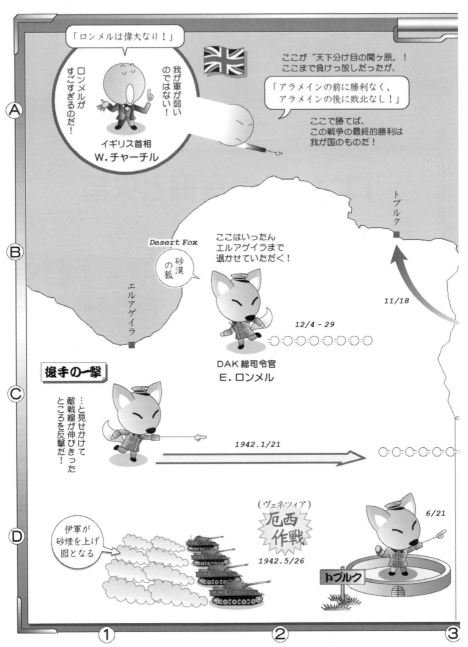

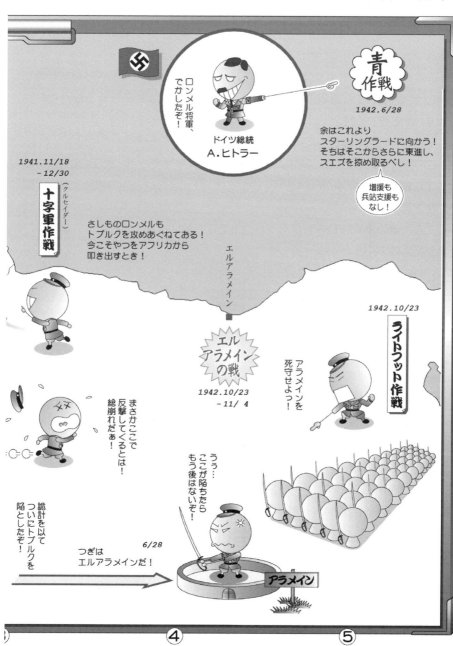

ところで、東部戦線で独軍が「冬将軍」に苦しんでいた1941年の冬は、北アフリカ戦線でもロンメル将軍麾下の「独アフリカ軍団（以下、Deutsches Afrikakorps ＤＡＫ）」が、乏しい補給・劣悪な兵備・少ない兵力という過酷な条件の中で苦しみつつも半年以上にわたって踏ん張っていました。

これとは対照的に、「武器貸与法」のおかげで合衆国からの潤沢な補給を得ていた英軍は、これを背景として1941年11月、ＤＡＫに倍する戦力で総攻撃をかけてきました。

所謂「十字軍作戦（B-3/4）」です。

この猛攻に対し、ＤＡＫも善戦したものの衆寡敵せず、英軍の物量を前にしてさしものロンメル将軍も12月、ついにトブルク（B-2/3）の包囲を解いて退却を決意。

ここに至るまで、ＤＡＫはアフリカ上陸以来敗けなしでしたから、退却はこれが初めてのこと。

これに気をよくした英軍。

──よし！ ついにＤＡＫが総崩れをはじめたぞ！

この勢いのまま、一気にＤＡＫをアフリカから叩き出せ！！

ところが。

英軍が「ＤＡＫ総崩れ！」と思ったのは、じつはロンメル将軍による"戦略的撤退"であり、調子に乗って突出した英軍の兵站が伸びきったところをＤＡＫから総反攻を喰らって（1942年1月21日）（C-1/2）、英軍はたった2週間で戦線を元の位置まで押し戻されてしまいました(＊01)。

しかも、このときの英軍の場合は"戦略的撤退"でもなんでもない、膨大な輜重(＊02)をかなぐり棄てての本当の"総崩れ"（C-3）だったため、ＤＡＫは英軍の置き去りにしていった軍需物資を得て、かなり潤うことになります。

その戦術の鮮やかさに、英陣営は「敗けた悔しさ」を通り越し、一周まわって逆に感心してしまう有様で、戦報を聞かされたチャーチルなど「ロンメルは

（＊01）これを「後手の一撃（バックハンドブロウ）」作戦と言います（C-1）。

（＊02）武器・弾薬・燃料・兵糧・被服・陣営具・医薬品など、前線で戦う軍隊の維持に必要な一切の軍需物資のこと。

偉大なり！(A-1)」と賞賛してしまったほど。

しかし。

ロンメル将軍が奇策妙計を繰らせてどれほど大戦果を重ねようとも、敵兵站基地のトブルクを陥とさない限り、ここからぞくぞくと補給が行われ、すべては焼石に水 —— いえ、それどころか差はどんどん開く一方。

この苦境を切り拓くためには「トブルク奪還」が絶対ですが、ここはDAKが包囲してからすでに１年以上、どうしても陥ちない難攻不落の地です。

そこでロンメル将軍は一計を案じます。

伊軍を囮として砂煙を上げて大軍にみせかけ(D-1)、敵がこれに注意を逸らされているうちに、ＤＡＫ本隊がその側背を突く作戦(厄西作戦(＊03))です。

この詭計が見事にあたり、ついに宿願のトブルク奪還に成功しました(６月

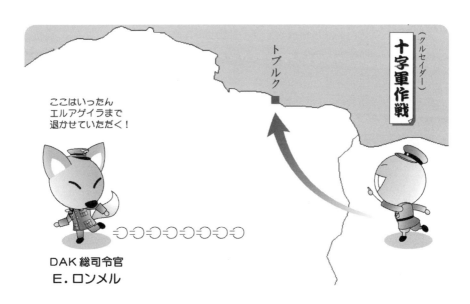

(＊03)この「砂煙を起こして小軍を大軍に見せかける」という策は古来よく使われるもので、チムールが「ケシュの戦」でこの策を使って帝国を創建しています。日本でも、北条早雲が小田原城攻めのときに「火牛の計」を使ってこれを陥としています。もっともこれは「砂煙」ではなく「角に松明をくくりつけた牛」で大軍に見せかけるものでしたが。

263

21日（＊04）（D-3）。

この報に気を良くしたヒトラーは、ロンメル将軍に「余はこれよりスターリングラードを取る。貴殿はそのままスエズを取れ！」と命じます（A-4/5）。

前幕にて「青作戦は二正面作戦の愚策」だと述べましたが、正確には、北アフリカ戦線にも総攻撃を命じていましたから、実質「三正面作戦」だったわけです。

当然、東部戦線だけでも輜重がまったく足らないのにアフリカ戦線に送る増援・兵站支援があるはずもなく（A/B-5）。

こんな窮状の中にあっても、それでもロンメル将軍はヒトラーの理不尽な命令に従い進撃をつづけ、エル＝アラメイン（B-4）まで迫りましたが、この重大な局面でついに無理に無理を押して戦いつづけたロンメル将軍が病に倒れてしまい（＊05）、療養のため一時帰国せざるを得なくなります。

──しめたっ！

ロンメルのいないＤＡＫなど恐るるに足らず！

英軍はここぞとばかり総反攻（ライトフット作戦）（C-5）。

これこそ、北アフリカ戦線における重要な局面となる「エル＝アラメインの戦（第2次）」です（＊06）。

大黒柱を失った戦線は為す術なく防戦一方、狼狽してロンメル将軍に出征を要請してきたため、ロンメル将軍は療養もそこそこ、すぐに舞い戻ってきました（10月25日）がもはや手遅れ、このときにはすでに手が付けられない戦況になっていました。

そのうえ本国からは何の補給もなく、ついに兵糧も燃料も弾薬も尽き、如何ともし難くなってついにロンメル将軍もヒトラーに撤退を打診します。

しかし、ヒトラーから返ってきたのは例の通り。

（＊04）ヒトラーがスターリングラードを攻略するべく「青（ブラウ）作戦」を発動したのは、その1週間後のことです。「第4章 第6幕」参照。

（＊05）砂漠における過酷な環境、周りの者みんなが彼を頼る精神的重圧、味方将校の嫉妬、ヒトラーの理不尽な命令、不眠不休で働く過度のストレス、彼は病に倒れない方がおかしいほどの厳しい環境に身を置いていました。

264

―― 一歩も下がってはならぬ。
　　現陣地を死守せよ！
　燃料も弾薬も兵糧もない状態で、どう「死守」しろというのか。
　これはもはや「自殺命令」に等しい。
　これまでヒトラーの熱烈な信奉者だったロンメル将軍もこの言葉でヒトラーから心が離れていくことになります。
　こうしてロンメル将軍はヒトラーの命令を無視して勝手に撤退を始めたのでした（11月4日）。

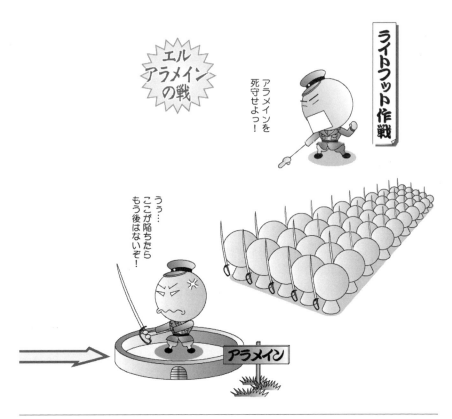

（＊06）ヨーロッパ戦線では「スターリングラード攻防戦」、太平洋戦線では「ミッドウェー海戦」「ガダルカナル島の戦」に相当する重要な転換点となる戦いでした。

Column 歴史は勝者が紡ぐ

「歴史は勝者が紡ぐ」という辛辣な事実は、筆者はどれほど強調しても、なかなか衆耳に入らず、衆心に届くこともありません。

残念ながら、"勝者"が自分の都合のよいように騙った常套句をそっくりそのままマに受ける人々がほとんどです。

巷間よく言われる「ヒトラー ＝ 史上最悪の独裁者」というのもそのうちのひとつにすぎません。

歴史を紐解けば、ヒトラーなど"小粒"に見えるほど悪虐な独裁者など、他に星の数ほどいますが槍玉に挙がるのはいつも「ヒトラー」。

そうした固定観念に洗脳された人たちに真実を諭そうものなら、たちまち「ヒトラーを庇おうとする悪の手先」のような扱いを受ける空気すら漂っていますが、それはヒトラーがやったことと同じ、単なる言論の圧殺だということにすら気づいていません。

例えば、よくヒトラーは"人種差別主義者"として叩かれていますが、それを言うならルーズヴェルト大統領だってヒトラーに負けず劣らぬ"おぞましい人種差別主義者"です。

ルーズヴェルトは有色人種、特に日本人を蔑視しており、

―― 日本人は我々より少なくとも2000年は脳の発達が遅れている。

―― 日本を倒したあとは、日本人と他のあらゆる民族を雑婚させて、日本人という人種をこの地球上から抹殺してやる。

…と語り、合衆国国内ではヒトラーが実施した「ユダヤ人強制収容」さながらの「日系人強制収容」政策を推し進めて人権を剥奪しています。

しかし、ヒトラーが「人種差別主義者」であることを知らぬ者はありませんが、ルーズヴェルトが「人種差別主義者」であることはほとんどの人が知りません。

勝者にとって都合の悪い事実はことごとく隠蔽され、隠蔽できないことはすべて敗者の責任に押し付けているからです。

「勝者によって捏造された歴史」に騙されてはなりません。

第5章 枢軸軍崩壊

第2幕
唐突な"無条件降伏"発言
カサブランカ会談

ついにDAK（デーアーカー）が敗走しはじめた4日後、米英連合軍がアフリカ北西部から上陸作戦「松明（トーチ）」を開始した。スターリンの「第二戦線構築要求」に応えた格好だ。さらにカサブランカでは米英首脳会談が開かれ、イタリア制圧の作戦が話し合われる。DAK（デーアーカー）が消滅した今、もはや米英軍を止めるものは何もなかった。

まずはムッソリーニを倒せ！

イギリス首相
W.チャーチル

少しでもゆっくりイタリアの相手をして、西部戦線を開く時を稼ぐのだ！

〈 カサブランカ会談 〉

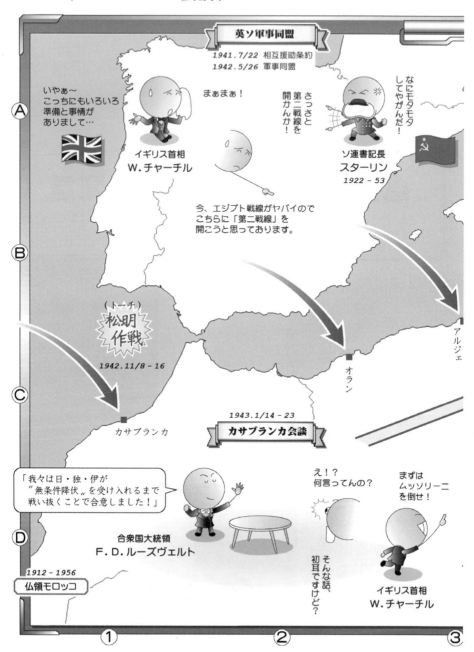

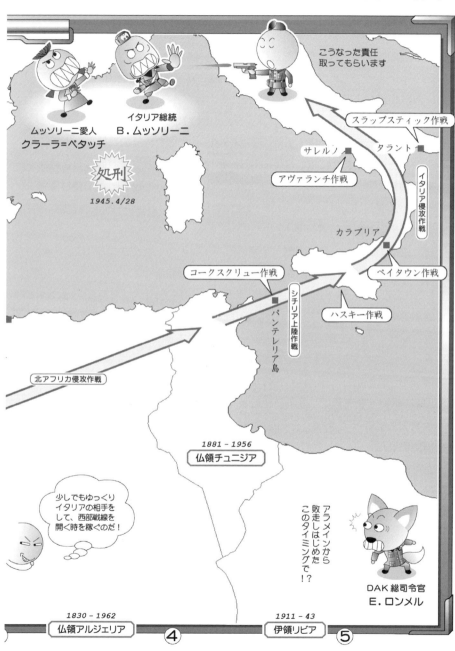

こうして、ロンメル将軍（D-5）はヒトラーの「死守命令」を無視して撤退をはじめましたが、撤退戦ほど難しいものはなく、しかも、撤退途中でつぎつぎと戦車の燃料が完全に尽きて身動きできなくなってしまう惨状にありながら、ロンメル将軍はこれをよく指揮していました。

そうした、まさにＤＡＫ必死の撤退戦の真っただ中の11月8日、北アフリカに激震が走ります。

なんと、米 英 連合軍がカサブランカ（C-1）・オラン（C-2/3）・アルジェ（B/C-3）から一斉に上陸（松明作戦）（B/C-1）してきたのです。

このことを知るためには、少し時間を遡って見ていかなければなりません。

東部戦線が開かれて以来1年半にわたってドイツの猛攻を一手に受けて苦しんでいたスターリンはイギリスに矢の催促をしていました（A-2/3）。

「チャーチルは何をしている！？

さっさと第二戦線（西部戦線）を開いてドイツの背後を突かんか！」

英ソは軍事同盟（A-2）の仲なのですから当然の要求です。

しかし先ほども述べましたように、チャーチル（A-1）は独ソがなるべく長く泥沼の戦いを繰り広げてお互いに傷口を広げあってほしいと思っていたため、できるかぎり第二戦線を開きたくないというのが本音です。

そこで、これまで「兵力不足」「準備不足」といろいろ口実をつけて先延ばしを図ってきましたが、そうした言い訳も限界に来ていました。

「第二戦線」を先延ばしするためにどう言い訳すればよいか。

思案のしどころですが、そこはチャーチル、陰謀を巡らせたら彼の右に出る者はいません。

「我々も手をこまねいているわけではない。

第二戦線は開きましょう。

ただ、今アフリカ戦線で我が軍が窮地に陥っておるので、第二戦線は（スター

（＊01）なぜ彼がかくもスターリンに甘いのか。それは彼の言葉から窺い知ることができます。「世界支配なんて簡単だ。スターリンには彼の要望のまま何でも与えて、その代償を求めずにおけばよい。そうすれば彼だってあこぎなことはしないはずだ」。チェンバレンがそのやり方で"ヒトラー"を育んだことを目のあたりにしながら、彼はそこからまったく学ばなかったようです。この彼の致命的失策が戦後の「冷戦」を生むことになります。

リンが熱望する西部戦線ではなく)北アフリカで開きたいと思う。
　我々はイタリアを担当したいと思うので、スターリン殿にはたいへん申し訳ないが、それまで今しばらくドイツの相手をしていていただきたい」
　ソ連(USSR)に「強いドイツ」の相手をさせておいて、自分は「弱いイタリア」を相手にちんたら戦い、少しでも時間稼ぎをしようという魂胆です(D-3/4)。
　ところが、ここにきてルーズヴェルトまでもスターリンの要請に同調する立場を示した(*01)ため、慌てたチャーチルはルーズヴェルトを説得して(*02)、「第二戦線」を「西部戦線」ではなく「北アフリカ戦線」に設定させることに成功しました。
　この合意に基づいて決行されたのが、本幕冒頭で述べました「松明作戦(トーチ)」だったのです。
　このためアフリカ北西部(*03)はたちまち連合軍の支配下に陥ち、気がつけばＤＡＫ(デーアーカー)は、西(アルジェリア)から攻め上ってくる米軍(アメリカ)と東(リビア)から畳みかけようとする英軍(イギリス)に挟撃される絶体絶命の危機に瀕しました。
　そうした情勢の中、年が明けた1943年1月、連合軍の占領下に陥ちたモロッコのカサブランカで、今後の作戦方針について話し合うため、米英両首脳

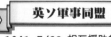

英ソ軍事同盟
1941.7/22　相互援助条約
1942.5/26　軍事同盟

いやぁ〜
こっちにもいろいろ
準備と事情が
ありまして…

まぁまぁ！

イギリス首相
Ｗ.チャーチル

さっさと第二戦線を開かんか！

なにモタモタしてやがるんだ！

ソ連書記長
スターリン

(*02)1942年6月のワシントン会談、7月のロンドン会談。ただし非公式。
(*03)モロッコ(D-1)・アルジェリア(D-3/4)・チュニジア(C-4/5)の仏領植民地。

の会談が行われます。

　これが「カサブランカ会談（＊04）（C-2）」です。

　この会議では、まずロンメル将軍率いる枢軸軍を北アフリカから駆逐（北アフリカ侵攻作戦）（C-3/4）したあと、シチリア島を経て（シチリア上陸作戦）（B/C-4/5）、ムッソリーニ政権を倒す（イタリア侵攻作戦）（A/B-5）基本戦略が話し合われ、合意されました。

　こうして正式に「第二戦線」を北アフリカ戦線に設定することが決まってホッと一安心のチャーチルでしたが、そんな彼を仰天させる出来事がこの直後に起こります。

　会議後、世界中の記者が集まる記者会見の場で、ルーズヴェルトが突然こう発言したためです。

「我々米・英は日・独・伊が"無条件降伏"を受諾するまで

　戦い抜くことで合意しました！」（C/D-1）

──え！？　無条件降伏？？

　そんなの初耳だぞ！？

　チャーチルが驚いたのも道理、「日独伊に無条件降伏を叩きつける」など"合意"どころか、会談中そんな言葉すらただの"ひとこと"も出てこなかったからです。

　「無条件降伏」というものは、元来"軍隊"に対して使う言葉であって、"国家"に対して使うものではなかったため、チャーチルは言葉の意味すら図りかね困惑します。

──"国家に対しての無条件降伏"とはどういう意味だ？

　日本・ドイツ・イタリアという国家そのものを抹殺する（消滅させる）という意味か……？

　チャーチルは眉をひそめましたが、まさに世界中の記者が２人の坐作進退・一挙一動を見守る中で、さしものチャーチルも「そんなのは今初めて聞いた。

（＊04）戦争中、何度も連合国の首脳が会して戦争に関する会談が持たれていますが、中でも特に重要なものが「大西洋会談」「カサブランカ会談」「カイロ会談」「テヘラン会談」「ヤルタ会談」「ポツダム会談」です。これらを総称して「連合国戦争首脳会議」と言います。

合意などしていない！」とも言えず、愛想笑いをして頷くしかなかった ── と彼自身がのちに述懐しています。

　その結果、合意してもいないことを合意したこととして全世界に報道されてしまったのです。

　なぜルーズヴェルト大統領はこんな的外れな発言をしたのでしょうか。

　じつのところその真意は定かではありませんが、じつはこれ、ルーズヴェルトが言葉の意味をあまり理解せずに不用意に発してしまったもの、と言われています(*05)。

　じつは、このころ米英は「自由フランス政府」と共同戦線を張っていたのですが、自由フランス政府はＳ．ド＝ゴールとＨ．Ｈ．ジローの内部抗争が激しく、ルーズヴェルトもその調停に手を灼いていました。

　彼は、この２人の対立を南北戦争における「北軍将グラント」と「南軍将リー」に準えて考えていた(*06)ため、この記者会見の場でつい"グラント将軍のある言葉"が頭によぎり、それがつい口を突いて出てしまっただけ、と言われています。

　その"言葉"については、少し説明がいるかもしれません。

　じつは時を80年ほど遡った南北戦争の最中のこと。

合衆国大統領
Ｆ．Ｄ．ルーズヴェルト

（＊05）一説には「確固たる信念の下に発せられた言葉」ともいわれますが、もしそうだとするなら、ルーズヴェルトは「政治・外交というものをまるで理解できていない無能」ということになります。

（＊06）南北戦争で両軍を代表するこの２人の将軍は、アメリカでは日本でいうところの「犬猿の仲」「不倶戴天」「呉人と越人」のような喩えで使われていました。

当時、ドネルソン砦に追い詰められていた南軍 S ．B ．バックナー将軍が これを囲む北軍 U ．S ．グラント将軍に「降伏の条件」を尋ねたところ、グラントは「唯一 "無条件" という条件以外の降伏は認めぬ！[＊07]」と通達した、という逸話がありました。

　この「無条件降伏」とグラント将軍の 名 前 の頭文字がたまたま同じ「 U．S．」だったため、以降、この逸話は「無条件降伏のグラント」という彼の渾名とともに広まることになります。

　このときの記者会見で、ルーズヴェルト大統領の頭にふとこのときの逸話が頭に思い浮かんで「無条件降伏」などと不用意に口走ってしまったようなのです。

　その証拠に、彼はこの発言についてチャーチルどころか国務省[＊08]とすら事前に何の相談も調整もしていなかったため、チャーチルばかりかアメリカ政府すら驚いています。

　この "歴史を変えるほどの衝撃度のある案件" を誰にも相談せずに独断でいきなり世界に発表するなど到底考えられず、おそらく彼はこの言葉の重大性をまったく理解できていなかった ―― と考える方が自然です。

　しかしこの不用意な発言のせいで、以降の歴史を大きく変えることになりました。

　そもそも戦争というものは「どちらかが滅びるまで戦う」というものではありません。

　「勝敗の帰趨が見えてきたら講和の条件を話し合い、お互いに妥協しながら早期に終戦を図る」というのが洋の東西と古今を問わず千篇一律の如く繰り返されてきた慣例です。

　ルーズヴェルトはそうした歴史的慣例を突然なんの脈絡もなくいきなり破り、敗戦国に「国家抹殺」を突きつけてきたのですから異常です。

（＊07）すでに述べましたように、こうした敵を追い詰めるやり方は賢いやり方とはいえません。グラント将軍は「戦術」には長けており、けっして無能な将軍ではありませんでしたが、この逸話から「戦略」をまるで理解できない（つまり政治家に向かない）人物だということがわかります。事実、彼はのちに大統領まで上り詰めますが、「合衆国史上、最低の大統領」との呼び声高い、とびきりの無能大統領となっています。

第2幕　カサブランカ会談

　喩えるならこういうことです。
敗者「まいった！　俺の負けだ。命ばかりは助けてくれ！」
勝者「ダメだ、断じて殺す。今、潔く負けを認めようが、
　　　死ぬまで悪あがきしようが、一族郎党、皆殺しにする！」
　こんなことを言われて、誰が負けを認めるでしょうか。
敗者「ならば勝てないまでも最期まで戦って一矢でも報いようぞ！」
　こうなるに決まっています。
　そのとき、敗者が敗けるとわかっていながら最期まで命を賭けて戦うのは敗者が悪いのでしょうか？
　戦後、「もはや完全に勝ち目がなくなったにもかかわらず、最後の最期まで抵抗した日本とドイツのせいで"無駄な犠牲者"が増えた」と、さも日独政府が悪いかのような非難をする人は、この事実をどう考えているのでしょうか。
　チャーチルもこうなることがわかりきっていたからこそ驚いたのです。

　閑話休題(さて)。
　北アフリカ戦線では、英(イギリス)軍だけでもすでに撤退が始まっていたDAK(デーアーカー)でしたが、これに米(アメリカ)軍が加わって東西から挟撃されたことはトドメとなりました。
　さらに3月9日には、命令を無視して撤退をはじめたロンメル将軍に激怒したヒトラーが彼を更迭して本国に召還してしまいます。
　北アフリカ戦線の枢軸軍はDAK(デーアーカー)に支えられ、DAK(デーアーカー)は彼一人の双肩に支えられていたようなものでしたから、"大黒柱(こうてつ)"を失った戦線はたちまち崩壊。

アラメインから
敗走しはじめた
このタイミングで！？

DAK総司令官
E.ロンメル

――――――――――――――――――――――――――
（＊08）日本の外務省に相当する省庁。

ついに、27万5000もの捕虜（＊09）を出してついに北アフリカ戦線は消滅することになりました（5月13日）。
　そうなればもはや"何もなき野を往くが如し"。
　7月9日、連合軍がシチリア島に殺到（＊10）するや、伊（イタリア）軍は為す術もなく総崩れを起こし、2週間後には政変（クーデタ）が起こってムッソリーニは逮捕。
　彼に代わって新首相となったＰ（ピエトロ）．バドリオは、ドイツを恐れて口先だけで「継戦！」を叫びながら、その水面下では休戦交渉を開始します。
　こうしてイタリアは、最初から最後まで何ひとつドイツの役に立たなかったどころか、足を引っ張るだけ引っ張って為すところなく潰えたのでした。

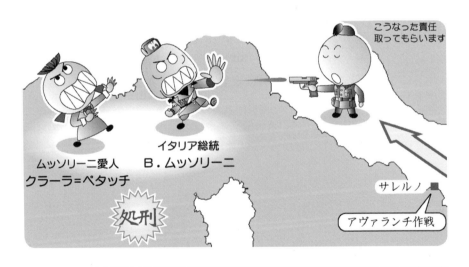

（＊09）これは、スターリングラード攻防戦で出した捕虜の3倍という規模です。
（＊10）西地中海に浮かぶパンテレリア島に上陸する「コークスクリュー作戦」、シチリア島南岸から上陸する「ハスキー作戦」。さらに、イタリア半島最南端のカラブリアに上陸する「ベイタウン作戦」、タラントに上陸する「スラップスティック作戦」、サレルノに上陸する「アヴァランチ作戦」など。

第5章 枢軸軍崩壊

第3幕

署名なき宣言

カイロ会談

1943年、枢軸陣営は一斉に崩壊しはじめた。東部戦線は崩壊が始まり、北アフリカ戦線は消滅し、ムッソリーニ政権は倒れる。イタリア戦線が消滅したことでスターリンは第二戦線を開くよう要請してきたが、チャーチルはここにきて極東問題を話し合うべく、カイロで首脳会談を開催した。

ムッソリーニも倒れた！
これでもう西部戦線の構築に
何の障害もなくなりましたなぁ！

さあ！
西部戦線を作って
もらいましょうか！

ソ連書記長
スターリン
1922－53

〈カイロ会談〉

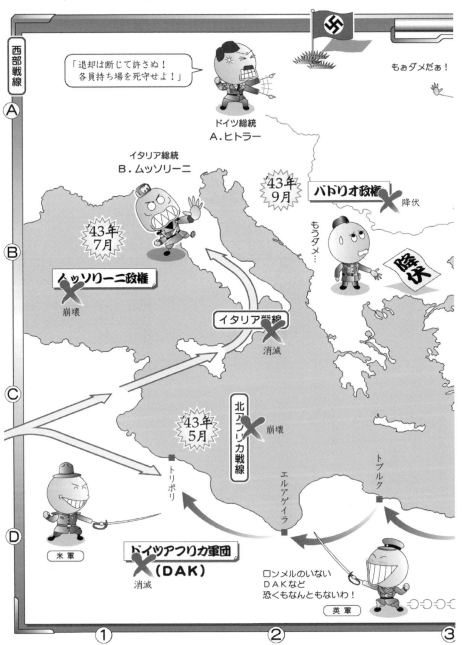

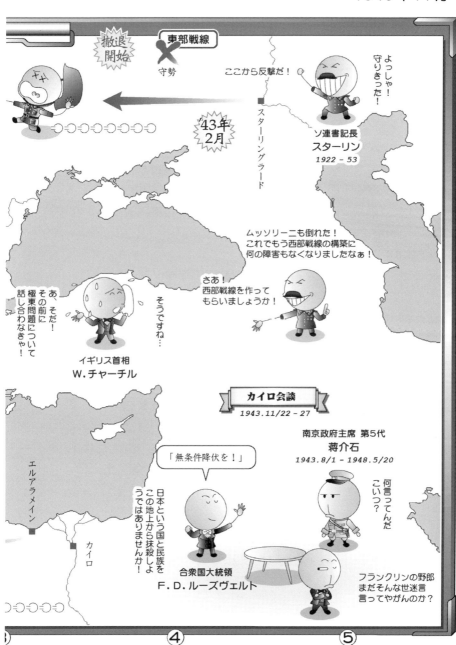

19 43年は枢軸国が雪崩を打って崩壊していった年です。

この年の2月にはドイツが「スターリングラード（A-4/5）攻防戦」に敗れてからというもの、東部戦線が守勢に回り（A-4）、5月にはアフリカ戦線が消滅し（D-1/2）、7月にはムッソリーニ政権が倒れ（B-1）、これに代わったバドリオ政権（A/B-2/3）はすでに戦意なく9月には降伏、イタリア戦線もいったん消滅（B/C-2）しました。

もはや連合国の勝利は確実、欧州戦線そのものが消えるのも時間の問題となってきましたが、チャーチルはこれをすなおに喜べません。

ムッソリーニ政権が予想外にあっさり倒れてしまったことで、彼は「西部戦線復活」を引き延ばす口実を失ってしまった（B/C-3/4）からです。

しかし、それでも彼は「西部戦線」を開きたくない。

一日でも長く独ソが潰しあって共倒れしてほしい。

そのために、新たな口実を設けねば。

そこでチャーチルは「太平洋戦線」を持ち出します。

これまで何事も欧州優先（＊01）で動いてきた米・英でしたが、独・伊がほぼ片づいたとなると、つぎは「太平洋戦線」をなんとかせねば。

そこで1943年11月22日、極東問題を話し合うため「カイロ会談」が行われました。

今回の議題は極東問題でしたから、米英首脳（ルーズヴェルト＆チャーチル）に加え、中国全権として蔣介石も呼ばれることになります（＊02）。

極東問題には深い関わりを持つソ連（スターリン）でしたが、当時はまだ「日ソ中立条約」が生きていましたから（＊03）今回は遠慮することになり、チャーチルの思惑通り、ソ連を抜きにして事を進めることができました。

こうして本会談で決められたのが「カイロ宣言」として発表されます。

（＊01）1941年12月～42年1月のアルカディア会談で「ヨーロッパ優先」が決定しています。

（＊02）国際問題について話し合うとき、議題が「アジア問題」の時にはかならず欧米が口を挟んできますが、「欧米問題」のとき欧米はけっしてアジアなんぞに口出しさせません。
このことに気づけば、国際会議の代表の顔ぶれを見ればおおよその議題がわかります。
アジアの全権がいれば「アジア問題」、いなければ「欧米問題」です。

- 一次大戦で日本が獲得した領地（山東半島・太平洋島嶼）の剥奪
- 日韓協約で日本が併合した領地（朝鮮半島）　　　の解放
- 日露戦争で日本が獲得した領地（満州）　　　の返還
- 日清戦争で日本が獲得した領地（台湾・澎湖諸島）　　　の返還

　そしてこれらを達成するため、日本が「無条件降伏」するまで戦いつづけることを宣言した ── というものです。
　しかし、この宣言には様々な問題がありました。
　まず第一に、自ら謳った「大西洋憲章（アトランティック・チャーター）」に矛盾すること。
　すでに解説いたしましたように、大西洋憲章（アトランティック・チャーター）では「領土の変更には関係する人民の自由なる意志を尊重する」とあり、米英が勝手に決めるものではないはず。
　そのうえ、第二次世界大戦で獲得した領地の返還ならまだしも、明治維新まで遡（さかのぼ）って、それ以降すべての海外領地を剥奪というのですから、もうむちゃくちゃです。
　第二に、カサブランカ会談でルーズヴェルトが口走った「(国家の)無条件降

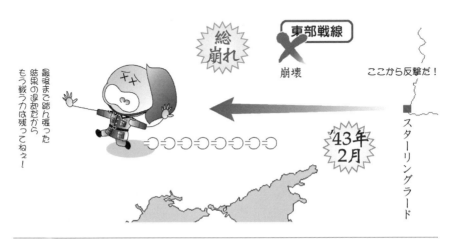

（＊03）日ソ中立条約の期限は1946年4月25日でした。

伏」という言葉を今回も使っていること。

一度なら「口が滑った」という言い訳が許されても、二度目は許されません。

このころからルーズヴェルトには「日本」という国と「日本人」という民族を本気で"抹殺"しようとしていたという"明白な悪意"があったことを窺い知ることができます(＊04)。

第三に、この「無条件降伏」というあまりに理不尽にして異様な裁定にはチャーチル、そして領土を返してもらう立場の蔣介石ですら反対して署名を拒否、この宣言には三巨頭の署名すらなかったことです。

それどころか、日付の記載もなく、公文書も存在していないため、もはや「宣言」と呼べる代物ですらなく、何の法的拘束力もないただのフランクリン個人の希望を反映した政治喧伝(プロパガンダ)にすぎないということ。

しかし、この政治喧伝(プロパガンダ)はやがて"一人歩き"をしはじめ、のちに大きな影響を持つことになります。

―――

（＊04）ちなみにルーズヴェルト大統領はヒトラー負けず劣らずの「人種差別主義者」でしたし（詳しくは「第5章 第1幕」のコラムを参照のこと）、実際、「日本人をこの地球上から抹殺してやる！」と発言しています。

第5章 枢軸軍崩壊

第4幕

終局への約束
テヘラン会談

カイロ会談を終えた米英首脳はただちにテヘランに飛び、スターリンを交えて会談を行った。ここにおいてついに「第二戦線構築」が決定され、ヒトラーの命運も尽きる。そのころ東部戦線ではマンシュタイン将軍が必死に東部戦線の崩壊を防いでいたが、ヒトラーの理不尽な指令によって瓦解していくことになった。

〈 テヘラン会談 〉

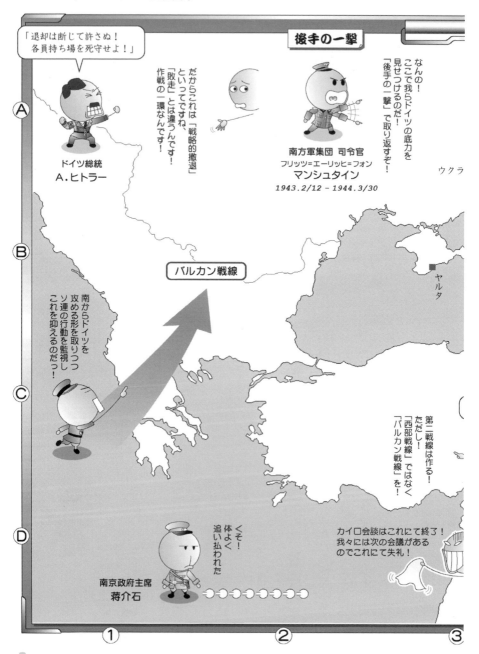

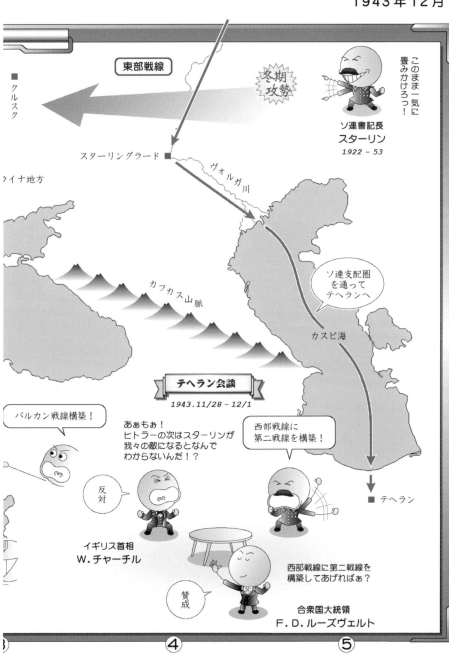

カイロ会談が終わったのが1943年の11月27日。

米英両首脳ルーズヴェルトとチャーチルは閉会するや、その足で列車に飛び乗り、夜行を乗り継いでテヘラン（C/D-5）に向かい、翌28日、ここで新しい会談を設定しました。

これが「テヘラン会談（C-4）」です。

わざわざ夜行を継いでテヘランまで移動せずとも、今の今まで両首脳がカイロで会談していたのですから、そのままカイロ会談をつづければよさそうなもの。

しかし、そうもいかない裏事情がありました。

当時、彼らが抱えていた問題は「欧州戦線」と「太平洋戦線」でしたが、カイロ会談ではそのうち「太平洋戦線」について話し合いました。

このままスターリンを呼び寄せて引きつづき「欧州戦線」について話し合うとなると、その流れでどうしても欧州問題を話し合う会議に蔣介石も列席することになってしまいます。

しかし、すでに述べましたように[＊01]欧米人というのはアジア問題にはかならず口を挟んできますが、欧州問題にはけっしてアジア人に口出しさせません。

したがって、欧州問題について話し合う場に蔣介石を列席させるのは如何にもまずい。

かといって、「引きつづいて欧州戦線について話し合うので、蔣介石殿にはお帰り願います」とも言いにくい。

そこであくまでカイロ会談を「閉会」とし、これを口実として蔣介石にはお帰りいただき（D-1/2）、そのまま場所を変えて改めて「テヘラン会談」を開くという"形"を取ることで、蔣介石を体よく"厄介払い"にしたわけです。

（＊01）前幕（註02）を参照。

（＊02）スターリンといえば「大柄で威厳のある体格」というイメージがあるため、「あの体格で机に下なんかに入れるか？」という疑問が湧くかもしれませんが、じつはそうしたイメージはプロパガンダ用に修正された写真の影響であって、実際のスターリンは身長163cmほどの小男です。本人も背が低いのを気にしてシークレットブーツを愛用していました。

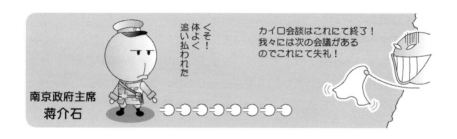

　また、スターリン自身もカイロくんだりまで行きたくないという事情もありました。
　当時のスターリンは極度に暗殺を怖れていたためです。
　その怖れようといったら、こんな逸話が残っているほどです。
——あるときスターリンが議長を務める会議中に突然停電になったことがありました。
　停電そのものはすぐに復旧したのですが、居並ぶ共産党幹部らがふと議長席を見るとスターリンがいない。
「あれ？　スターリン同志は？　どこにいかれた？」
　ざわめく幹部らがスターリンを捜すと、議長席の下で頭を抱え、小便を漏らして歯をガチガチ鳴らしながら震えているスターリンがいました(＊02)。
　スターリンは、停電が"暗殺計画実行の合図"と勘違いしたのです。
　彼はつねに叛逆を怖れていたため、彼との会話中は「是(ダー)」しか許されず、文脈など関係なく会話の中にひとこと「否(ニェット)」が入ったら、その者は「謀叛の疑い之(これ)あり！」として即処刑。
　それを心得た部下たちは、処刑されまいと必死に「是(ダー)」「是(ダー)」を繰り返したものでしたが、それでも会話中一瞬でも目を逸らしたらやっぱり死刑(＊03)。
　こうして自らの恐怖を鎮めるために殺してきた罪なき人々の数は、ヒトラーが殺したユダヤ人の数に十倍するものとなり、その事実がより一層、彼を「復

（＊03）目を逸らすのは「よからぬことを考えている証拠、心にやましさがある証拠」という理由です。したがって部下たちは、スターリンと話すときは必死に彼の目を見て話したといいます。

讐される恐怖」に突き落としたのでした。

　永らくスターリンはクレムリンに住んでいると思われていましたが、じつは極度に暗殺を怖れるがあまり、モスクワ近郊の森の中にある別邸（＊04）に身を隠し、そこから滅多に出てこない状態になっており、ましてや撃墜の懼れがある飛行機になどけっして乗らない彼が、遠く離れたカイロまで行くのは抵抗があります。

　そこで、ソ連支配圏からほど近いテヘランに開催地が設定されたという事情がありました。

　ここなら、ヴォルガ川（A-4）を下り、カスピ海（B/C-5）を南下すれば、テヘランは目と鼻の先にあります。

　ところで、米・英・ソの三首脳が一堂に会して会談したのはこれが初めてとなります。

　テヘランくんだりまでやってきたスターリンの要求は、とにもかくにも「第二戦線（西部戦線）の復活（C/D-4/5）」。

　しかし、チャーチルとしては断固として西部戦線を開きたくないため、ここでものらりくらり何としてもこれを回避すべく（C/D-3/4）、第二戦線を開くにしてもバルカン方面で開くことを提議（C/D-3）します。

　もし西部戦線を開いてしまえば、ナチスドイツはあっさり亡びるかもしれませんが、東欧世界はソ連の勢力下に置かれてしまう。

── 皇帝は去ったが将軍たちは残った（＊05）──

　第一次世界大戦はそう言われましたが、こたびの大戦では「ナチスは去ったが、アカどもが残った」では洒落になりません。

　慧眼チャーチルのこと、このときすでに戦後の冷戦構造を予感していたのでしょう。

（＊04）「別邸」とはいっても、周りの庭は地雷で固められ、高い塀に囲まれ、ベトンで固められた壁、鋼鉄の扉、厳重なセキュリティチェック、窓すらないベッドと机が置いてあるだけの簡素な部屋 ── と牢獄より警備の厳しい部屋に自らを閉じ込め、妻子すらよせつけず、その部屋でひとりで命令書を書きつづけていました。

（＊05）テオドール＝プリーヴィエが書いた第一次世界大戦末期を舞台とした小説のタイトル。

第4幕　テヘラン会談

　そこで、ご要望の「第二戦線を再建する」としても、これをバルカンに設定することでソ連(USSR)に睨みを利かせよう(C-1)というわけです。
　ところが、これに水を差したのがルーズヴェルト。
　このころの彼は欧州(ヨーロッパ)問題より日本を抹殺することに執念を燃やし、そのためには一刻も早くソ連(USSR)に対日参戦してほしかったため、スターリンに同調してしまいます(D-4/5)。
　思いがけずルーズヴェルトがスターリンに追従してしまったせいで、2 vs 1となってしまい、第二戦線を西部戦線に設定することが決まり、半年以内に北フランスで「大君主作戦(オーバーロード)(＊06)」が展開されることになりました。
　その代償としてソ連(USSR)には「対日参戦」が要求されます。
　しかし、スターリンは国内では何千万もの国民を眉ひとつ動かさずに殺すく

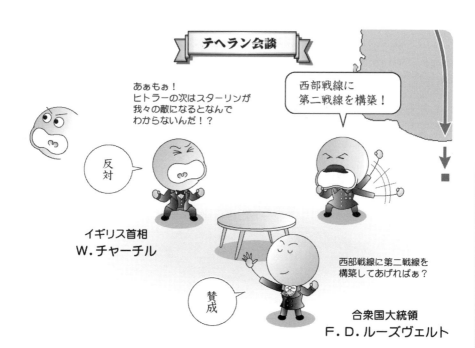

(＊06)「ノルマンディー上陸作戦」のコードネーム（暗号名）。

せに、対外的な協定や条約は律儀に守ろうとする性だったため、「日ソ中立条約」を理由としてこれを渋ります。

とはいえ、チャーチルは「少しでもソ連に疲弊してもらうため」、ルーズヴェルトは「一刻も早く日本を叩きつぶしたいため」に両者から押し切られる形で、スターリンはこれを渋々ながら認めることになりました。

ただし、まだこの時点ではまだ"認めた"だけ。

具体的な日時が設定されたわけでも、様々な条件が決められたわけでも、正式に「調印」されたわけでもなく、単なる"合意（口約束）"にすぎず、実際に参戦のための条件や日程など細かい調整は、またのちに話し合うことになりました(＊07)。

紆余曲折ありましたが、こうしてようやく「第二戦線の構築」が約束されたことで、いよいよ大戦は終局に向かうことになります(＊08)。

閑話休題。

ここでもういちど大まかに振り返ってみると、1939年の9月に始まったこたびの大戦は、1942年の半ばまでが枢軸国の攻勢期で、1942年後半に死闘を演じ、1942年末から1943年初頭にかけて形勢が逆転し、そこからは枢軸国が防戦一方となりました。

しかも、形勢逆転の転機となった戦いが、東部戦線もその地球の裏側で展開した太平洋戦線もほぼ同時期に発生していることは興味深いところです(＊09)。

（発生時期）	（欧州戦線の動き）	（太平洋戦線の動き）
・1942年6月：「青作戦」	開始 /	ミッドウェー海戦
・1942年8月：スターリングラード攻防戦 開始 /		ガダルカナルの戦 開始
・1943年2月：スターリングラード市から 敗走 /		ガダルカナルから 敗走

（＊07）これが決定されたのが「ヤルタ会談」です。

（＊08）他にも、ポーランドの東部国境がカーゾン線、西部国境がオーデル＝ナイセ線に設定されたのもこの会議であり、それが現在に至るまでのポーランド国境となっています。

（＊09）北アフリカ戦線の転機となった「エル＝アラメインの戦」が起こったのも1942年7月から11月で、ほぼ「スターリングラード攻防戦」と同時期です。

どんな苦境に陥っても、ヒトラーの「戦線絶対死守！」という無茶な命令のためにボロボロになっても限界まで踏ん張ってきたドイツ軍。

そのドイツ軍がついに後退を始めたということは、ふつうに考えればもう何をやってもダメ、雪崩を打って崩壊していくものです。

もちろんソ連も心得たもの、ここぞとばかり「冬期攻勢（A-4/5）」をかけてきました。

ところが。

ここでもまたドイツ軍は底力を見せ、幾たびも奪われた拠点を取り返したり、ソ連の猛攻を撃退したりしています。

この戦況で、通常なら考えられないような「奇蹟の反撃」。

これを成し遂げた立役者こそ、あの「アルデンヌの森 突破作戦(*10)」を立案した名将中の名将、Ｆ．Ｅ．フォン＝マンシュタイン元帥（A-2/3）です。

にもかかわらず、これまで陰に隠れてなかなか陽の目を見なかった(*11)彼ですが、総崩れをしかねないこの状況で才能を発揮します。

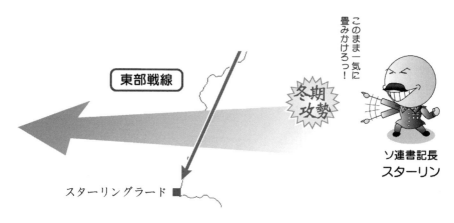

(*10)「第3章 第3幕」参照。

(*11) 彼はそのズバ抜けた才ゆえに諸将から嫉妬を受け、またヒトラーにも歯に衣着せぬ直言をするためヒトラーからも疎んじられ、左遷され、軍内では肩身が狭い思いをさせられています。「才ある者は疎んじられる」のは世の常です。

反撃に成功できたのも、彼が「後手の一撃（＊12）（Ａ-2）」を使ったおかげ
で、これは北アフリカ戦線でもロンメル将軍がこの手を使って大戦果を収めた、
たいへん効果のある戦術でしたが、大本営からは命令が下ります。

――退くことは許さん！（Ａ-1）

　「退く」といっても、「総崩れ」を起こし尻尾を巻いて逃げているのではな
く、勝つための〝戦略〟として一時的に退くだけなのですが、ヒトラーにはこれ
がどうしても理解できません。

　ただただ「どんな理由であろうとも退いてはならない！」の一点張り。

　これでは戦略も立てられず、勝てる戦も勝てません。

　ただ「やみくもに正面から突進して死ね！」と言っているようなもので、やっ
ていることはスターリンの〝人海戦術〟と同じです。

　もはやこのころのヒトラーに戦前の精彩は面影もなく、追い詰められてすで
にオツムがおかしくなっていたのかもしれません。

　理の通った会話が成立せず、ただ感情的に怒りを露わにするだけ。

　マンシュタイン元帥は仕方なく、まだソ連軍に奪われたばかりで防衛態勢の
整っていないクルスク（Ａ-3）を先制攻撃しようと考えます。

　ところが、またしてもこれに「待った！」をかけるヒトラー。

――今、新型戦車のＶ号（＊13）が完成目前だ。

　　これが完成するまで待て！

「総統閣下は何を言っているのだ！？

　今攻めればＶ号などなくとも陥とせる！

　今攻めねばＶ号があっても陥とせぬ！

　なぜそれがわからぬ！？」

　マンシュタイン元帥をはじめとして諸将はこぞって反対しましたが、ヒト
ラーはやはり聞く耳を持たず。

（＊12）「戦略的撤退ののち、敵軍の戦線が伸びきったところを叩く」というもの。

（＊13）ドイツの主力戦車は、大戦初期が「Ⅱ号戦車」、中盤が「Ⅲ号戦車」「Ⅳ号戦車」、終盤に
　　　「Ⅴ号戦車」「Ⅵ号戦車」が投入されましたが、特にⅤ号戦車には「パンター（豹）」、Ⅵ
　　　号戦車には「ティーガー（虎）」の名が与えられました。

そんなことをしているうちにソ連(USSR)はクルスク周辺に鉄壁の防御陣地(＊14)を構築してしまっていたため、もはやこれを攻撃しても被害を被るのみ。
　――千載一遇の好機(チャンス)は去った！　もはやこれまで！
　そこで今度は、諸将が「作戦自体の中止」を懇願しましたが、これも却下。
　仕方なく攻めてはみたものの、案の定、莫大な損失を出して失敗。
　このときの「クルスク総攻撃」を以(もっ)て、東部戦線におけるドイツ軍の攻勢は完全に終わりを遂げました。
　以降、ドイツの攻勢はなく、あとは退却あるのみです。
　しかも、以降は「戦略的撤退」ではなく単なる「敗走」です。
　もちろん、相も変わらず大本営(ハウプトクアティア)からは、現状を無視した「陣地死守！」の命令がやってきましたから、戦線の各地で特攻・玉砕が繰り返され、それで戦線が維持できたならまだしも、全滅させられただけの単なるムダ死にに。
　このころにはもはや「ドイツ軍最大の敵はヒトラー」という状態に陥ります。
　こうして11月には全ウクライナ地方（A/B-3）からドイツ軍は姿を消すことになりました。

後手の一撃

だからこれは「戦略的撤退」といってですね、「敗走」とは違うんです！作戦の一環なんです！

なんの！ここで我らドイツの底力を見せつけるのだ！「後手の一撃」で取り返すぞ！

■クルスク

南方軍集団　司令官
フリッツ＝エーリッヒ＝フォン
マンシュタイン

（＊14）その2ヶ月間でソ連軍はクルスク周辺に8重70kmにも及ぶとてつもない防御陣地を構築していたのでした。これではもはやどうしようもありません。我々はすでに「こちらが休めば、敵はもっと増強する」ということを「第3章 第3幕」のコラムで学んでまいりました。こちらがつらいときには敵はもっとつらい。息を抜いた方が敗れる ―― という兵法の基本がヒトラーにはまったく理解できていませんでした。

しかし、そろそろ「冬将軍(ジェネラル・フロスト)」の季節となります。
　そうなれば、さしものソ連軍の追撃も弛(ゆる)むだろう ―― と思いきや、厳しい追撃が止まりません。
　なんとなれば、この年に限って「冬将軍(ジェネラル・フロスト)」が来なかったためです。
　ヒトラーが攻めた年には「観測史上最凶の冬将軍(ジェネラル・フロスト)」がやってきたのに、ソ連軍が攻める年には来ない。
　これはもう、文字通り「天に見放された」かのよう。
　怒り心頭のヒトラーは、敗戦の責をマンシュタイン元帥に押し付けて彼を更迭(てっ)送(1944年3月30日)、以降、彼が前線に戻ってくることは二度とありませんでした。
　ちなみに、イタリア同様ドイツでも、敗色濃厚となってカリスマが失せたヒトラーに対する暗殺計画(＊15)が立てられ、このとき予備役に貶(おとし)められたマンシュタイン元帥も暗殺計画に誘われたことがあります。
　彼にはこれまでヒトラーに対する怨み辛(つら)みは相当なものがあったでしょうから、当然この誘いに乗ってくるかと思いきや、彼はこれをキッパリ拒絶、こう言い放ちました。
　―― プロイセン軍人は叛逆しないものだ。

（＊15）暗殺No.41、1944年7月20日。詳しくは「第1章 第8幕」のコラムを参照のこと。ちなみに、この暗殺未遂事件によってロンメル将軍が関与を疑われて自殺させられています（実際に関与していたかどうかは不明ですが、おそらくは関与していない）。

第5章 枢軸軍崩壊

第5幕

パリは燃えているか?
ノルマンディー上陸作戦

ついに、200万という大軍がノルマンディーから上陸してきた。ドイツは一丸となって戦っても厳しい情勢の中、大本営からは理不尽な指令が矢のように飛び交い、前線を混乱させる。ヒトラーは新兵器V2ロケットを投入し、バルジ大反攻をかけるももはやベルリン陥落は時間の問題であった。

〈 ノルマンディー上陸作戦 〉

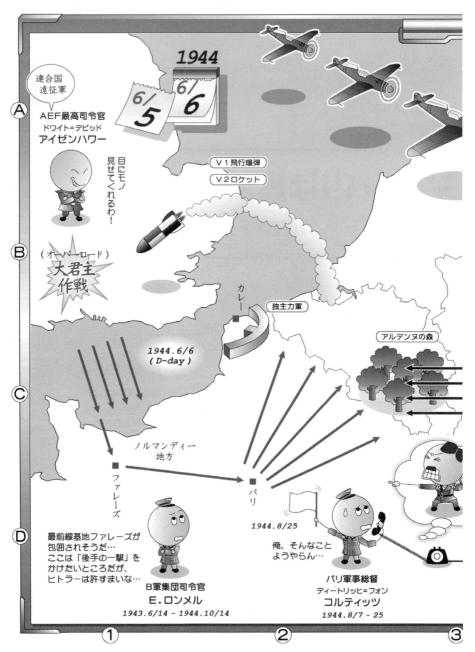

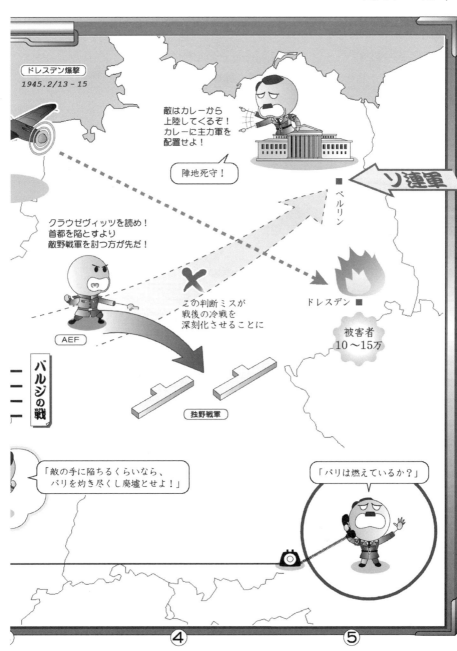

マンシュタイン元帥が更迭されて間もない1944年6月6日午前0時（＊01）
（C-1/2）、暗号名「大君主作戦（B-1）」、通称「ノルマンディー上陸作戦」が決行されました。

　すでに満身創痍のドイツに対して繰り出された総兵力はなんと200万。

　艦艇は6000隻を優に超え、戦闘機・爆撃機等1万2000機、戦車・装甲車等5万輛という、まさに『史上最大の作戦（＊02）』。

　ヒトラーは連合国遠征軍がフランス北部から上陸してくるだろうと予測していたものの、上陸地点はカレー（B/C-2）と確信し、ここに戦力を集中させていました（A-4/5）し、来るにしても「Dデイ」はまだまだ先と考えていましたから、B軍集団司令官に復帰していたロンメル将軍（D-1/2）などは妻の誕生日を祝うために休暇を取って前線を留守にしていました。

　さらには、これほどの大軍が現実にノルマンディー（C/D-1）から上陸しはじめているのに、ヒトラーは頑として「上陸地点はカレー！」「ノルマンディーは陽動！」とカレーの主力部隊を動かさせないというおまけ付き。

　ただ、毎度のことながらドイツの底力は侮り難し。

　軍を指揮したこともなく、兵法も知らず、現場を見てもいないヒトラーの無能采配が前線の将軍の頭を乗り越えて下ってくるため、現場は困惑と混乱に包まれましたが、そうした逆境の中でもドイツ軍は勇敢に戦い、連合軍は当初の進撃予定が大幅に遅れることになったほど。

　またこのころ、ドイツ軍は今まで温めてきた新兵器を続々と投入しはじめましたが、新兵器というのは何かと欠陥が多くてたいていは使い物にならないもの。

　まずは「Ｖ１（＊03）飛行爆弾（A/B-2）」を投入、ロンドンに向けて雨あられと打ち込んではみたものの、これは戦闘機が飛べる高度と速度だったため、

（＊01）一般的にこの日は「Dデイ」と呼ばれます。「D」の由来は不明。ちなみに、マッカーサーによる「日本本土侵攻作戦（オリンピック作戦）」の決行予定日が「Xデイ」と言われ、これは現代でも「いつ起こるか分からない重大な日」として使われています。

（＊02）「ノルマンディー上陸作戦」を題材としたハリウッド映画『The Longest Day』（1962年製作）の邦名。

そのほとんどは撃墜され、打てども打てどもロンドンまで到達したのはほんの数%という惨状。

そこで今度は、戦闘機では撃墜できない高々度をマッハ２で飛ぶ「Ｖ２ロケット（A/B-1/2）」が投入されましたが、これも目標地点への命中精度が低いうえ、あまりにもコストが高すぎた(*04)ために大した効果がなかったどころか、撃墜不能であるが故に、連合軍は「Ｖ２」発射地点を押さえようと躍起となったため、むしろ連合軍を勢いづけてしまう結果にもなりました。

こうして、事ここに及んで欠陥だらけの新兵器を投入したところで、劣勢を覆すことはできず。

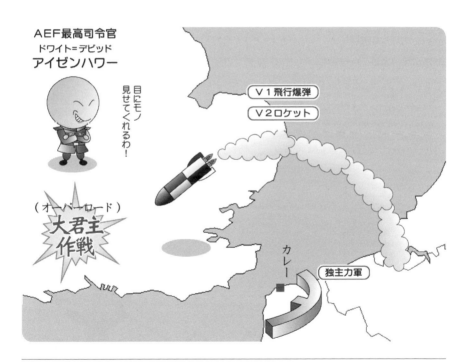

(*03) ドイツ語で「報復」を意味する「Vergeltungs（フェルゲルトゥングス）」の頭文字を取ったもの。爆弾にエンジンと羽根を付け、無人で飛んでいく兵器。

(*04) 製造コストは「Ｖ２ロケット４発」が「爆撃機１機」に相当し、それなら爆撃機の方が「より遠距離を」「正確に」「数多くの弾頭を」「何度も運搬できる」ため、爆撃機を製造した方がよいということに。

いよいよ最前線のファレーズ（C/D-1）が包囲されそうになったため、ここはそうなる前にいったん退いて、ロンメル将軍のお得意の「後手の一撃(バックハンド・ブロー)」をかけるしかない！となりました。

　しかし、そのお伺いを立てたところ案の定、大本営(ハウプトクアティア)は何とかのひとつ覚えで「陣地死守！（A/B-4）」。

　これにより勝機は失われ、主力部隊が包囲されて全滅するハメに(＊05)。

　まさに「スターリングラード」の二の舞で、この"ちょび髭"はまったく失敗から学びません。

　8月25日、連合軍(AEF)はついにセーヌ川に達し、パリも陥落寸前と知ったヒトラーは命じます。

——敵の手に陥ちるくらいなら、

　　パリを灼(や)き尽くし、廃墟とせよ！（C/D-3/4）

　この命令はヒトラーの"一時の感情"で出されたものではなく、どうやら本気だったようで、その後も何度も尋ねたといいます。

——Brennt(ブレント) Paris(パリ)？（パリは燃えているか？(＊06)）（D-5）

　しかし、このときパリ防衛の任を担っていたパリ軍事総督 D(ディートリッヒ)．フォン＝コルティッツ（D-2/3）は、この伝統ある美しい街パリを廃墟とするなど忍びな

(＊05) ここから脱出できたのは「死守命令」を無視して撤退した将兵だけで、まじめにこれを守った将兵は全滅してしまいました。

(＊06) このときの模様を描いた米仏合作の映画（1966年）のタイトルにもなっています。

く、この命令を無視して降伏しました。

　もしこのときコルティッツ将軍がヒトラーの命令を忠実に守っていたら、現在我々が見るパリはまったく違ったものになっていたでしょうが、もうこのころにはヒトラーは "裸の王様" 状態で、前線では命令無視が常態化していたのです。

　ヒトラーはもう一度過ぐる日の大戦果を思い浮かべ、アルデンヌの森（C-2/3）突破作戦を命じます。

　これが1944年12月から1945年1月にかけて行われた「バルジ大反攻[*07]（C-3）」でしたが、"同じ手" が通用するわけもなくあえなく失敗。

　ドイツの反攻もこれが最後となり、あとはずるずると崩壊がはじまり、おなじころ東部戦線でもワルシャワが解放され（1月）、まもなくポーランド全域も解放され（2月）、やがてドイツの東部国境をも侵しはじめます。

　こうして東西から戦線が崩壊しはじめ、東から殺到するソ連軍（A-5）と、西から攻め上がる連合軍（B-3/4）でしたが、ここで連合軍は戦略上の大きな過ちを犯してしまいます。

　ソ連軍は遮二無二ドイツの都ベルリン（A-5）を目指して軍を進めたのに対し、連合軍はベルリンの目と鼻の先まで迫りながら、そこから方向転換して南の野戦軍（C-4）の掃討へと向かってしまったのです。

　もちろん「このまま一気にベルリンへ！」との将兵の声は強かったのですが、総司令官アイゼンハワーは、こうした声を抑え込んでしまいました。

「卿らはクラウゼヴィッツを知らんのか！

　敵野戦軍の撃滅が先だ！」

　確かにクラウゼヴィッツは『戦争論』の中でこう言っています。

──敵の野戦軍を粉砕した後の首都占領は敵国を屈服させるが、

　　敵野戦軍が健在なまま敵の首都を占領しても戦争終結をもたらさない。

（＊07）「バルジ」というのは地名ではなく「戦線の突出した部分」という意味で、これは連合軍
　　　側の呼び方。ドイツ側の正式名称は「ライン防衛戦」と言います。
　　　実際の戦闘はアルデンヌの森で行われたため「アルデンヌの戦」、総大将ルントシュテット
　　　の名に因んで「ルントシュテット攻勢」とも呼ばれます。

したがって、まずは敵野戦軍を撃破したのち、その首都を占領せよ。

　しかしそれも時と場合によりけり。

　クラウゼヴィッツは敵兵の士気が高い場合を想定して述べたのであって、そうでない場合は逆に首都さえ陥とせば、敵野戦軍はたちまち降伏します。

　実際、「ベルリンが陥ちた！」との報がラジオ放送された途端、各地のドイツ野戦軍は一斉に投降を始め、ベルリン陥落後の野戦軍の抵抗はほとんどまったくありませんでした。

　こういう〝知識はあっても実戦で活かす能力がない状態〟を「生兵法」と言い、大怪我の元となります。

　「実戦」というものは「教科書通り」にはいきません。

　例えば、『孫子の兵法』にもこのような教えがあります。

――陣を張るときは山や丘を背とし、水（川や池など）や沼沢を前とせよ。

　しかし、韓信はあえてこの兵法の反対をいき、「水を背」として寡兵（3万）で大軍（20万）を破った「井陘の戦」はあまりにも有名です。

　所謂「背水の陣」です。

　韓信の配下たちは〝兵法の鉄則〟を破ったにもかかわらずこの大戦果が不思議でならず、韓信に理由を訊ねると韓信は笑って答えました。

「なるほど諸君らは『孫子』をよく知っておられる。

　だが、兵法とは〝書の丸暗記〟をそのままやったのでは役に立たぬ。

　つねに現場の状況に応じて臨機応変に対応せねば！」

　『論語』を全部暗唱していても、その言葉の真意が理解できておらず、行動を伴っていない者のことを「論語読みの論語知らず」と言いますが、このときのアイゼンハウアーの判断ミスが、戦後「2つのベルリン」を生むことになるのでした（＊08）。

　そしてこうした中、連合軍は突如としてドレスデン（B-5）に大空襲（A-3）

（＊08）その理由についてはここでは紙幅が足りませんので、本シリーズ続刊にて。

（＊09）都市部に対して、絨毯を敷くようにムラなく爆弾を投下する爆撃。「無差別爆撃」とも。

（＊10）ザクセン侯のバロック式宮殿。戦後に再建され、現在往時の面影を見ることができます。

をかけます。

　ドレスデンといえば800年の歴史を誇り、ザクセン王国の首都ともなった美しい街並みの古都で、日本でいえば「京都」のような位置づけの都市です。
　連合軍(AEF)はここに絨毯爆撃(＊09)をかけたのです。
　このとき投下された数千ｔにおよぶ爆弾によって、ドレスデンは街の中央にある荘厳なツヴィンガー宮殿(＊10)をはじめとして多くの重要文化財が恢燼と帰し、さらに数千ｔの焼夷弾は火災旋風(＊11)を発生させ、10万とも15万ともいわれる一般市民が焼き殺されました。
　これは、さきほどヒトラーが命じた「パリ破壊命令」と同じレベル、いえそれ以上の蛮行です。
　ヒトラーの場合は敗戦による破れかぶれの状況でしたから、彼の心情を慮(おもんばか)ればまだ理解できますが、連合軍(AEF)の場合はすでに戦局は定まり、勝利目前の中でこの蛮行をしでかしたのですから。
　そのうえドレスデンなど戦略的にさして重要でもなく、街全体が歴史遺産の

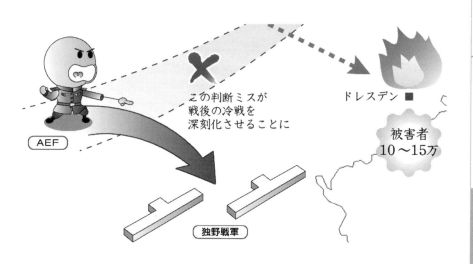

（＊11）火災に伴う上昇気流が竜巻を引き起こしたもの。
　　　　竜巻のエネルギーがつねに周囲から新鮮な空気を取り込むため、巨大なバーナーの炎のようになって温度は1500℃に達し、すべてを焼き尽くす劫火となります。

塊のような古都に絨毯爆撃にかけてこれを破壊し尽くし、一般市民をなぶり殺しにしたことは、味方陣営からすら疑問の声が湧き起こります。

——我々は本当に"正義"なのか？

これに対して、この空襲を指揮したＨ．Ｈ．アーノルド将軍はこう言い放ちました。

「戦争というものは、破壊的で、非人道的で、残酷でなければならない！」

五千歩譲って仮にそうだったとしても、それを行うことが戦略的に有効な場合に限られますので、その言い訳は通じません。

もっとも彼は他にも、

「価値観の違う民族を残忍に殺すことになんら良心の呵責も感じない」

「日本民族は絶滅されなければならない」

…などと平然と宣うような人物ですので、言葉が通じる相手とは思えませんが。

閑話休題。

連合軍がいよいよドイツ本土を蹂躙しはじめると、3月19日、ヒトラーはひとつの布告を発しました。

——敵に利用されぬようドイツ国内の産業施設や交通機関をすべて破壊せよ！

しかしそんなことをされたら国民生活が成り立たなくなります。

これにヒトラーはこう嘯きました。

——ドイツ民族が「弱い民族」であると実証された(＊12)からには、

　　ドイツ民族の生活になど顧慮する必要はない。

もはや何をか言わんや。

いよいよヒトラーの破滅の跫音がさし迫ってきていました。

（＊12）第一次世界大戦のときには「ユダヤ人のせい」にしました。こたびはユダヤ人を強制収容所に閉じ込めておいたのにこの有様でしたから、その言い訳も利きません。
　　　そこでヒトラーは戦争に敗れた理由を「ドイツ民族が弱いせい」としたわけですが、これまで見てまいりましたように、どう見ても「ヒトラーの無能采配のせい」です。

第5章　枢軸軍崩壊

第6幕

密談の末に
ヤルタ会談

いよいよドイツの命運は尽きた。そろそろ戦後処理問題、および対日問題を協議せねば。そこで米・英・ソの三首脳がヤルタに集まる。しかしこのときすでにルーズヴェルトには死相が現れ、スターリンの要求を言うがままにすべて呑んでしまう。このことが戦後に大きな禍根を残すことになった。

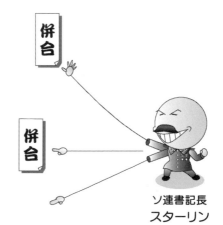

戦争中にブン獲った領地はすべて我が国のものだ！大西洋憲章など知ったことか！

ソ連書記長
スターリン

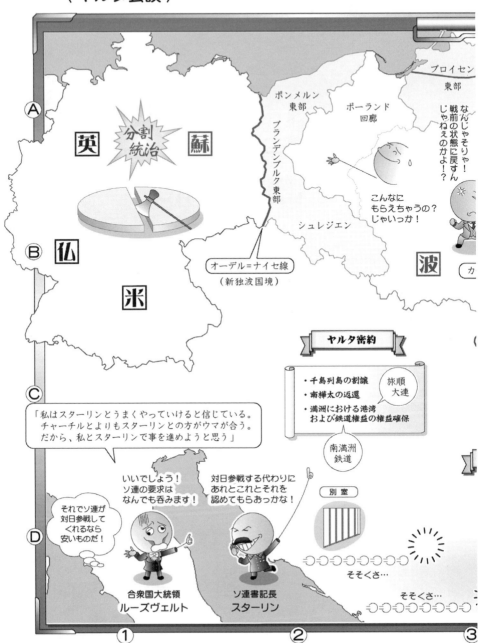

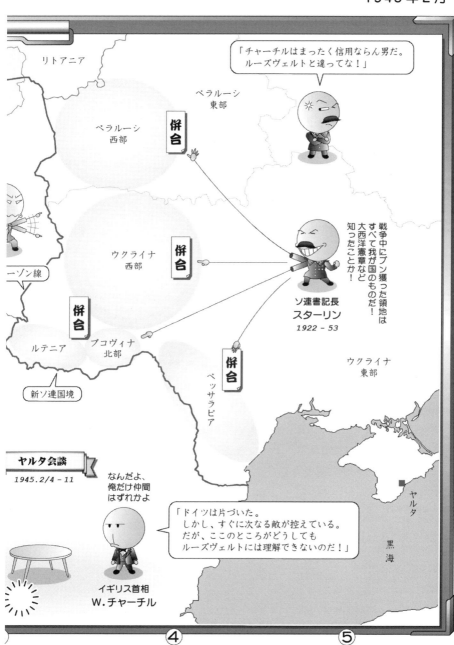

黒海（D-5）北岸にはロマノフ王朝時代からの保養地が立ち並んでいましたが、東部戦線も西部戦線も総崩れを始めた1945年2月、その保養地のうちのひとつ、ヤルタ（C/D-5）にあるリヴァディア離宮[＊01]に、米・英・ソの三巨頭が集まっていました。

戦後構想と対日参戦を話し合うためです。

最初にヤルタに姿を現したのがルーズヴェルト大統領（D-1）。

彼は、史上初の「4選[＊02]」を果たしたばかりで意気揚々 —— かと思いきや、その姿はがりがりに痩せ衰え、顔には"死相"が顕れていました。

つづいてヤルタに到着したチャーチル（D-4）には悩みのタネがありました。

―― ドイツは片づいた。

しかし、すぐに次なる敵が控えている。それはソ連だ。

だが、どんなに口を酸っぱくして説明してもルーズヴェルトにはここのところが理解できないのだ。（D-4/5）

これに対してルーズヴェルトは、

「私はスターリンとうまく歩調を合わせてやっていけると信じている。

私はチャーチルとよりもスターリンとの方がウマが合うから、チャーチル抜きで、私とスターリンとの間で合意を成立させようと思う」（C-1）

…と述べていますし、最後にヤルタに到着したスターリン（D-2）も、

「チャーチルはまったく信用ならん男だ。

ルーズヴェルトなんかとは違ってな！」（A-5）と相思相愛。

テヘラン会談に引きつづき、この会談でもチャーチルは"孤立無援"状態。

まずスターリンは徹底的な「ドイツ解体」を要求します。

しかし、チャーチルはそうしたやり方こそが第二次世界大戦を引き起こしたとこれに反対。

結局、ドイツは米・英・仏・ソの4ヶ国による分割統治（A/B-1）にすることが決まりました。

（＊01）ロマノフ王朝のラストエンペラー・ニコライ2世の別荘。

（＊02）歴代アメリカ合衆国大統領で「4選」を果たしたのは後にも先にもF.ルーズヴェルト大統領ただひとりです。というか、「3選」すら彼以外ひとりもいません。

つぎに「ポーランド問題」について。

本来であれば、「領土は開戦以前の状態に戻す」のが基本姿勢(スタンス)のはずですが、スターリンは開戦後に手に入れたポーランド東部(＊03)(A/B-4)を手放すつもりなど毛頭ありません。

スターリンはこれをソ連(USSR)領として認めてもらいたいところでしたが、ポーランドが納得しない(B-3)でしょう。

そこでポーランドにはこれを認めてもらう代わりに、ポーランド回廊はもちろん、オーデル＝ナイセ線以東のドイツ領(＊04)(A/B-2)をくれてやることで宥(なだ)めることになりました。

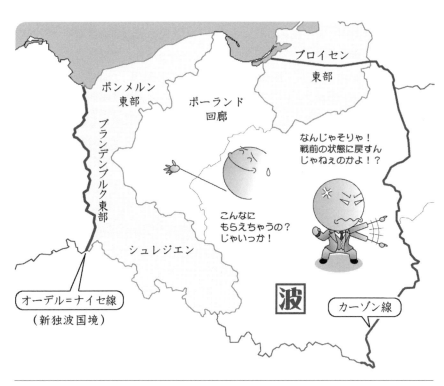

(＊03)カーゾン線(B-3)以東。ベラルーシ西部(A-4)とウクライナ西部(B-4)。
(＊04)東プロイセン南部(A-3)・ポンメルン東部(A-2)・ブランデンブルク東部(A/B-2)、およびシュレジエン(B-2)。

「チャーチルはまったく信用ならん男だ。ルーズヴェルトと違ってな！」

ソ連書記長
スターリン

　こうしてここでも、米英が御自ら取り決めた『大西洋憲章(アトランティック・チャーター)』が如何に"綺麗事"にすぎないかが露呈します。
　その第２条では「領土変更の際には関係国の人民の自由なる意思(*05)が尊重される」と謳っていましたが、大国の首脳がたった３人で密談して取り決められた今回の決定のどこに「関係国の人民の自由なる意思」があるでしょう。
　彼らは「大西洋憲章」という綺麗事で身に包み、これを"隠れ蓑(みの)"としてつねに我が身を「正義」の立場に置いておき、敵国がこれに違反しようものなら「大西洋憲章違反！」と喰ってかかってこれを"悪者扱い"するくせに、自分たちがこれを破る分には蓑(みの)を脱ぎ、そっと蓋(ふた)をして、何事もなかったかのように"完全スルー"(*06)。
　しかしながら。
　こうして強引にドイツ領を剥(は)ぎ取ってこれをポーランドに与えたとしても、そうした横紙破りなやり方はかならずドイツ人の不満を呼び、戦後ふたたびドイツに"第二のヒトラー"が現れて、「民族自決に基づき、我がドイツ固有の領土を返還せよ！」との要求を突きつけてくることが懸念されます。
　そこで、そうなる前にオーデル＝ナイセ線以東に住むドイツ人には強制的に

（*05）「第4章 第4幕」参照。
（*06）これが彼らの一貫した"やり口"ですが、一般大衆はこのやり口に毎度毎度モノの見事に騙されてくれます。昔のことではありません、こうしている今現在もです。ことほど左様に、大衆が無知無教養というのは支配者側にとってたいへんありがたいものなのです。

以西のドイツ領に移住してもらうことにしました。
「関係国の人民(ドイツ人)の意思」などももちろん無視です。
彼らは自分たちが「大西洋憲章」を自ら踏みにじっている事実から大衆の目を逸らさせようと、この強制移住に対し盛んに"秩序ある人道的な"という形容をつけましたが、その実態はそんな生やさしいものではありません。
それは真冬の極寒の中で強行され、何百年もの永きにわたって住みなれたこの土地から、ある日突然追い払われることになった1650万ものドイツ人は、途上で飢餓・凍死・病死ばかりか、ポーランド人からの襲撃を受けて、200万人以上もの人々が国境を越える前にぱたぱたと死んでいったのです。
文字通り「死の行進」でした。
これが米英の言う、「"関係国の人民の自由なる意思"に基づいて行われた"秩序ある人道的な"強制移住」の実態です。
確かにヒトラーはホロコーストで150万〜200万もの罪なきユダヤ人を殺したかもしれません。
しかし、だからといって戦後の罪なきドイツ人200万を殺し返すことが許されるのでしょうか。
「正義」を自称する連合国側も、一皮剝けばヒトラーと"同じ穴の狢(むじな)"。
これまで見てまいりましたように、ヒトラーのしでかした蛮行と同じ(それ以上の)ことを連合国側もそっくりそのままなぞってやっているのに、ヒトラーの蛮行ばかりが強調され、叩かれ、連合国側がやった蛮行はいっさい触れられ

なんだよ、
俺だけ仲間
はずれかよ

「ドイツは片づいた。
しかし、すぐに次なる敵が控えている。
だが、ここのところがどうしても
ルーズヴェルトには理解できないのだ!」

イギリス首相
W.チャーチル

ません（＊07）。

　"死の行進"と言えば、過去には「バビロン捕囚（＊08）」「涙の旅路（＊09）」でも行われましたが、こんな蛮行が20世紀において「正義」の名の下に行われた史実を我々は胸に刻んでおかなければなりません。

　最後に「極東問題」について。

　これについて討議する際、ルーズヴェルトは「チャーチルがいたらまとまる話もまとまらなくなる」として、スターリンだけを別室（D-2）に呼んでチャーチル抜きに2人だけで密談します。

　ソ連の対日参戦については、すでにテヘラン会談で認められていたものの、ルーズヴェルトが改めてソ連の対日参戦を要求すると、スターリンは足下を見て以下の利権を要求します。

- 千島列島の割譲（＊10）
- 南樺太の返還
- 満洲における港湾および鉄道権益の権益確保（＊11）（C-2/3）

　ルーズヴェルトは「スターリンの要求は、要求のままに何でも与える」という方針（＊12）でしたから、これを即座に承認（D-1）。

「ソ連が対日参戦してくれるなら、
　旅順や千島をくれてやることなど小さなことだ」

　こうしてルーズヴェルトとスターリンが密談で決めたことをチャーチルは"事後承認"させられるという屈辱を受けます。

　これは、戦後世界が「米ソ」で動き、イギリスは二流国家に転落することを予感させる出来事でした。

（＊07）何度も説明しているように「歴史は勝者が紡ぐ」からです。

（＊08）古代オリエント時代、新バビロニア王国がユダヤ人に対して行った強制移住。これがユダヤ人の「世界離散（ディアスポラ）」を生み、現在に至るまでの不幸の元凶となりました。

（＊09）合衆国第7代大統領A．ジャクソンがインディアンに対して実行した強制移住。これによりチェロキー族は部族人口の1/3近くが死滅しています。

しかしルーズヴェルトは、チェンバレンが行った「宥和政策」こそがヒトラーを育み、こたびの大禍を招いたということからまったく学ばなかったようで、チェンバレンが犯した過ちをそっくりそのままソ連に対して犯し、戦後、自らの首を絞めていくことになりましたが、彼はそれを知ることなく、この会議の直後、急死しました。
　1945年4月12日、享年64。
　ヒトラーが首相官邸の地下壕(ライヒスカンツライ ブンカー)で自殺するわずか半月前のことです。

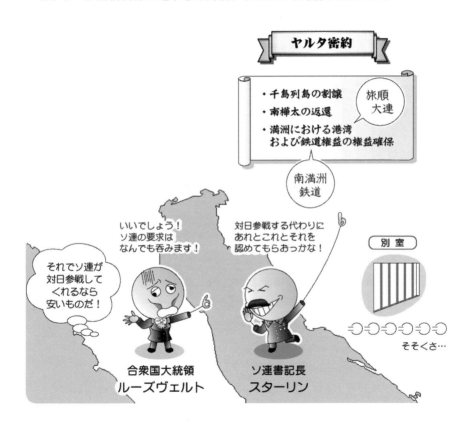

(＊10) 北方四島が現在まで日露係争の地となっているのは、これに北方四島が含まれているかどうかの見解が異なるからです。
(＊11) 港湾とは「旅順・大連」、鉄道とは「南満洲鉄道」を指します。
(＊12) 「第5章第1幕」の(註06)を参照のこと。

Column 戦争に正義も悪もない

　戦後、第二次世界大戦はつねに「連合国が正義」で「枢軸国が悪」という立場(スタンス)で描かれてきました。

　70年以上、何世代にもわたってそう叩き込まれつづけてきましたから、もはやその思い込みは膏肓(こうこう)に入り、正しい歴史観を示されると拒絶反応を起こす人すら多くなってしまいました。

　しかしながら、勧善懲悪の子供の漫画じゃあるまいし、少し考えてみれば(考えるまでもなく)、戦争が「正義の味方と悪の組織の戦い」のわけがないことは誰にでもわかりそうなものです。

　例を挙げれば枚挙に遑(いとま)ありませんが、たとえば「大君主作戦(オーバーロード)」について描かれるとき、いつも「米兵(GI)たちはフランスをナチスの横暴から解放した勇敢な英雄」として描かれ、大衆はそれをマに受けます。

　しかし、事実はそんな綺麗事では済みません。

　上陸してきたの米兵(GI)たちの放蕩ぶり、不法行為はすさまじく、彼らは女と見るや、片端から犯(レイプ)しまくり、公園・廃墟・墓地、果ては線路の上など、街中いたるところで所かまわず公然と性行為が繰り返されたため、「ひとたび外を出れば、セックスをしている男女を見かけずに街を歩くことは不可能」と言われたほど。

　ナチス統治下ではこんな惨状は起きませんでした。

　地元民からは「米兵(GI)はセックスに飢えた荒くれ者」と恐れられ、「ドイツ人がやってきたとき隠れるのは男たちだったが、米兵(GI)がやってきたら女を隠さねばならなかった」との証言も残っています。

　さらには組織的な人種差別などもありました。

　米誌「LIFE」では、このときの様子が記事に取り上げられ、「このときフランスは、快楽主義者4000万人が住む巨大な売春宿と化した」と表現しています。

　連合国も枢軸国もどちらも人間、両陣営ともにおなじくらいひどいことをしているのであって、枢軸だけが悪いことをしたのではありません。

第5章 枢軸軍崩壊

最終幕

"奇蹟"は起きず
ベルリン陥落

首相官邸(ライヒスカンツライ)の地下壕(ブンカー)の中にまで大砲や爆弾の音が響くほど敵軍が間近に迫ってもなお、ヒトラーが頼った"奇蹟"(ミラクル)はついに起きなかった。連合軍は東西から刻々と迫り、舞い込む情報は彼を絶望させるものばかり。「伯林(ベルリン)包囲!」「ムッソリーニ処刑!」「援軍は来ず!」ここに至りついにヒトラーも死を覚悟したのだった。

〈ベルリン陥落〉

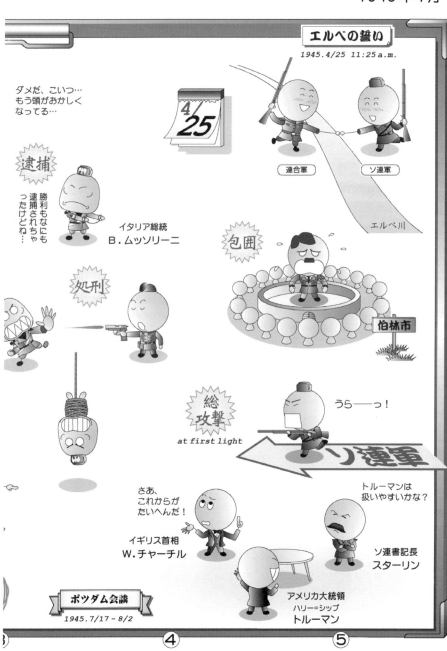

歴史を学んでいると、その時代を代表する主要人物たちが時を同じうして一斉にパタパタッと亡くなっていくことがままあります。

　そうしたとき「ひとつの時代の終焉」を実感させられますが、じつはルーズヴェルトが急死した「1945年4月」もそうでした。

――ルーズヴェルト死去！

　その報に触れたヒトラーは「いよいよ"ブランデンブルグの奇蹟"が来たか！」と喜んだといいます。

　じつは、このころ彼が住んでいた首相官邸の地下壕の総統執務室には「普王フリードリヒ2世」の肖像画が飾られていたといわれています。

　なんとなればフリードリヒ2世もまた、今のヒトラーと同じように四方を大国に囲まれ、攻め立てられ、一時はクーネルスドルフでの決定的敗北によって「死」を覚悟したほどに追い詰められましたが、見事これを切り抜け逆転勝利を成し遂げたという出来事(*01)があり、ヒトラーはいつもこの逸話を胸に秘め、この再現を夢見ていたためです。

　そして、ルーズヴェルトが死んで1週間後の4月20日、ヒトラー56歳の誕生日を迎えました。

　こんなときにもかかわらず ―― いえこんなときだからこそ、ナチス最高幹部たちは首相官邸の地下壕の中でささやかに誕生日を祝います（A-1/2）。

(＊01) これを「ブランデンブルクの奇蹟」と言い、ドイツ人なら誰でも知っているような語り草です。

(＊02) しかしヒトラー自身は本気で「ブランデンブルクの奇蹟が起こる！」と信じていたようです。何かしら根拠があったわけではなく、"信仰"の世界でしたが。

珍しくご機嫌のヒトラーを前にして、幹部たちは今までなかなか言い出せなかったことを思い切って進言しました。
「もはや、ここ(ベルリン)が包囲されるのも時間の問題です。
　その前にここを脱出しましょう！」(A-2/3)
　しかし、ヒトラーは断固としてそれを拒否。
──その必要はない。
　　ソ連軍はベルリンの手前で壊滅的な敗北を喫するであろう！
　何の根拠もない妄言(＊02)に幹部らは唖然呆然。
「コイツはもうダメだ」(A-3)
　この日を境にヒトラーを見限る幹部たちが相次ぐことになりました(＊03)。
　25日、東から西進していたソ連軍と、西から東進していた米軍が、エルベ川(B-5)近くのトルガワで邂逅(＊04)し、東から迫る東部戦線と西から迫る西部戦線がついに合わさり、ソ連軍がベルリンを包囲します。

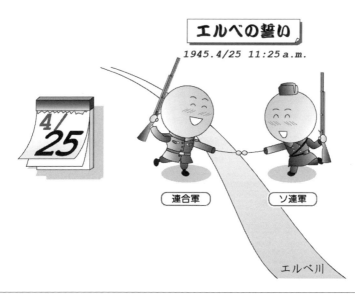

(＊03) その中にはナチスNo.2の地位(副首相・航空相)にあったH.ゲーリングもいました。
　　　彼は23日にヒトラーに叛逆しています。

(＊04) これを「エルベの誓い」またはその地名から「トルガウの出会い」と言います。

27日、地上軍が刻一刻と首相官邸(ライヒスカンツライ)を目指して侵攻し、空軍が雨あられと爆弾を投下する中、ヒトラーはムッソリーニ宛に以下のごとき電報を打ちました。
「我、戦局逆転ヲ確信セリ！
　独伊同盟ノ最終的勝利を信ズ！」(A/B-2)

　本気だったのか、虚勢だったのか、すでに頭がおかしくなっていたのか。
　しかしそのころ、総統失脚後ドイツ軍に匿われていたムッソリーニ(ドゥーチェ)も、ヒトラーからの電報を受け取ったその日に逮捕されており(A/B-3/4)、翌28日には、愛人ペタッチとともにあっさり処刑されました(B/C-3/4)。
　享年63。
　遺体は翌日(29日)ミラノに運ばれ、駅前の広場に無造作に投げ出されると、わらわれと集まってきた市民らがこれまでの怨み辛み(うらつら)を込めてこれに銃撃、殴打足蹴を加え、ボコボコにされた遺体(＊05)を逆さ吊り(C-3/4)にしてこれを辱めています。
　そしてこのムッソリーニが逝った4月28日は、ヒトラーにとっても絶望に打ち拉(ひし)がれる日となりました。
　地下壕(ブンカー)にはヒトラーを落胆させる情報・激怒させる情報がつぎつぎと舞い込んできたのです。

(＊05) 現在、ムッソリーニの遺体がひどく損壊している写真が残されていますが、それはこのときのもので、生前の暴行ではありません。

320

―― ベルリンが完全に包囲されました！
―― ヒムラーが連合軍と降伏交渉をはじめたそうです！（B/C-2）

「死んでもヒトラーを守る」と忠誠を誓った親衛隊の最高長官である H(ハインリッヒ). L(ルイトポルト). ヒムラーまでもが。

これまで「逆転勝利！」との妄想に取り憑かれていたヒトラーも、ついに悟ったか、最高幹部を集めて会議を開きました。

これが所謂「自殺会議（B-2）」です。

ソ連軍がここに突入してきた暁には全員で自殺すること。

このとき、遺体がソ連軍の手に渡れば、彼らは遺体を辱めるだろうから、遺体は完全に消却すること。

そのためにもっとも効果的な遺体消却法は何か。

会議が終わったあと、彼は突然「エヴァ＝ブラウンと結婚する」と言い出しました(＊06)。

日付が変わって4月29日 午前1時ごろ、地下壕(ブンカー)の一室で挙式（C/D-1/2）。

ヒトラーはエヴァの薬指に結婚指輪をはめたとき、同時にひとつの錠剤を渡します。

自殺用の青酸カリでした。

（＊06）エヴァは開戦後、永らくベルクホーフ山荘に疎開していましたが、4月15日、ヒトラーの反対を押し切って総統官邸に駆けつけていました。

午前4時。式が終わると、ヒトラーはただちに遺書を認めます。

夜が明けるとともにソ連軍の総攻撃が始まり（C/D-5）、首相官邸まで1kmまで迫りました。

もはや官邸陥落も時間の問題となる中、ヒトラーは叫びます。

──ええい、救援軍はまだか！

救援軍は今どのあたりにいる！？

今すぐ報告せよ！(＊07)（C/D-3）

自殺会議を行い、遺書まで認めておきながらこの台詞。

午後10時、じりじりと待つ彼の下に報告が入ります。

しかしそれはヒトラーの待ち望んだ報告ではありませんでした。

「ムッソリーニ総統が処刑された由にございます！」

──ムッソリーニが死んだ……。

ひどくショックを受けるヒトラー。（C/D-2/3）

日付が変わって翌30日 午前3時、やっと「ヒトラー最後の指令」に対する報告がやってきました。

「救援軍の前進は不可能！」

この戦況で、ヒトラーはいったいどこに「援軍」などというものがあると思ったのでしょうか。

──ついに"ブランデンブルクの奇蹟"は起きなんだか…。

事ここに至り、ヒトラーもようやく"覚悟"を決めます。

午後3時30分。

ヒトラーと昨日その妻となったばかりのエヴァが入っていった総統執務室から一発の銃声が官邸の中にこだましました。（D-1/2）

ヒトラー死す。

享年56。

遡ること12年前の1933年1月。

念願の首相となって首相官邸に入るとき、ヒトラーはその車の中で専属運転

(＊07)4月29日午後8時のこと。これが「ヒトラー最後の指令」となりました。

銃　　青酸カリ

手をしていたＥ(エーリッヒ).ケムカ(*08)に言ったものでした。
──なぁ、ケムカ君。
　私はね、生きてこの官邸から出るつもりはないよ。
　私がここを出るとき、それは私が骸(むくろ)となっているときだけだ。

　以来、6年かけてドイツ人に"誇り(プライド)"を取り戻してくれたかもしれませんが、その代償として6年におよぶ凄惨な戦争にドイツを引きずり込みました。
　先代大統領ヒンデンブルクの「あいつ(ヒトラー)はかならずドイツを地獄へと導くぞ！」という言葉もここに成就されたのでした。
　こうして1945年4月は、
・12日に F(フランクリン).ルーズヴェルトが急死したのを皮切りに、
・28日にはムッソリーニが処刑され、
・30日にはヒトラーが自殺
…と、まさにこの時代を牽引してきた三巨頭が一斉にこの世を去り、旧時代の終幕と新時代の到来を予感させました。
　そして翌5月1日。
　ラジオ放送でヒトラーの死が発表されると、各地のドイツ軍はぞくぞくと投降しはじめ、粛々と交渉が行われた結果、それからわずか1週間後の5月8日、ドイツはついに無条件降伏を受諾します（D-2/3）。
　ついにドイツが片づいた！

(*08)ヒトラー自殺後、その遺体にベンジンをかけ、火を放ったと目される人物。

そこで７月、戦後処理問題を話し合うため、ポツダムのツェツィーリエンホーフ宮殿に米・英・ソの三巨頭が集まります（ポツダム会談）（D-4/5）。

合衆国全権(アメリカ)は、ルーズヴェルトがヤルタ会談直後に急死していたため、H.S.トルーマン(ハリー)(シップ)（＊09）（D-4/5）、イギリスからはひきつづきW.チャーチル(ウィンストン)（D-4）、ソ連(USSR)からはI.スターリン(ヨシフ)（D-5）。

まずは、ドイツの戦後処理問題について。

しかし、これはすでにヤルタで大枠が定められていましたので、まだ取り決められていなかった細かい調整や各占領地域における統一的統治体制(システム)の策定が執り行われ、これが「ポツダム協定」として定められます。

しかし、今回の会談でも調整しきれなかった事項、また統治に当たって新たに生まれた諸問題への対処に関しては、戦後、米・英・仏・ソの外相会談で随時取り決めていくものとし、その際の可決方式は「米・英・仏・ソの全会一致」としました。

しかしこれが戦後、「第三次世界大戦」となりかねない大問題となるのですが（＊10）。

（＊09）彼のミドルネーム「S」は、彼自身が「これはイニシャルじゃなくてただの"エス"なんだ。だから（イニシャルにはかならず付く）ピリオドも付けないよ」と語ったことがありますが、彼自身のサインにはすべてピリオドが付いており、この発言が単なるジョークだということがわかります。実際は、彼の祖父の名「Shipp」から取ったもの。

324

つぎに、対日問題について。

先代 F．ルーズヴェルトは対日戦を終わらせるためには、「ソ連の対日参戦が必須」と考えていましたが、それを心得、足下を見たスターリンはこれを餌として数々の要求を突きつけ、ルーズヴェルトはその要求を片端から呑んできたことはすでに述べました。

こうしてヤルタ会談では、ソ連の対日参戦は「ドイツ降伏後３ヶ月以内」という約束を得ていましたから、ドイツが降伏した今、合衆国としては具体的な参戦の〝確約〟が欲しい。

話し合いの結果、７月15日、ついにスターリンから「確約」を得ます。
「よし、これで日本も終わりだ！」

そう胸をなでおろしたトルーマン大統領でしたが、その彼の元に一通の暗号電報が送り届けられました。
── 赤ん坊らは無事生まれました。(＊11)

〝Babies〟というのは「原爆」のこと、〝born(＊12)〟は「実験成功」を伝えるものです。

これをトルーマンから知らされたチャーチルはトルーマンに耳打ちします。
「これさえあれば、スターリンの力など借りずとも、
　我々だけでカタが付けられるではありませんか！」
ソ連なんぞに力を借りれば、ソ連にも〝分け前〟を与えなくてはならなくなり、それが戦後、重大な国際問題（冷戦）に発展するに決まっています。

そんなことはチャーチルもどれほどルーズヴェルトに伝えたかしれませんでしたが、ルーズヴェルトは聞く耳を持ちませんでした。

しかし、トルーマンは膝を打ちます。
── 確かにチャーチル殿の言うとおりだ！
　でもつい一昨日ソ連の対日参戦を取り決めてしまった！

───────────────────

(＊10) この詳細については、本シリーズの続巻に譲ることに致します。

(＊11) 実験成功が７月16日、その情報がトルーマンの下に届いたのが翌17日のことでした。

(＊12) 「Bomb（ボム）」と「born（ボン）」を掛けたのかもしれません。

となれば、ソ連が参戦してしまう前に事を終わらせなければ！

そこで急遽、米・英・華の連名（＊13）で日本に降伏を促す「ポツダム宣言」を発表することにします（7月26日）。

- 日本国政府の無条件降伏　　　　　　　　…第 13 条
- 軍国主義勢力の排除　　　　　　　　　　…第 6 条
- 武装解除　　　　　　　　　　　　　　　…第9/11条
- 戦争犯罪人の処罰（東京裁判）　　　　　…第 10 条
- 戦後、一定期間の日本占領　　　　　　　…第7/12条
- カイロ宣言の履行（海外領土のすべての放棄）…第 8 条

しかし、これを見れば一目瞭然、こんなめちゃくちゃな条件、日本が呑めるわけがないということはトルーマンとて百も承知。

承知のうえで、日本政府がすなおに「Yes」と答えればよし、「No」なら、それを原爆投下の口実にする。

つまり、開発したばかりの新兵器をどうしても使いたかったということです。

対して、当時の日本政府内は、もはやこれ以上の「戦争継続は不可能」との意見が強まっており、ソ連に講和の仲介を打診（＊14）していた最中でしたから、この「ポツダム宣言」に対する返答は、ソ連の対応を待ってからにしたい。

ところで、国際外交上で決断が迫られたときには「受諾」か「拒否」か ── の他に通常「保留」という選択肢が与えられます。

日本政府としては「受諾もやむなし」という意見もあったものの、ソ連仲介による講和にも一縷の望みをかけ、その結果が出るまで、ここは「言及セズ（保留）」の方向でまとまりました。

ところが、いざこれを発表する段になって、鈴木首相は「静観ス」と答える

（＊13）とはいえ、蔣介石はポツダムに招かれておらず、チャーチルは本国に一時帰国していたため、この宣言発表時にポツダムにいた署名者はトルーマンだけという状況でした。

（＊14）ただし、この時すでにソ連は「対日参戦」を約束していましたから、「ソ連が講和の仲介を取る」などあり得なかったのですが。

予定だったものを、あくまで「一億玉砕！」を叫ぶ陸軍に気兼ねして、つい「黙殺ス」という強い表現を使って発表してしまいます（7月27日）。

　これは英語で「reject（拒否する）」と誤訳（＊15）されてしまい、その後の歴史に大きな影響を与えることになりました。

　トルーマンは日本の「No」を聞いて、ただちに「リトルボーイ（ウラニウム型）」を広島に（8月6日）、その3日後に「ファットマン（プルトニウム型）」を長崎につぎつぎと投下、20～25万人もの民間人を一瞬で無差別かつ大量に皆殺し（ジェノサイド）にします。

　これによりついに日本も「ポツダム宣言」を受諾。

　こうしてようやく第二次世界大戦は最終的な終結を迎えたのでした。

（＊15）しかしながら、こんな重大な文書のもっとも重要な箇所で、中学生でも分かるような簡単な単語を決定的な誤訳した──とは考えにくい。アメリカ政府の意向を踏まえて、誤訳ではなく故意に「defer（保留）」ではなく「reject（拒否）」と訳した可能性は充分にあります。アメリカにはそうした"前科（日米和親条約）"（詳しくは、本シリーズ『日清・日露戦争〜』をご参照下さい）もありますし。

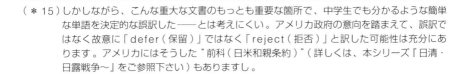

最後に。

我々はここまで「第二次世界大戦」について学んでまいりました。

そこに何を感じ、何を学び取られたでしょうか。

ただ「歴史上の出来事を物語として楽しむ」だけなら「ドラマ」と変わりません。

そこから何を学び取るか。

そこにこそ「歴史」を学ぶ醍醐味があります。

本書をお読みになり、学校で学んだ「第二次世界大戦」とはだいぶ印象が違ったのではないでしょうか。

現在の学校教育では、

「ヒトラーというひとりの怪物が舌先三寸でドイツ国民を騙して国を乗っ取り、

第二次世界大戦が起きたのもヒトラーの野心のせい。

初めは局地戦だったものが世界大戦に拡大したのもヒトラーの暴走のせい。

やがて大戦が泥沼化したのも潔く負けを認めないヒトラーの保身のせい。

一から十まですべてヒトラーという悪魔のような独裁者のせい！」

そうはっきりと教科書に書かれているわけではありませんが、そう思えるように巧妙に印象操作されて書かれていますから、そうしたことを疑いもなく盲信している人がほとんどです。

しかしながら。

我々はすでに「歴史は勝者が騙る」ことを学んでまいりました。

1929年、世界大恐慌が起こったとき、唯一世界を救済する力をもっていた"持てる国（米・英・仏）"は世界を見棄てたどころか、"持たざる国（日・独・伊）"に寄生し、これを喰い物にする（ブロック経済）ことで、自分たちだけの生き残りを図りました。

これにより追い詰められた"持たざる国"から「ファシズム」という"怪物"が産み落とされることになりましたが、その原因を作ったのは誰か。

こうして産まれ落ちた"怪物"も、最初は小うるさいだけで大した力もない"小猫"にすぎなかったのに、これにせっせと餌を運んで手の付けられない"猛虎"に育て上げた（宥和政策）のは誰か。

その"虎"がついに牙を剝いた（ポーランド進撃）とき、ただちに叱って

（ジークフリート線を越えて）いれば、すぐに「小猫」に戻る"張子の虎"だということは誰の目にも明らかだったのに、敢えて指を咥えてこれを傍観（奇妙な戦争・ド・ゲール）し、その傷口を拡げたのは誰か。

翌年、ヒトラーが何度も何度も和平を求めているのにこれを蹴り、蹴ったなら蹴ったで自分の力で事を鎮めるならまだしも、合衆国に参戦を求め、事を「局地戦」から「世界大戦」へと拡大させたのは誰か。

独ソ戦が始まると、ただちに西部国境に戦線を開けばこの戦争はすぐに終わるとわかっていながら意図的にこれを開かず、またソ連に物資・武器の援助を行って、意図的に戦争を泥沼化させたのは誰か。

やがて戦争の趨勢が見えてきたとき「無条件降伏」を突き付けて、枢軸国が絶対に降伏できないように追い詰めたのは誰か。

いよいよ戦争を終わらせたいと思ったとき、民間人を無差別に皆殺しする核兵器を露ほどの良心の呵責もなく、これを投下したのは誰か。

さらには、敗戦国指導者を皆殺しにするための場を「裁判」と呼び、さも"正義が全うされる"という印象操作を行い、被告を「Ａ級戦犯」と呼ぶことで、さも"もっとも罪深い犯罪者"と勘違いするように印象誘導をする。

こうして戦勝国にとって都合の悪いことはことごとく隠蔽され、責任はすべて敗戦国に押し付けられ、大衆はこうしたねじ曲げられた歴史をすなおに信じる。

敗戦国の国民ですら「ヒトラーが悪い」「日本が悪い」。

戦勝国首脳はこういう人々を見て腹を抱えて嗤っているのも知らず。

こうした人々を見るにつけ、歴史に無知であることの罪深さを痛感させられます。

我々は敗戦によって、歴史から目を背けるようになってしまいました。

逆です。

敗戦したからこそ、より一層歴史を学び、これを"未来への糧"としなければならないのです。

―― 歴史から教訓を学ばぬ者は亡びる。（Ｗ．チャーチル）――

Column ヒトラー、意外な側面

巷間、「おぞましき人種差別主義者」「迫害と虐殺を繰り返した悪魔の如き独裁者」としてその名を轟かせているヒトラーですが、そうしたイメージとはかけ離れた一面も持ち合わせています。

とかく「悪い独裁者」といえば、殺戮を楽しみ、宮殿のような豪邸に住まい、毎日贅の限りを尽くした食事をし、多くの美女を侍らす後宮（ハーレム）を抱えるという印象（イメージ）がありますが、彼（ヒトラー）の場合はこうした印象とはかけ離れ、映画などで動物が殺される場面（シーン）になると顔を背け、目をつぶり、「もう終わった？」と周りの人に尋ねるほど動物虐待が嫌いで、また、酒も呑まず、煙草も吸わず、肉すら食べない菜食主義者（ベジタリアン）── というひじょうに禁欲的（ストイック）な生活を送り、「総統」（フューラー）となって〝どんな美女も選りどりみどり〟となっても、女性はエヴァ＝ブラウン一筋。

そのエヴァ＝ブラウンとヒトラーが出会ったのは、まだ彼が首相になる前、弱小政党の党首にすぎなかった１９２７年（ミニ）。

その後ふたりは付き合うようになりましたが、結婚願望の強かったエヴァ＝ブラウンに対し、ヒトラーは「政治家としての立場上（女性票を獲得するため）、結婚はできない」としていたものの、その代わり「お前が我が生涯最後の女」としていっさい他の女を寄せ付けませんでした。

エヴァもまたそうしたヒトラーの愛に応え、ベルリン陥落が迫ったときも彼とともに総統地下壕（フューラーブンカー）に留まり、自決を遂げる前日（４月２９日）に結婚式を挙げたときにはその歓びを爆発させ、「かわいそうなアドルフ！彼は世界中に裏切られたけれども私だけは最期まで側にいてあげたい！」と近親の者に語っていたといいます。

また、自分の身長が低い（といっても１７３cm）のを気にしてシークレットブーツを履いたり、執務机を一段高いところに設置させたりするナイーブな一面も持ち合わせていたヒトラー。

現実の人間は、創作物の登場人物（キャラ）と違って「善」「悪」という単純化できるものではなく、多面的な性質を持つことを忘れてはなりません。

■ おもな参考文献 (順不同) ■

村瀬興雄『世界の歴史 15 ファシズムと第二次世界大戦』(中央公論社)

柳沢英二郎『危機の国際政治史 1917-1992』(亜紀書房)

大井孝『欧州の国際関係 1919-1946』(たちばな出版)

松村劭(すすむ)『世界全戦争史』(H&I)

ジェフリー＝リーガン『ヴィジュアル版「決戦」の世界史』(原書房)

川北稔『新版世界各国史 1 イギリス史』(山川出版社)

福井憲彦 編著『新版世界各国史 12 フランス史』(山川出版社)

木村靖二 編著『新版世界各国史 13 ドイツ史』(山川出版社)

立石博高 編著『新版世界各国史 16 スペイン・ポルトガル史』(山川出版社)

柴宜弘 編著『新版世界各国史 18 バルカン史』(山川出版社)

和田春樹 編著『新版世界各国史 22 ロシア史』(山川出版社)

斎藤孝『図説 世界の歴史 6 現代世界の試練』(学習研究社)

ジョン＝ピムロット『第二次世界大戦』(河出書房)

リチャード・オウヴァリー『ヒトラーと第三帝国』(河出書房新社)

歴史学研究会『世界史史料 10 二十世紀の世界Ⅰ』(岩波書店)

ヴィル・ベルトルト『ヒトラー暗殺計画・42』(社会評論社)

メアリー・ルイーズ・ロバーツ『兵士とセックス』(明石書店)

パウル＝カレル『バルバロッサ作戦』(学習研究社)

小室直樹『新戦争論』(光文社)

ナイジェル＝ニコルソン『ナポレオン一八一二年』(中央公論社)

著者紹介

神野 正史（じんの・まさふみ）

▶河合塾世界史講師。世界史ドットコム主宰。学びエイド鉄人講師。ネットゼミ世界史編集顧問。ブロードバンド予備校世界史講師。歴史エヴァンジェリスト。1965 年、名古屋生まれ。出産時、超難産だったため、分娩麻痺を発症、生まれつき右腕が動かない。剛柔流空手初段、日本拳法弐段。立命館大学文学部史学科卒。既存のどんな学習法よりも「たのしくて」「最小の努力で」「絶大な効果」のある学習法の開発を永年にわたって研究。そして開発された『神野式世界史教授法』は、毎年、受講生から「歴史が "見える" という感覚が開眼する！」と、絶賛と感動を巻き起こす。「歴史エヴァンジェリスト」として、TV 出演、講演、雑誌取材、ゲーム監修など、多彩にこなす。「世界史劇場」シリーズ（ベレ出版）をはじめとして、『最強の成功哲学書 世界史』（ダイヤモンド社）、『粛清で読み解く世界史』（辰巳出版）、『移民で読み解く世界史』（イースト・プレス）など、著書多数。

- ◉── カバーデザイン 　　川原田 良一（ロビンソン・ファクトリー）
- ◉── DTP 　　WAVE 清水 康広
- ◉── 校閲 　　有限会社蒼史社

世界史劇場 第二次世界大戦 熾烈なるヨーロッパ戦線

| 2019 年 7 月 25 日 | 初版発行 |
| 2019 年 8 月 23 日 | 第 2 刷発行 |

著者	神野 正史
発行者	内田 真介
発行・発売	ベレ出版 〒162-0832　東京都新宿区岩戸町12 レベッカビル TEL.03-5225-4790 FAX.03-5225-4795 ホームページ　http://www.beret.co.jp/
印刷	モリモト印刷株式会社
製本	根本製本株式会社

落丁本・乱丁本は小社編集部あてにお送りください。送料小社負担にてお取り替えします。
本書の無断複写は著作権法上での例外を除き禁じられています。購入者以外の第三者による
本書のいかなる電子複製も一切認められておりません。

©Masafumi Jinno 2019. Printed in Japan

ISBN 978-4-86064-587-8 C0022　　　　　　　　　　　　　　編集担当　森 岳人

第二次世界大戦直前の歴史を描く!

世界史劇場
ナチスはこうして政権を奪取した

神野正史 著

A5並製／本体価格1600円
ISBN978-4-86064-481-9 C0022　■296頁

なぜ、当時世界で最も民主的と言われたドイツのワイマール憲法下で、ナチス独裁政権が誕生したのか？　本書では、ヒトラーの生い立ち、イタリアの全体主義にも触れつつ、第一次世界大戦直後から全権委任法成立までの欧米の歴史を描きます。歴史が"体感できる""見える"解説とイラストで、独裁の成立過程の実態に迫ります。

「世界史劇場」シリーズ

世界史劇場
イスラーム世界の起源

神野正史 著
A5 並製／本体価格1600円（税別）
ISBN978-4-86064-348-5 C2022

■ 280頁

世界史劇場
イスラーム三國志

神野正史 著
A5 並製／本体価格1600円（税別）
ISBN978-4-86064-387-4 C2022

■ 320頁

世界史劇場 日清・日露戦争は
こうして起こった

神野正史 著
A5 並製／本体価格1600円（税別）
ISBN978-4-86064-361-4 C2022

■ 336頁

世界史劇場
アメリカ合衆国の誕生

神野正史 著
A5 並製／本体価格 1600 円（税別）
ISBN978-4-86064-375-1 C0022

■ 288 頁

世界史劇場
第一次世界大戦の衝撃

神野正史 著
A5 並製／本体価格1600円
ISBN978-4-86064-400-0 C2022

■ 320頁

世界史劇場
ロシア革命の激震

神野正史 著

A5 並製／本体価格1600円
ISBN978-4-86064-416-1 C2022

■ 328頁

世界史劇場
フランス革命の激流

神野正史 著

A5 並製／本体価格1600円
ISBN978-4-86064-429-1 C0022

■ 336頁

世界史劇場
駆け抜けるナポレオン

神野正史 著

A5 並製／本体価格1600円
ISBN978-4-86064-454-3 C0022

■ 320頁

世界史劇場
侵蝕されるイスラーム世界

神野正史 著

A5 並製／本体価格1600円
ISBN978-4-86064-547-2 C0022

■ 296頁

世界史劇場
正史三國志

神野正史 著

A5 並製／本体価格2100円
ISBN978-4-86064-516-8 C0022

■ 472頁